COL·LECCIÓ
DEIXEU-LOS
• LLEGIR •

laGalera

Montserrat Fons Esteve

LLEGIR I ESCRIURE PER VIURE

Alfabetització inicial i ús real de la llengua escrita a l'aula

PREMI A LA RECERCA PEDAGÒGICA
FUNDACIÓ ENCICLOPÈDIA CATALANA

(IV Convocatòria)

laGalera

Primera edició: juliol de 1999
Segona edició: octubre del 2000

Disseny gràfic: Barreras & Creixell
Fotografies: Montserrat Fons

Correcció: Iolanda López i Ariadna Viñas
Maquetació: Barreras & Creixell

Edició: Anna Canals
Coordinació editorial: Laura Espot
Direcció editorial: Xavier Blanch

La Galera SA, Editorial
Diputació, 250 - Barcelona
www.enciclopedia-catalana.com
lagalera@grec.com

Imprès a Romanyà/Valls,SA
Verdaguer, 1
08786 Capellades (Barcelona)

D. L.: B.41.625-2000
Imprès a la UE
ISBN: 84-246-0414-8

A tots els qui ens han ensenyat a llegir aquest món
per poder escriure'n un altre

INTRODUCCIÓ

En els darrers anys estem assistint a un canvi progressiu en la manera d'entendre l'ensenyament i l'aprenentatge de la lectura i l'escriptura. Sens dubte, les aportacions de la psicologia cognitiva, de la lingüística i de la psicolingüística han obert noves perspectives en aquest camp.

Podríem dir que les qüestions principals que plantegen aquestes disciplines pel que fa al tema que tractem giren entorn de tres eixos: el concepte de lectura i escriptura; les teories d'ensenyament i aprenentatge; i les situacions d'ús real de la llengua escrita en una societat que es defineix com a alfabetitzada. En el primer capítol presentem una breu síntesi de cada un d'aquests tres eixos, no tant per exposar un estat de la qüestió, que no podem ni volem abraçar aquí, sinó per entendre d'on parteix el nostre plantejament.

Aquests tres marcs de reflexió i les directrius de l'actual reforma educativa provoquen canvis substancials sobre la manera de propiciar l'aprenentatge de la lectura i de l'escriptura a l'aula. Com a conseqüència els mestres anem provant de modificar aquelles pràctiques que resulten poc significatives per als nens i nenes i que no s'ajusten als nous plantejaments. Es tracta de canvis en la didàctica i les metodologies de l'ensenyament i l'aprenentatge de la lectura i l'escriptura assajats per molts mestres, discutits en molts seminaris i publicats en llibres i revistes especialitzats. Tots ells, bo i basantse en el nou marc teòric que ofereixen les investigacions, impliquen un reajustament de tots els factors que componen la intervenció pedagògica: la seqüenciació didàctica, el paper del mestre, l'organització social, l'espai, el temps, els materials curriculars, l'organització dels continguts i els criteris d'avaluació. D'aquesta manera, a mesura que s'introdueixen canvis en la forma d'ensenyar i d'aprendre la lectura i l'escriptura es va remodelant l'organització general de la classe. Al capítol segon expliquem la forma com hem reorientat cada un dels factors de la interacció pedagògica.

En aquest estudi, doncs, presentem una planificació global de l'ensenyament i l'aprenentatge de la lectura i l'escriptura que vol integrar tant els coneixements actuals sobre el llegir i l'escriure, com les diferents pràctiques que s'han demostrat útils per a objectius concrets, sempre en el marc global de funcionament d'una classe.

La hipòtesi de la qual partim afirma que l'ús real de la llengua escrita a l'aula provoca situacions de lectura i escriptura que permeten als infants de parvulari i cicle inicial de Primària, amb una adequada intervenció pedagògica, aprendre a llegir i a escriure amb sentit, *per viure* en una societat alfabetitzada.

Així, en el capítol tercer oferim una sistematització de possibles situacions d'ús real de llengua escrita que afavoreixen el desenvolupament del procés d'apropiació de l'escriptura i la lectura a les classes de 5 i 6 anys (últim curs d'Educació Infantil i 1r curs de Primària), tot i que alguns exemples es poden aplicar, també, a la classe de 4 anys i en alguns casos a la de 3 anys; i d'altres poden estirar-se fins a 2n i 3r de Primària.

Al costat de moltes de les situacions que exposem adjuntem un protocol, anomenat "exemple". En ell transcrivim fragments dels enregistraments que s'han fet en vídeo o en casset, o de les notes preses en el diari de classe de l'experiència duta a terme a l'escola Estel del Guinardó. Les transcripcions textuals estan en lletra cursiva i les explicacions i interpretacions en rodona.

Les transcripcions tenen la limitació de ser estrictament exemples i, com a tals, restringits, parcials i en certa manera irrepetibles, però tenen l'avantatge de ser reals dins la vida de l'aula. Pensem que poden servir d'instrument per captar l'essència de diferents intervencions pedagògiques que afavoreixen els progressos de l'infant. Per facilitar les referències internes dins del llibre hem numerat cada un d'aquests exemples.

Cal advertir, però, que les transcripcions les hem simplificat al màxim per possibilitar-ne una lectura àgil. Hem posat sobre el paper, doncs, les intervencions essencials i hem reduït aquells aspectes de la llengua oral col·loquial (interrupcions, falsos començaments, encavalcaments, etc.) no imprescindibles per al fi que ens proposem. Per tal de preservar la intimitat de l'alumnat, a l'hora de les transcripcions hem fet ús de pseudònims.

Trobareu, també, en alguns apartats del capítol 3 unes reflexions, sota el títol *Pensant en veu alta*, que recullen aquells pensaments, consideracions, conflictes, pors, il·lusions, convenciments que m'han passat pel magí com a conseqüència d'introduir canvis a les rutines quotidianes, o com a respostes als interrogants que m'han plantejat mestres en compartir, en cursos de formació, algunes de les situacions d'aprenentatge que presento en aquest llibre. L'estil amb què he escrit aquests apartats s'allunya de l'estrictament acadèmic i pren un to més col·loquial, perquè pretén compartir inquietuds i sensacions amb el lector de manera directa. Són els que trobareu escrits sobre un fons tramat.

Per acabar aquesta presentació vull fer constar els agraïments a tots els que d'una manera o d'una altra m'han estimulat sempre a seguir endavant. Puc assegurar que cap de les propostes de treball, ni de les reflexions, ni teories, ni el mateix plantejament són un producte individual, sinó tot al contrari. Sembla un tòpic dir que si hagués de fer la relació de tots els que han col·laborat en la formulació dels plantejaments d'aquest llibre ompliria uns quants fulls i potser encara em deixaria algú, però realment és així.

Després de 20 anys de dedicació professional a aquesta matèria, haig d'agrair sincerament tant als nens i les nenes que han après a llegir i a escriure amb il·lusió i rapidesa, com a aquells que m'han fet suar per poder connectar amb els seus interessos; tant els companys i companyes de treball amb qui ens hem entès amb una sola mirada com aquells amb qui hem discutit hores i hores els nostres plantejaments; tant als pares i les mares que han posat d'entrada confiança en la professionalitat de la mestra, com aquells a qui he hagut de demostrar de mica en mica –i possiblement no ho he aconseguit– la bonesa de la metodologia emprada; i tant als científics i científiques en els escrits dels quals he trobat allò que buscava, com als que m'han fet replantejar els aspectes que considerava més segurs. A tots sincerament moltes gràcies!

Dins d'aquesta llista tan gran permeteu-me fer menció d'alguns noms propis que han influït més directament en la tasca de dur a terme aquest treball. En primer lloc la Fundació Enciclopèdia Catalana per haver finançat aquest estudi a través del "Premi a un projecte de recerca pedagògica", sense la qual és evident que no hauria estat possible aquest llibre. En segon lloc, la comunitat educativa de l'escola Estel-Guinardó, amb qui he compartit moltíssimes hores de treball, projectes i bon humor; i en tercer lloc, Anna Camps, Montserrat Correig i Montserrat Bigas, en qui sempre he trobat un bon consell científic, ganes de compartir les relacions entre teoria i pràctica i, sobretot, ànims per seguir endavant.

Finalment una referència a un aspecte molt formal. Haig de reconèixer els meus escassos recursos estilístics per aconseguir un llenguatge no sexista àgil. La no utilització dels dos gèneres en totes les ocasions s'ha d'entendre com una solució provisional per no fer més feixuc el text, i no pas com una discriminació.

1. MARC TEÒRIC

Comencem per fer un cop d'ull a les bases teòriques que sustenten aquesta proposta, perquè estem convençuts que darrere de cada pràctica educativa hi ha les idees subjacents del mestre que la duu a terme respecte al concepte que té de l'objecte que ensenya, dels processos per ensenyar i aprendre i de l'objectiu d'ensenyament que es proposa.

Tenim prou referències empíriques per saber com és de potent el pensament del professor a l'hora d'organitzar l'acció docent (Marcelo, 1987). Així, no organitzarem les activitats d'aprenentatge de la mateixa manera si entenem el fet de llegir com una simple descodificació o sonorització d'unes lletres que si l'entenem com la reconstrucció del significat del text.

Tampoc no organitzarem les activitats d'aprenentatge de la mateixa manera si les nostres representacions sobre com aprenen els nens i nenes a llegir i a escriure es basen en models lineals i additius o si es basen en models d'aproximació, que impliquen reorganitzacions dels esquemes de coneixement.

Ni tampoc no organitzarem les activitats d'aprenentatge de la mateixa manera si suposem que un infant alfabetitzat ha de saber llegir en veu alta un conte, convocar una reunió, criticar un anunci o buscar un telèfon a la guia telefònica, per exemple. Les idees que tenim sobre els efectes que produeix l'alfabetització determinen en gran manera les decisions metodològiques per ensenyar a llegir i a escriure.

Per això en aquest primer capítol exposem, encara que de manera sintètica, el concepte de lectura i d'escriptura, la teoria d'aprenentatge i els usos de la llengua escrita en la nostra societat alfabetitzada perquè el nostre plantejament pràctic es pugui interpretar sense cap mena de dubte dins el marc de referència que li dóna sentit i validesa.

CONCEPTE DE LECTURA I ESCRIPTURA

Llegir i escriure: dos processos interrelacionats?

La tradició escolar havia distingit sempre les activitats de lectura de les activitats d'escriptura. Es creia que els infants aprenien primer a llegir i després a escriure.

Més endavant llegir i escriure van ser considerades com dues activitats que s'havien d'ensenyar i que s'aprenien juntes. Es tractava d'una mateixa activitat amb dues fases, denominada sovint lectoescriptura. Crèiem que escriure era l'activitat inversa a llegir, dèiem que era el dret i el revés d'un mateix aprenentatge. Llegir era rebre, escriure era produir. Però dins d'aquest paral·lelisme, el llegir sempre anava davant de l'escriure. Primer s'ensenyava què deia un text, una paraula o com sonava una grafia, després s'escrivia; allò que encara no s'havia ensenyat no es podia escriure. Com assenyala Teberosky (1996a), aquesta simetria entre llegir i escriure era influïda per una altra idea: la de concebre la lectura i l'escriptura com a habilitats que impliquen només processos cognitius perifèrics, fonamentalment processos visuals, motors i auditius.

Avui sabem una mica més de la diferència i la relació que hi ha entre les dues activitats. Un mateix subjecte assumeix una posició diferent quan desenvolupa el rol de lector i el d'escriptor. Com exposarem a continuació, els coneixements i processos que es posen en marxa a l'hora d'escriure o a l'hora de llegir no són els mateixos. També sabem que no necessàriament el llegir precedeix l'escriure (tenim prou exemples de nens i nenes de 4 i 5 anys que són capaços de formular per escrit un missatge intel·ligible i després són incapaços de llegir-lo) i sí en canvi que un aprenentatge està relacionat amb l'altre, de manera que no obliga a mantenir-los separats a l'escola. Així succeeix quan els nens i nenes han de llegir el que han escrit, o han de llegir per després escriure, o han de corregir, o tantes altres pràctiques en què el llegir i l'escriure, o l'escriure i el llegir, s'interrelacionen i enforteixen mútuament el seu aprenentatge.

Llegir i escriure estan interrelacionats fonamentalment perquè fan referència a un mateix fet que és objecte de coneixement: el text escrit. **El text escrit, entès no com un codi de transcripció de la parla, sinó com un sistema de representació gràfica del llenguatge** (Ferreiro, 1986) i, afegeix Tolchinsky (1993), **del llenguatge que s'escriu**.

El fet que l'ús de l'escriptura tingui ja tants anys d'història fa que el text escrit tingui unes característiques que el relacionen directament amb l'oral però que tingui, també, unes propietats específiques que van més enllà de les correspondències amb els sons. No escrivim exactament igual que parlem i la funció de l'escrit és la de representar al llarg del temps i a través de l'espai enunciats amb significat. Les circumstàncies d'ús de la llengua escrita al llarg dels anys han fet que algunes expressions lingüístiques siguin especialment reconegudes com a pròpies de l'escrit. És el que distingeix l'escriptura del llenguatge escrit (Tolchinsky, 1993).

> **L'escriptura és la forma**, el sistema de notació alfabètica i el conjunt de caràcters i convencions gràfiques no alfabètiques (signes de puntuació, majúscules, subratllats, etc.).
> **El llenguatge escrit és l'instrument**, sotmès a les condicions d'ús que constitueixen les formes de discurs. En una comunitat que usa l'escriptura per a diferents funcions, hi haurà moltes varietats de llenguatges escrits.

Les implicacions pedagògiques d'aquesta dimensió social del text escrit es reflecteixen tant en el capítol 2 com en el capítol 3 d'aquest llibre.

Una vegada exposat el concepte de text escrit passem a explicar què entenem per llegir i per escriure aquest text escrit.

Què entenem per llegir?

Llegir és el **procés mitjançant el qual es comprèn el text escrit.**

D'aquesta definició de lectura basada en el model interactiu (Solé, 1987a), vull destacar la rellevància que té el terme **comprensió** perquè és sobre aquest concepte de lectura que hem elaborat la nostra proposta.

Tot i que avui ens sembla obvi que llegir vol dir comprendre, no sempre ha estat així, i encara ara molta gent alfabetitzada relaciona el llegir amb l'habilitat de descodificar més que no pas amb la de comprendre. És més, està tan profundament arrelat el concepte de llegir com a habilitat de descodificar que tot i acceptant que llegir vol dir comprendre se segueixen fent activitats a l'aula que responen encara a un concepte de lectura relacionat només amb la descodificació.

Per a nosaltres qualsevol activitat de lectura ha d'implicar comprensió, sense concessions. Ara bé, què vol dir comprendre i com es comprèn un text escrit?

Per aprofundir en el concepte de comprensió del text escrit, és a dir en el concepte de lectura, em basaré fonamentalment en Isabel Solé (1987).

Així, la concepció de lectura com a comprensió del text escrit implica el següent:

- Llegir és un **procés actiu**, perquè qui llegeix ha de construir el significat del text interactuant-hi. Això vol dir que el significat que un escrit té per a qui llegeix no és una rèplica del significat que l'autor va voler donar-li, sinó una construcció pròpia que implica el text, els coneixements previs del lector i els objectius amb què s'enfronta.

- Llegir és **aconseguir un objectiu**, ja que sempre llegim per algun motiu, per alguna finalitat. Tot i que els objectius o finalitats de la lectura poden ser molts i variats, des d'evadir-se a buscar una informació concreta, convé tenir present que és l'objectiu el que guia la lectura.

  L'objectiu determina tant les estratègies que es posen en marxa per a la comprensió com el **control** d'aquesta comprensió que de forma inconscient es va exercint durant la lectura. Mentre llegim i comprenem tot va bé i no ens adonem que estem exercint aquest control de la comprensió, però quan apareix algun obstacle s'interromp la fluïdesa per trobar la solució i seguir endavant o abandonar la lectura.

  La interpretació que fem dels textos que llegim depèn en gran manera de l'objectiu que perseguim, ja que podem llegir un mateix text amb diferents objectius.

- Llegir és un **procés d'interacció** entre qui llegeix i el text. Qui llegeix ha de fer-se seu el text, relacionant-lo amb allò que ja sap; i, també, ha d'adaptar-se al text, transformant els seus coneixements previs en funció de les aportacions del text.

És el que Smith (1990) anomena *informació visual* i *informació no visual*, ambdues necessàries per llegir. La infomació visual és aportada pel text i la no visual pel qui llegeix, el qual posa en joc la seva competència lingüística, els seus coneixements previs, el seu interès i el seu propòsit per obtenir un significat.

També Harste i Burke (1982) fan referència a aquesta interacció quan defineixen la lectura com a **pensament estimulat pel text imprès**.

- Llegir és implicar-se en un **procés de predicció i inferència** contínua. Aquest procés es basa en la informació que aporta el text i en el propi bagatge, i en un procés que permet afirmar o rebutjar les prediccions i inferències fetes.

  La persona que llegeix formula una hipòtesi sobre el significat del text que llegirà i també de les seves parts mentre va llegint, a partir d'algun element del text i en funció dels seus coneixements previs, interessos i propòsits. A mesura que el lector o lectora va llegint, verifica o refuta la hipòtesi inicial i al mateix temps elabora noves hipòtesis per poder seguir llegint. Com assenyala Solé, molt sovint no som conscients d'aquest procés fins que les prediccions no es compleixen, és a dir, fins que ens adonem que en el text no trobem allò que esperàvem. La qual cosa significa que prevèiem quelcom encara que no ho haguéssim fet explícit, si no no ens adonaríem que hi ha alguna cosa que no es compleix.

Què entenem per escriure?

Escriure és el **procés mitjançant el qual es produeix el text escrit.**

D'aquesta definició d'escriptura vull destacar la rellevància que té la paraula **producció** del text escrit, perquè és sobre aquest concepte d'escriptura que hem elaborat la nostra proposta. Producció en el sentit d'elaboració de l'escrit, fet que implica pensar en el receptor, en el missatge, en la manera com vol manifestar-se qui escriu, etc. Es tracta de donar forma d'escrit i reajustar totes les variables per aconseguir un text escrit portador del significat desitjat per l'autor.

Tot i que avui ens sembla obvi que escriure és un procés que va més enllà de posar lletres i signes damunt d'un paper en blanc, perquè sabem que implica elaborar un significat global i precís per a una audiència utilitzant el codi escrit, no sempre ha estat així. Una bona mostra d'això és que moltes de les pràctiques per aprendre a escriure que trobem a l'aula es basen encara en la cal·ligrafia, la relació grafofònica o la disposició en el full, i poques vegades comprenen el procés complet de producció del text. Vigotsky ja va assenyalar que *l'escriptura s'ensenya com una habilitat motora i no com una activitat cultural complexa.*

Per a nosaltres qualsevol activitat d'escriptura ha d'implicar el procés complet de producció del text, en el qual intervenen tant els aspectes de notació gràfica com els relacionats amb el llenguatge, com també els aspectes discursius. Ara bé, com s'elabora el text escrit, per simple que sigui?

Per aprofundir en el concepte de procés de producció d'un text, em basaré fonamentalment en Anna Camps (1994).

Camps insereix el procés de composició dins el marc pedagògic que ofereix el treball per projectes. La situació discursiva que ofereix el projecte és el que dóna sentit a la composició del text i defineix el **context** (destinatari, emissor, finalitat). Després, la composició del text es desenvolupa a través de diferents subprocessos: **planificació**, **textualització** i **revisió**. Cada un d'aquests subprocessos no es desenvolupa necessàriament de forma lineal, sinó que es va recorrent a cada un d'ells tantes vegades com calgui i cada vegada que es necessita. Això també fa que sigui difícil d'establir els límits que defineixen cadascun d'aquests subprocessos, però podem dir que:

La *planificació* fa referència a les decisions que l'escriptor pren mentre configura el text, ja sigui abans d'escriure, mentre l'està escrivint, o com a conseqüència de la revisió. Durant la planificació l'escriptor es fa una representació de la tasca i desenvolupa essencialment tres subprocessos:

- generació d'idees,
- organització de les idees,
- establiment d'objectius.

La *textualització* fa referència al conjunt d'operacions que porta a la construcció d'una trama textual a través de la linealització de les unitats lingüístiques.

Seguint amb el que assenyala Camps, hem de considerar que en el procés de textualització es posen en funcionament una gran quantitat de sabers, alguns de qualificats de baix nivell, com el confegir paraules, dominar l'instrument de producció material del text, etc. i uns altres d'alt nivell, com són els factors lèxics i sintàctics i els de cohesió textual. La confluència de tots aquests factors en el procés de textualització s'uneix al fet que l'escriptor en el moment de linealitzar el text ha de fer-ho d'acord amb els propòsits i plans globals que havia elaborat en la planificació i que el text haurà de reflectir.

Es constata que la multiplicitat de demandes que conflueixen en la textualització poden bloquejar l'escriptor aprenent. És el que molts autors anomenen "sobrecàrrega cognitiva", la qual es manifesta en una debilitació del procés. S'acostuma a desplaçar l'atenció cap a nivells baixos, com la decodificació o la distribució del full, oblidant les exigències globals, sobretot de coherència, que fan que el text s'emboliqui cap a altres objectius o s'acabi sobtadament.

La *revisió* és el subprocés més important de la composició del text. Seguint també Camps direm que la revisió és el que caracteritza de manera especial la producció escrita i la diferencia de l'oral. Qui escriu no està sotmès a la pressió que la rapidesa de la producció oral imposa i té tot el temps per examinar i reexaminar el text, i pot fer tots els canvis que vulgui fins a quedar-ne satisfet.

La revisió consisteix a canviar els aspectes del text en què es constata un desajustament; es pot donar en moments i nivells (abasta aspectes relacionats amb la notació gràfica, amb el text i amb el discurs) diferents de la producció. Tot i que la correcció es manifesta bàsicament en quatre operacions: *supressió, substitució, addició i canvi d'ordre*, cal tenir present també que no sempre la revisió comporta modificació en el text, sinó que es considera que el procés de revisió pot iniciar-se sense que aboqui necessàriament a retocar el que s'ha escrit.

La concepció constructivista

El marc de referència psicològic en el qual s'enquadra aquesta experiència és el constructivisme.

Dins la concepció constructivista aprendre equival a elaborar una representació, a construir un model propi, d'allò que es presenta com a objectiu d'aprenentatge. S'assumeix que l'estructura cognitiva humana està configurada per una xarxa d'*esquemes de coneixement*. Aquests esquemes es defineixen com les representacions que una persona posseeix, en un moment donat de la seva vida, sobre algun objecte de coneixement.

Cadascú s'apropa a allò nou que vol aprendre amb les seves representacions prèvies. Això fa que algunes vegades puguem interpretar perfectament l'objecte de coneixement amb els significats que ja tenim, mentre que d'altres hem de respondre al desafiament que ens presenta el nou contingut modificant els significats que posseíem per poder donar compte del nou contingut, fenomen o situació. En aquest cas no solament modifiquem el que ja posseíem sinó que també interpretem el nou contingut, fenomen o situació de forma particular per tal de poder-lo integrar i fer-lo nostre.

L'explicació constructivista de l'aprenentatge adopta i reinterpreta el concepte d'*aprenentatge significatiu* assenyalat per Ausubel. Implica la capacitat d'atribuir significat propi i personal a un objecte de coneixement que existeix objectivament. Així doncs, aprendre significativament no és acumular coneixements sinó establir relacions de forma no arbitrària i substantiva entre el que ja se sap i el que es vol aprendre. Perquè aquest aprenentatge es realitzi és necessari que concorrin una sèrie de condicions. Les enumerem tal com les assenyala Antúnez i alt. (1991):

- Significació lògica del contingut. L'objecte d'aprenentatge ha de ser clar, coherent i ha d'estar relacionat amb els altres continguts del seu marc de coneixement.

- Significació psicològica. Qui aprèn ha de posseir un coneixement previ rellevant respecte de l'objecte d'aprenentatge, i el seu nivell de desenvolupament i les seves estratègies d'aprenentatge han de ser les adequades per a poder establir connexions entre els coneixements previs del subjecte que aprèn i l'objecte d'aprenentatge.

- Activitat mental de l'alumne. Com que l'aprenentatge significatiu implica una reconstrucció cognitiva, no pot ser ningú més que el mateix subjecte que aprèn qui faci aquesta reconstrucció. L'esforç d'aprendre l'ha de fer qui aprèn. El professorat pot acompanyar aquest procés però no el pot substituir.

- Actitud favorable. L'aprenentatge significatiu requereix també una predisposició a aprendre significativament i no mecànicament, encara que comporti més implicació i més esforç. D'aquí la importància dels aspectes motivacionals i afectius que poden dificultar o millorar aquesta predisposició.

- Memorització comprensiva. Per tal que el nou aprenentatge esdevingui realment significatiu i estigui disponible per a noves situacions, cal que s'integri en les xarxes memorístiques de la persona i que quedi allà guardat per a quan se'n requereixi l'ús. Per tant, el nou aprenentatge s'ha de memoritzar no mecànicament sinó a partir de la comprensió.

Descripció evolutiva del desenvolupament de l'escriptura

Ferreiro i Teberosky van publicar, el 1979, com a resultat de diferents investigacions una descripció evolutiva del desenvolupament de l'escriptura de l'infant. Les seves aportacions se situen, doncs, en la perspectiva del subjecte que aprèn, i ofereixen un model teòric que explica el procés d'apropiació, per part de l'infant, del concepte d'escriptura. Exposem a continuació una breu síntesi dels 5 nivells d'escriptura que poden servir per descriure les produccions escrites de la majoria de nens i nenes d'entre 4 i 7 anys, proposats per Teberosky en la seva actualització del 1996b. Conèixer els nivells teòrics de desenvolupament de l'escriptura de cada alumne facilita una intervenció educativa més ajustada a les necessitats de cada infant.

1r nivell: Escriure com a **reproducció** *dels trets de l'escriptura adulta.* Les produccions gràfiques d'aquest nivell són del tipus: rodonetes, palets, ganxos i altres formes no icòniques. L'infant distingeix l'escriptura del dibuix en general i molt sovint la defineix per oposició: escrit és tot el que no és dibuix, però en el resultat de les produccions que aconsegueix (allò que percep l'adult) no es diferencia el dibuix de l'escriptura, per això també es reconeix aquesta etapa amb el nom d'escriptures indiferenciades. Les escriptures d'aquest nivell són una imitació o reproducció dels aspectes formals i de l'acte d'escriure.

En aquest nivell els nens i nenes atribueixen a l'escriptura la funció de designar. Per a ells l'escrit és el nom de l'objecte.

2n nivell: Escriure com a producció formalment regulada per crear **escriptures diferenciades,** anomenat així perquè les produccions d'aquest nivell presenten formes gràfiques diferents, en quantitat o varietat interna, per a cada proposta d'escriure un paraula diferent. L'infant elabora les següents hipòtesis de funcionament del codi:

- *Hipòtesis de quantitat*: Considera que hi ha d'haver una quantitat mínima de caràcters perquè digui alguna cosa.
- *Hipòtesis de varietat interna*: Hi ha d'haver variació en el repertori de caràcters, perquè moltes lletres iguals no diuen res.
- *Hipòtesis de varietat externa*: Hi ha d'haver diferències objectives entre escriptures perquè diguin coses diferents.

Continuen atribuint la funció de designació a l'escriptura.

3r nivell: Escriure com a producció controlada per la **segmentació sil·làbica** *de la paraula.* Comença quan els infants descobreixen algun tipus de relació entre l'escriptura i la pauta sonora. Aquesta relació es desenvolupa sota les hipòtesis següents:

- *Sil·làbica quantitativa*: Per a cada part que reconeixen a nivell oral (generalment síl·labes) fan correspondre una representació gràfica (lletres o pseudolletres), sense que tingui un valor convencional.
- *Sil·làbica qualitativa*: Afegeixen a la hipòtesi anterior el valor convencional de les grafies. És a dir, a cada síl·laba li correspon una grafia i aquesta grafia correspon al so convencional de la consonant o de la vocal d'aquesta síl·laba.

Gràcies als esforços de l'infant per interpretar i produir paraules pròximes al model convencional, la hipòtesi sil·làbica es desmunta i l'infant fa una anàlisi que va més enllà de la síl·laba. En aquest moment es construeix una nova aproximació al funcionament del sistema definit en el següent nivell:

4t nivell: Escriure com a producció controlada per la **segmentació sil·làbico-alfabètica** *de la paraula.* En aquest nivell s'utilitzen dues formes de fer correspondre els sons i les grafies: la sil·làbica i l'alfabètica. Comencen a escriure més d'una grafia per a cada síl·laba. Les produccions d'aquest nivell són molt característiques perquè al costat d'una paraula escrita correctament segons la convenció del sistema, en trobem una altra o una part d'una altra escrita segons la hipòtesi sil·làbica, i la impressió superficial és que qui escriu s'ha deixat lletres.

5è nivell: Escriure com a producció controlada per la **segmentació alfabètica-exhaustiva** *de la paraula.* En aquest nivell l'infant fa una anàlisi alfabètica estricta. Estableix i generalitza la correspondència entre sons i grafies. Aquest pas important per a una escriptura autònoma passa per una sèrie de conflictes quan apareixen síl·labes que no responen a l'esquema bàsic consonant + vocal. Així, en el primer moment d'aquest nivell encara apareixen problemes en l'escriptura de síl·labes inverses, travades i complexes, fins que es generalitza la relació sistemàtica entre les mínimes unitats no significatives de la llengua oral (els fonemes) i les grafies que les representen.

Amb l'escriptura alfabètica l'infant té un bon domini del codi, tot i que encara li falta aprendre bona part de l'ortografia.

S'aprèn a llegir llegint i s'aprèn a escriure escrivint

Els mètodes d'ensenyament de la lectura i l'escriptura, tant els analítics com els sintètics, elaboren un camí unidireccional per aprendre a llegir i a escriure. Un camí lineal i additiu, marcat en part per un ensenyament que aposta bàsicament per la transmissió d'unes habilitats visuals, motrius i auditives.

A mesura que la psicolingüística ens ha situat en la perspectiva del subjecte que aprèn (en comptes de la del mestre que ensenya en què ens situaven els mètodes d'ensenyament), i en la perspectiva dels processos que es posen en marxa per a llegir i escriure, i la psicologia ens ha brindat una teoria d'aprenentatge més explicativa dels processos d'apropiació dels coneixements, ja no podem considerar que l'aprenentatge de la lectura i l'escriptura es desenvolupa de forma additiva sinó per reorganitzacions de coneixements de diferent contingut, tipus i nivell.

Coherents amb el concepte de lectura i escriptura que hem exposat, i sota la concepció constructivista de l'aprenentatge, només podrem desenvolupar de manera significativa els processos que intervenen tant en el llegir com en l'escriure si posem els nens i nenes que han d'aprendre en situacions d'ús real d'aquesta lectura i escriptura. Cada situació real permetrà una aproximació amb sentit a l'objectiu d'aprenentatge.

Hem vist que per llegir fem servir la informació que aporten les lletres i l'estructuració visual del text, juntament i amb interacció amb els coneixements previs i els objectius que perseguim. Certament, poc podrem afavorir que es desenvolupin les estratègies d'activar els coneixements previs i d'elaborar hipòtesis segons els objectius de lectura si allò que proposem de llegir als nostres aprenents no té cap altre objectiu que una exercitació mecànica de paraules o de síl·labes. Tot al contrari, les estratègies de comprensió (relació entre *informació visual* i *informació no visual*) només es podran desenvolupar si l'ús d'aquesta lectura és real; si es crea, per tant, la necessitat de llegir el material que sigui per aconseguir un objectiu concret. Això explica l'afirmació "de llegir, se n'aprèn llegint".

De la mateixa manera hem vist que per escriure fem servir aspectes formals de funcionament del codi juntament amb aspectes instrumentals de funcionament del llenguatge escrit, de manera que escriure és un procés de producció. Creiem que poc podrem afavorir el desenvolupament de les estratègies de planificació, textualització i revisió per produir un text d'acord amb els usos socials de la llengua escrita si allò que proposem d'escriure als nostres aprenents no té cap altre objectiu que exercitar el traç de les lletres o aprendre la convenció de les paraules. Tot al contrari, les estratègies de producció del text només es podran desenvolupar si l'ús d'aquest text és real; si es crea, per tant, la necessitat de produir un text adequat a un objectiu concret. Això explica l'afirmació "d'escriure, se n'aprèn escrivint".
El paper del mestre és fonamental per afavorir un context d'experiències significatives, funcionals i de cooperació (en la línia del "llenguatge integral") i a partir d'aquestes facilitar el progrés de cada un dels alumnes. És el mestre qui organitza totes les situacions de contacte i d'ús amb la llengua escrita com a situacions d'aprenentatge amb totes les variables que hi intervenen. Aquestes variables, les analitzem en el capítol 2.

USOS DE LA LLENGUA ESCRITA

Acabem d'analitzar com només en situacions reals d'ús de la llengua escrita és possible aprendre a llegir i a escriure amb sentit.

Ens falta, però, concretar quins són els usos habituals de la llengua escrita en la nostra societat alfabetitzada, per poder oferir als escolars que han d'aprendre a llegir i a escriure tot tipus de situacions on sigui imprescindible l'ús de la llengua escrita.

Per sistematitzar els usos de la llengua escrita ens basem fonamentalment en Tolchinsky (1990), que afirma que el resultat de l'alfabetització va més enllà del domini de l'alfabet i inclou:

a) resoldre qüestions de la vida quotidiana, o ús **pràctic**;
b) accedir a la informació i a formes superiors de pensament, o ús **científic**;
c) apreciar el valor estètic, o ús **literari**.

Creiem que aquesta classificació és extraordinàriament útil en la pràctica escolar perquè sistematitza els diferents objectius que es persegueixen a l'hora de llegir i escriure. Volem contrastar aquesta classificació amb altres aspectes que s'hi relacionen, com ara "llegir i escriure per aprendre", que es desprèn del concepte de lectura i escriptura que hem exposat, i "llegir i escriure per gaudir", que tradicionalment hem atorgat als textos literaris. El nostre punt de vista és que amb els tres usos del text escrit que exposem es pot aprendre i es pot gaudir. Creiem, també, que entre aprendre i gaudir es pot establir una vinculació de manera que qualsevol acte de lectura i escriptura contribueixi al desenvolupament global de la persona.

Cal tenir en compte que aquest aprendre i gaudir del text escrit es dóna en una gran varietat de contextos i situacions. És cert que a vegades llegim o escrivim amb la finalitat clara d'aprendre, però també és cert que aquest aprendre ens pot aportar molta satisfacció i plaer. D'altra banda a vegades cerquem en el text escrit passar una estona agradable, el plaer, però és innegable que aquesta lectura distesa també ens pot permetre aprendre.

Sense perdre de vista la continuïtat entre aprendre i gaudir com a objectius marc per a qualsevol acte de lectura i escriptura, la classificació següent ens ajuda a enfocar cadascun d'aquests actes cap a un objectiu funcional concret. Aclarir els objectius és clau per dur a bon port qualsevol procés d'ensenyament i aprenentatge.

Ús pràctic

Des d'aquesta perspectiva l'escriptura és considerada com un instrument per poder viure autònomament. Contempla essencialment l'aspecte *d'adaptació* i comprèn tots aquells usos pràctics que tenen per objectiu satisfer les necessitats quotidianes d'una societat alfabetitzada: talons bancaris, guies urbanes, horaris de trens, caixers automàtics, prospectes, etc. En definitiva, en la perspectiva de l'ús pràctic del text escrit es persegueix la utilitat.

Ús científic

Des d'aquesta perspectiva es considera que un individu alfabetitzat no és només aquell que està més adaptat sinó també aquell que té accés a més informació i que usa l'escriptura per a la potenciació del coneixement en el seu sentit més ampli, amb el progrés individual i col·lectiu que això comporta. Contempla essencialment l'aspecte de *poder* que dóna saber llegir i escriure.

El text escrit permet fixar les interpretacions de la realitat fetes pels altres i per nosaltres mateixos en un objecte material i tangible sobre el qual podem operar. Possibilita el contrast, l'anàlisi, l'exploració, la integració, la conceptualització, etc. d'allò que està escrit.

També el fet d'escriure obliga a un processament de la informació d'alt nivell a causa principalment de la quantitat de funcions que li reconeixem. (Camps, 1994). Parcialment i globalment hem d'adequar el text a la circumstància d'ús determinada, d'acord amb les normes socialment reconegudes. L'escriptura és el mitjà on treballem més conscientment amb les paraules, arribem a considerar el missatge com un objecte lingüístic sobre el qual podem reflexionar, això és, usem una de les propietats peculiars del llenguatge, la de referir-se a si mateix, anomenada funció metalingüística. En el mateix procés de reflexió es creen fàcilment noves idees i s'estableixen noves connexions entre diversos coneixements. La manera específica de pensar per poder escriure és un factor que pot modificar els coneixements de qui escriu.

Hi ha un coneixement que es crea i es manté exclusivament a través del llenguatge escrit, amb l'únic suport del text, coneixement que crea una realitat basada-en-el-text. Teberosky (1996a) ens fa veure com aquesta possibilitat de crear representacions a partir dels textos, de participar de l'experiència d'una realitat textual, ocupa una posició privilegiada en la parla i en el pensament de tots els alfabetitzats, com també l'ocupa en el context escolar formal.

Ús literari

Si el primer ús feia referència als aspectes útils i el segon als aspectes científics, aquest tercer i últim fa referència als aspectes relatius a la bellesa. Contempla essencialment els aspectes *retòrics*, *poètics* o *estètics* del llenguatge i apel·la a la gratuïtat. Des d'aquesta perspectiva no s'accentua la capacitat d'accedir o controlar la informació, o de millorar el nostre coneixement, sinó la capacitat d'expressar sentiments, de provocar ambigüitat i de crear mons imaginaris.

Aquesta accepció de l'alfabetització és la que valora el llenguatge dels llibres com un objecte preuat i tracta de persona *culta* encara que no poderosa qui el posseeix. La propietat del llenguatge de tornar sobre si mateix per modificar-se, aquí està al servei d'aconseguir la millor forma. L'objectiu serà, doncs, apreciar la particularitat dels gèneres literaris, en la forma més suprema de gaudir de l'estètica.

Com a cloenda d'aquest apartat hem de considerar que aquesta classificació sobre els components de l'alfabetització no s'escapa al problema que ofereixen la majoria de categoritzacions: hi ha elements que responen exactament als paràmetres proposats, però n'hi ha d'altres que podrien pertànyer a dues categories perquè es troben entre l'una i l'altra.

Així, ens hem trobat amb problemes a l'hora de classificar alguns tipus de textos, com per exemple els instructius. Per exemple, el text de les normes d'un joc podria pertànyer al primer bloc referent a resoldre qüestions pràctiques: saber com es juga; o podria pertànyer al bloc referent a accedir a més informació: tenir coneixement d'un nou joc.

Malgrat la complexitat de qualsevol classificació, hem agrupat cada una de les situacions que oferim en el capítol 3 sota la categoria que ens ha semblat més representativa, no pas per simplificar el seu significat sinó per una qüestió d'ordenació de les propostes.

Com assenyala Tolchinsky (1990), els tres components implícits del concepte actual d'alfabetització no formen part només de la representació cultural de les persones ja alfabetitzades, sinó també dels que es troben en procés d'alfabetització i dels que s'han quedat a fora d'aquest procés. És per això que l'escola, a la qual tothom reconeix la funció d'ensenyar a llegir i a escriure, no pot obviar cap dels seus usos, des del primer moment que es proposa aquest ensenyament. Només així l'alumnat construirà i confirmarà unes expectatives adequades a la representació cultural que la nostra societat té sobre el que s'espera d'ell quan domini la lectura i l'escriptura.

Tal com exemplifiquem en el capítol 3, la nostra proposta tracta els tres components de l'alfabetització com a base de l'organització de les activitats, per abraçar tots els continguts que s'han de tenir en compte des dels primers passos de l'educació formal per ensenyar i aprendre a llegir i a escriure avui.

Per *viure* autònomament i responsablement en la nostra societat no solament necessitem llegir i escriure, sinó que necessitem ser lectors i escriptors. Així podem resoldre qüestions pràctiques, podem potenciar el coneixement i podem obtenir plaer estètic, i cap d'aquests tres aspectes no pot ser negat als qui inicien el procés d'alfabetització.

2. COMPONENTS DE LA INTERACCIÓ PEDAGÒGICA

El plantejament educatiu que presentem es concreta en el moment de prendre decisions per planificar, actuar i avaluar les diferents activitats que es duran a terme a l'aula.

Aquesta presa de decisions afecta tots els factors que intervenen en el procés educatiu i sabem prou bé com és de complexa la situació que es crea a l'aula per desenvolupar cada un dels processos d'ensenyament i aprenentatge. Complexa perquè els factors o les variables que hi intervenen són múltiples, perquè el grau d'interrelacions entre les variables és elevat, i perquè cada situació és única i diferent. Malgrat tot, a l'hora de planificar cal especificar cada un d'aquests factors per a les diferents propostes de treball a l'aula, per tal de definir el marc que possibiliti actuar i avaluar amb coherència.

Per analitzar els diferents factors que intervenen en el procés educatiu hem seguit l'esquema que exposa Zabala (1995). Així, expliquem a continuació com es concreten en la nostra proposta cada un dels components de la interacció pedagògica que aquest autor assenyala:

- *La seqüenciació didàctica.*
- *El paper del mestre o la mestra.*
- *L'organització social.*
- *L'espai.*
- *El temps.*
- *Els materials curriculars.*
- *L'organització dels continguts.*
- *Els criteris d'avaluació.*

Les decisions que exposem sobre cada una d'aquestes variables defineixen de manera exhaustiva les relacions que s'estableixen entre els tres components del triangle educatiu: objecte de coneixement, alumne i mestre.

Per a una millor concreció de cada aspecte es remet algunes vegades a figures i a exemples de situacions o transcripcions de protocols que es troben en els capítols posteriors, quan es descriuen les propostes concretes de treball a l'aula.

LA SEQÜENCIACIÓ DIDÀCTICA

Entenem per seqüència didàctica la manera com s'articulen les diverses activitats d'ensenyament i d'aprenentatge per assolir un contingut determinat. La seqüenciació permet percebre com se situen unes activitats en relació a les altres i determina la forma d'ensenyar i aprendre. És clar que totes les altres variables que desenvolupem al llarg d'aquest capítol ajuden a configurar la manera d'ensenyar i aprendre i formen part de la mateixa seqüència didàctica. Ara bé, si les podem separar, ni que sigui artificiosament, per analitzar-les, interpretem que la seqüenciació marca l'estructura i és l'eix vertebrador de la manera de dur a la pràctica l'ensenyament i l'aprenentatge.

Les seqüències d'ensenyament i aprenentatge que presentem es troben circumscrites en la línia pedagògica denominada "treball per projectes", ja que és una forma d'intervenció a l'aula que facilita l'orientació de l'ensenyament i l'aprenentatge en la perspectiva constructivista. Els "projectes de treball" respecten les diferents etapes que Jorba i Casellas (1996) assenyala per a un cicle d'aprenentatge d'un dispositiu pedagògic "constructivista": *fase d'exploració*, *fase d'introducció del concepte o procediment*, *fase d'estructuració* i *fase d'aplicació*.

Pel que fa a l'aprenentatge de la lectura i l'escriptura tant desenvolupem projectes específics per a aquest aprenentatge, és a dir, projectes de llengua (escriure un conte, editar un llibre sobre una experiència viscuda, etc.), com inserim aquest aprenentatge en projectes amplis, és a dir, "projectes globalitzats". Molt sovint un "projecte de llengua" (escriure una carta per sol·licitar un permís, cercar una informació en una enciclopèdia, preparar una conferència, etc.) es constitueix com a "projecte satèl·lit" d'un "projecte globalitzat".

Tant si és una part d'un altre projecte, com si constitueix un projecte en si, la proposta que formulem per aprendre a llegir i a escriure, dins aquest marc es concreta en activitats seqüenciades en aquest ordre:

a) Creació de situacions a l'aula amb necessitat real d'usar la llengua escrita
Aquestes situacions, pel fet de viure en una societat alfabetitzada, es donen moltes vegades de manera natural (identifiquem un objecte perdut pel nom que porta marcat, consultem en un llibre quin és el planeta que té més satèl·lits, llegim un conte per divertir-nos, etc.), però moltes altres la mestra o mestre les pot potenciar o crear (redactem un "permís" per anar d'excursió, escrivim les propostes per a l'assemblea, busquem al diari si parla del temps, etc.) i encara moltes vegades les proposen els mateixos nens i nenes (fem una llista de jocs per no repetir-los, copiem la recepta de panellets per portar-la a casa, agafem llibres mentre ens esperem, escrivim una carta per demanar una visita, etc.). De fet, aquestes situacions són les que defineixen el context on es durà a terme l'acte de llegir o escriure.

En tots els casos aquestes situacions seran origen d'una seqüència didàctica si el mestre o la mestra ajuda a **concretar l'objectiu del que es va a fer** i facilita el desenvolupament dels passos següents:

b) Recerca de solucions per satisfer la necessitat
Entre tots es fan propostes d'activitats per acostar-se a l'objectiu proposat i satisfer la necessitat creada. Aquestes activitats permeten al mestre o mestra esbrinar els coneixements previs i les competències procedimentals de cada nen i nena i compartir **objectius d'aprenentatge específics** (referits a qualsevol aspecte del text escrit: discurs, text, sistema de notació gràfica) per a diferents grups, o comuns per a tota la classe.

Un cop el mestre i els alumnes han consensuat un objectiu, es poden explicitar i planificar les accions que es duran a terme per aprendre.

c) Resolució
La resolució comprèn el desenvolupament de les accions (confrontació de diferents propostes, interiorització de models, recerca d'informació, exercitació, etc.) que s'hagin acordat per a un aprenentatge concret i que poden ser diferents segons els grups de nens i nenes. En qualsevol cas aquestes accions han de permetre construir coneixement, un coneixement potser provisional, però en definitiva coneixement que possibilita avançar.

L'estructuració d'aquest aprenentatge permet tirar endavant el projecte començat, en el sentit d'obtenció del producte final, amb més propietat.

d) Experiència d'ús de la llengua escrita
Atès que partim d'una situació d'ús real del text escrit, la parada que s'ha fet per assolir un aprenentatge concret és com un parèntesi per tornar al marc

general que l'ha generada. D'aquesta manera s'experimenta l'ús de l'aprenentatge realitzat i la seva significació. La incorporació dels avenços en llegir i escriure en l'ús autèntic d'aquestes activitats permet construir un coneixement del seu significat més enllà de dir o escriure lletres, sons o paraules. Permet aprendre a llegir i a escriure de manera contextualitzada per a diferents funcions.

e) Reflexió
En acabar la tasca cal sempre una reflexió-valoració dels processos realitzats i dels resultats obtinguts. Cal tenir en compte els dos tipus d'objectius que hem plantejat:

- El producte final (el cartell, el conte, el missatge, etc.).
- L'aprenentatge específic (el format, elements del funcionament del codi, estratègies de resum, estructura del conte, reconeixement de noms, etc.).

És el que Camps (1994) anomena "articulació del treball de producció global i dels objectius puntuals d'aprenentatge".

Les activitats que plantegem en aquesta fase, per reflexionar sobre si "*hem aconseguit el que volíem*" i "*què hem après?*", també són diverses (conversa col·lectiva, entrevista personal, pautes de valoració, etc.), però imprescindibles per afavorir la sistematització dels nous aprenentatges i plantejar, si és el cas, la seva memorització.

Creiem que aquesta reflexió és el que separa més el nostre plantejament de l'aprenentatge anomenat natural i permet a l'alumne ser conscient del que va aprenent, i dirigir, autoregular o ser protagonista del seu propi procés.

Encara que el fil conductor de la seqüència didàctica, tal com s'observarà en les diferents propostes del capítol 3, és sempre aquesta i no una altra, hem de considerar la recursivitat necessària per a l'aprenentatge que ens proposem. Per això moltes vegades una seqüència pot incloure diverses seqüències. D'altra banda, aprendre a llegir i a escriure comprèn un nombre ilimitat de seqüències, és un procés llarg, complex i no lineal. Presenta un típic procés de creixement en espiral.

Finalment, el fet que tant el llegir com l'escriure es defineixin com a processos pot portar a confusions amb la seqüència-procés d'ensenyament-aprenentatge que acabem de descriure. La seqüència d'activitats que hem descrit pot referir-se a qualsevol dels moments del procés de llegir o d'escriure. Així doncs, si llegim haurem de tenir en compte l'abans, el durant i el després de la lectura per afavorir la comprensió, i si escrivim haurem de tenir en compte la planificació, la textualització i la revisió per aconseguir el text desitjat. I enmig d'aquest procés pot haver-hi un, dos o més moments en què es desplegui una seqüenciació d'activitats per aprendre algun aspecte específic del procés complet.

Per exemple: si mentre provem d'escriure el títol d'un conte necessitem saber si els títols són llargs o curts, si tots comencen per "LA", si s'escriuen a dalt o a baix del dibuix, o com es fa la lletra que sona [f], deixem el paper i el llapis i, en funció de l'objectiu, mirem els llibres de la biblioteca, busquem en els cartells dels noms dels nens, preguntem, discutim. Després, amb els nous coneixements, tornem a escriure allò que ens havíem proposat: el títol del conte.

El PAPER DEL MESTRE O LA MESTRA

Des de la perspectiva constructivista la funció principal del mestre en les interaccions que es donen en qualsevol aprenentatge és la de crear, en paraules de Vigotsky, *zones de desenvolupament proper*. És a dir, conèixer el punt de partida de cada alumne o *zona de desenvolupament real*, i oferir-li les condicions apropiades que el facin progressar cap a la *zona de desenvolupament òptim*.

Oferir les condicions apropiades, l'ajut necessari i suficient, la mediació adequada és evidentment el repte de la tasca de mestre.

En l'apartat anterior, hem intentat explicitar la seqüència didàctica que propicia l'aprenentatge. És evident, doncs, que el paper del mestre és conduir les sessions de treball per dur-la a terme. L'orientació de la dinàmica de la classe és competència exclusiva del mestre i sobre ell recau tota la responsabilitat. El mestre també és, per sobre de tot, el responsable d'establir una bona comunicació dins de l'aula, de brindar estímuls i afecte, i d'afavorir un clima de confiança i respecte que promoguin l'autoestima i l'autoconcepte de tot l'alumnat.

Tots aquests aspectes que considerem cabdals i comuns a tots els aprenentatges no els podem desenvolupar aquí per raons estrictes d'espai, però sense perdre de vista la seva importància decisiva concretarem els aspectes específics del paper del mestre en les interaccions referides a l'aprenentatge de la lectura i l'escriptura per a tres finalitats:

- Conèixer el punt de partida de cada alumne.
- Intervenir per facilitar els aprenentatges.
- Avaluar per millorar la pràctica educativa.

En aquest apartat tractem les interaccions referides a les dues primeres finalitats. Les interaccions referides a l'avaluació es desenvolupen en un capítol a part.

A més a més, el mestre té una funció especial en aquest aprenentatge que desenvolupem en l'últim apartat d'aquest capítol: fer de model com a lector i escriptor expert.

Conèixer el punt de partida de cada alumne

Partir dels esquemes de coneixement de cada alumne, amb relació a la lectura i l'escriptura i del significat o sentit que li atribueixen, és una recerca necessària per oferir una intervenció que connecti amb el saber, amb el saber fer i amb el saber estar de cada alumne i el faci progressar.

Ara bé, conèixer el punt de partida de cada alumne no és fàcil. En primer lloc perquè cada alumne és particular i diferent i en segon lloc perquè el punt de partida no és estable, es va modificant en unitats de temps irregulars. Per això, si bé algunes activitats concretes poden permetre posar de manifest els coneixements previs de l'alumnat (fig. 3) en un moment determinat, el que permet conèixer millor cada alumne és l'actitud permanent d'observació i d'investigació del mestre (exemple 24).

Es tracta d'aquella disposició del mestre que li permet apropar-se al màxim a l'alumnat, i submergir-se respectuosament en les seves ments, per conèixer-los a fons, a cada un en particular i al grup com a conjunt de relacions. Després, prenent les distàncies convenients, el mestre o la mestra reflexiona per interpretar tota la informació que n'ha obtingut i es proposa nous reptes per seguir actuant en conseqüència.

Hem ordenat en tres blocs alguns exemples d'aquesta actitud per conèixer el punt de partida:

- Respecte a l'escriptura.
- Respecte a la lectura.
- Respecte a la lectura i l'escriptura.

a) Respecte a l'escriptura:

- Estimular els nens i nenes perquè provin d'escriure, i valorar tots els intents d'escriptura.

En una classe de parvulari o de cicle inicial, on la majoria de nenes i nens encara no dominen l'escriptura convencional, quan convé escriure algun enunciat és força habitual que el mestre l'escrigui a la pissarra i l'alumnat el copiï. La finalitat d'aquesta manera de procedir és evitar les faltes i facilitar el treball. És indubtable que amb una bona còpia haurem aconseguit l'objectiu d'evitar les faltes, i haurem anat ràpids, però s'haurà aconseguit alguna cosa més? Si més no per a l'objectiu que ens proposem aquí de conèixer el punt de partida dels nens i nenes, és evident que aquest treball de còpia no ens serveix.

Una actuació més d'acord amb els principis que hem enunciat abans implicaria un treball més llarg, però a la nostra manera d'entendre més profitós. Demanaríem, doncs, que els alumnes intentessin escriure l'enunciat pel seu compte (exemple 15). Això, juntament amb alguna pregunta sobre el que han fet, ens permetria veure quins són els coneixements que cadascú aplica a un escrit.

A partir d'observar i entendre el que saben podrem iniciar una tasca que ajudi a avançar l'infant cap a l'objectiu proposat. Si l'objectiu era escriure sense errors, estarà a les nostres mans triar el camí a seguir (oferir el model correcte i fer adonar dels encerts i dels errors, fer aplicar les normes apreses per revisar l'escrit, fer contrastar les diferents produccions, o adequar l'objectiu a la realitat i potser revisar només algun error...), però el que és cert és que haurem pogut esbrinar què sap fer cada infant i això és l'únic que ens pot permetre que les condicions d'aprenentatge que creem tinguin moltes possibilitats de connectar amb els coneixements que posseeix en cada moment l'alumne i, doncs, aquest pugui avançar en algun aspecte per petit que sigui.

Ens adonarem de seguida que una conseqüència directa d'aquesta actitud és acceptar les produccions tal com surten; evitar corregir-ho tot i valorar més els encerts que no pas els errors. En definitiva, canviar la idea d'evitar els errors per la d'utilitzar els errors, i també els encerts, com a font d'informació dels coneixements dels nens i nenes.

Frases per part dels nens i nenes com "*No ho sé escriure*", "*jo no en sé, d'escriure*", "*no sé quines lletres són*"..., desapareixen ràpidament quan es crea una dinàmica en què el mestre convida a escriure amb consignes com: "*Prova-ho*", "*intenta-ho, després si cal ja ho arreglarem*", "*fes-ho com a tu et sembli*", "*mirem què és el que ja saps fer*"... Aquesta manera de fer es complementa amb la corresponent valoració positiva del mestre a tots els intents d'escriptura i el reforç dels nous descobriments: "*Molt bé això de posar lletres diferents per a paraules diferents*", "*apa, sí que en sabeu, de lletres*", "*ui, quantes lletres encertades!*", "*quin començament més bonic!*", "*que ben posada la data en aquest racó!"*... Aquest apreci dels aprenentatges s'ha d'enriquir encara amb la participació dels altres infants: *"A tu què et sembla com ho ha fet?", "Creus que li ha costat?"*... Així es va creant un clima d'estimulació a partir del que sap fer cadascú i no pas del que fa malament. És essencial "fer que cada alumne construeixi una representació positiva de la seva relació amb l'escrit" (Jolibert, 1992).

b) Respecte a la lectura

- Estimular els nens i nenes perquè aventurin hipòtesis sobre què deu dir un text determinat.

Molt sovint, a les classes on la majoria de nens i nenes no dominen la lectura, quan cal llegir algun enunciat, rètol, títol, carta, avís, etc. la mestra el llegeix en veu alta per a tots, així tothom s'assabenta del text proposat. És evident que d'aquesta manera hem informat ràpidament del contingut del text, però haurem pogut aproximar-nos als coneixements previs dels nens i nenes respecte a la lectura?

Una actuació més d'acord amb els principis que hem enunciat abans implicaria un treball més llarg, però molt més profitós. Demanaríem, doncs, que intentessin llegir pel seu compte l'enunciat. Això, i alguna pregunta sobre com ho han aconseguit saber, ens permetria esbrinar quins són els coneixements que cadascú aplica per llegir. A partir de l'observació del que saben podem intervenir en cada cas de la manera més propera als seus coneixements. Podem ajudar a reflexionar sobre la manera d'esbrinar el que diu un text, buscar pistes, donar consells, buscar referents, contrastar hipòtesis, buscar coherència... D'aquesta manera haurem fet un treball que haurà partit d'allà on era l'alumne i, doncs, amb moltes possibilitats de connectar amb els seus coneixements per avançar en algun aspecte per petit que sigui.

Ens adonarem de seguida que una conseqüència directa d'aquesta actitud és acceptar allò que els nens i nenes "inventen" sobre el que diu el text, i interessar-nos més per saber com s'ho han fet per descobrir què hi diu, que no pas per corregir el que està malament. Si som capaços d'escoltar per què els sembla que en un text determinat diu el que ells proposen, trobarem maneres d'acostar-nos als seus esquemes de coneixements i fer-los progressar.

Frases com ara: "*No sé llegir, no sé què hi diu*"..., desapareixen ràpidament quan es crea una dinàmica que convida a provar-ho: "*Què et penses que hi diu?*", "*de què creus que parla?*", "*saps què és (un conte, un anunci, una carta, un poema...)?*", "*per què serveix?*", "*qui ho deu haver escrit?*", "*per què ho deu haver escrit?*", "*hi ha alguna paraula que coneguis?*", "*saps què hi diu en algun tros?*", "*tens alguna pista per saber què hi diu?*".

Aquesta manera de fer es complementa amb la corresponent benvinguda per part del mestre i dels companys a tots els intents de lectura i als nous descobriments: "*Molt bé!, coneixes el teu nom!*", "*el dibuix dóna pistes!*", "*d'acord, si hi ha les mateixes lletres hi diu el mateix!*", "*podria ser que hi digués això!*", "*mira, s'assembla molt a allò que has dit tu!*" L'acceptació i la valoració de les aportacions de cada infant, tant per part de la mestra com per part de la resta de companys i companyes, ha de poder comprovar-se en qualsevol moment. Així es va creant un clima d'estimulació i seguretat afectiva a partir de les estratègies que va desenvolupant cadascú.

c) Respecte a la lectura i l'escriptura

• Saber esperar

Cal tenir actitud d'espera quant a les reaccions de l'alumnat, per no precipitar els ensenyaments. És molt més interessant la pregunta o el dubte que sorgeix de l'alumne que no l'ensenyament que avança el mestre, perquè el primer surt realment dels coneixements que posseeix l'alumne, mentre que el segon surt de les necessitats del mestre i no permet que el nen o nena posi de manifest el seu punt de partida; és com tallar la possibilitat de conèixer-lo (exemple 38).

Convindrà, doncs, que el mestre se situï sovint a l'expectativa, la qual cosa no vol dir deixar fer d'una manera passiva, sinó tenir una actitud d'escolta activa. Per aconseguir deixar-se sorprendre de debò pels alumnes es necessita temps i, també, crear-ne les condicions. Aquestes condicions fan referència, per una banda, al tipus de relacions que s'estableixen entre el mestre i l'alumne i entre els alumnes –acceptació de cadascú tal com és, clima de confiança, respecte mutu i interès per l'altre, establir empatia, celebrar conjuntament els esforços– i, per l'altra, la qualitat de la interacció didàctica –compartir amb l'alumnat l'objectiu de cada tasca, dibuixar el camí a seguir i posar-se d'acord en els criteris de valoració.

• Investigar els perquès

Les entrevistes o converses individuals amb cada alumne són imprescindibles per apropar-nos als seus esquemes de coneixement. Saber fer la pregunta adequada i, sobretot, en el to adequat, perquè el nen o nena se senti acollit i confiat, és l'instrument per aprofundir en la recerca dels coneixements previs i el sentit que hi donen.

Una bona estratègia per investigar els significats que donen als diferents moments del procés d'escriure i de llegir és escoltar les seves converses mentre produeixen algun escrit i mentre intenten buscar significat a un text. Les explicacions que es fan els uns als altres són moltes vegades més entenedores que les respostes a les preguntes que fem els adults (exemple 33).

• Interpretar les respostes

Tant les produccions escrites, com els intents de lectura, com les respostes orals a les preguntes que els hem formulat, els podem entendre de maneres molt diferents segons el model teòric de referència que adoptem, conscient o no però present.

Posarem un exemple. Un nen de 5 anys vol escriure PILOTA i posa "IOA". Segons un model de referència tradicional podríem interpretar que aquest nen té una falta d'atenció important perquè es deixa lletres. Segons el model de referència de les fases de conceptualització de l'escriptura de Teberosky, podríem interpretar que aquest nen es troba en l'etapa sil·làbica i, per tant, segons la seva hipòtesi d'escriure un símbol per a cada síl·laba, no s'ha deixat cap lletra.

La interpretació que fem davant d'una mateixa producció "IOA" condiciona evidentment la manera d'intervenir del mestre per ajudar a avançar en l'aprenentatge. En el primer cas proposarem al nen exercicis d'atenció, en el segon buscarem maneres de fer-li adonar que no n'hi ha prou d'escriure una lletra per a cada cop de veu o síl·laba.

Per interpretar les respostes de l'alumnat, és a dir, reconèixer-les com a manifestacions d'una o altra fase d'aprenentatge, el mestre o la mestra necessita formació i reflexió. La formació es realitza a través de lectures, cursos, conferències, debats, etc. en moments diferents de l'activitat professional; en canvi la reflexió s'ha de dur a terme sempre immediatament després de la interacció.

Reflexionar sobre què deu voler dir aquell alumne quan pregunta "*Com és que és més llarg?*", "*com és la TO?*", "*saps escriure?*", "*està bé?*", etc. i què pot significar la seva actuació: "*No ha participat en res, s'ha tancat en banda, s'ha entusiasmat quan li he reconegut el que havia escrit, li interessa més pintar que escriure, sembla que no es vulgui esforçar, treballa bé quan està al costat de la seva amiga...*", no es pot fer al cap d'una setmana, ja que no seria massa útil; s'ha de fer el mateix dia i molt millor si ho podem escriure. El diari de classe és una bona eina per a la reflexió. Es necessita temps, sí, però si el considerem important trobarem la manera de fer-lo àgil i de agafar-ne el costum.

Intervenir per facilitar aprenentatges

Una vegada conegut el punt de partida, el mestre ha d'oferir, d'acord amb els referents teòrics que ajuden a interpretar les observacions realitzades, situacions que permetin fer avançar els alumnes.

Les possibilitats d'intervenció són pràcticament il·limitades, des de la pregunta directa a un alumne per desestabilitzar o confirmar els seus coneixements, fins a la proposta més indirecta a través del treball per grups; des de fomentar la recerca de solucions fins a l'aportació directa de models de referència; o potser la combinació de diverses estratègies. I de fet ja n'hem explicat algunes en l'apartat anterior, ja que les fases que són fàcils de distingir teòricament (conèixer el punt de partida per després intervenir-hi pedagògicament), a la pràctica constitueixen un anar i venir constant: deixar actuar, orientar, tornar a observar, tornar a intervenir, etc.

Els tipus bàsics d'intervenció que permeten apropar cada vegada més l'alumne a la lectura i l'escriptura com a coneixement, com a procediment i com a actitud són:

- Formular reptes assequibles.
- Orientar la recerca de solucions.

a) Formular reptes assequibles

Tant pel que fa a la lectura com a l'escriptura, el mestre ha de planificar situacions que suposin per al seu alumnat petits reptes que actuïn com a estímuls per avançar. Si sempre fem el mateix, les activitats es converteixen en una rutina i la implicació personal i l'esforç que presideix qualsevol aprenentatge desapareix, és a dir, estem realitzant activitats en certa manera inútils perquè no condueixen a cap aprenentatge.

A l'hora de formular aquests reptes es fa difícil pensar en un repte per a tota la classe, perquè sabem com són de diferents els punts de partida de cadascú. Tampoc podem pensar en 25 reptes diferents perquè l'horari és limitat. Per això els reptes que anem establint són a diferents nivells.

A vegades proposem un repte general, com per exemple: "*Sabeu què més passarà en aquesta història?*", "*voldríeu provar d'escriure les coses que ens hem d'emportar a colònies?*", "*podríeu buscar coses que serveixin per llegir?*" o "*avui escriurem la data fent la lletra una mica més petita perquè ens càpiga en una sola línia*", etc.

Sabem que aquests reptes generals serveixen per parar atenció a algun aspecte, els que hem detectat com a més necessaris, però el nivell de resposta que n'obtindrem serà ben diferent segons cada nen i nena i haurem de valorar l'esforç que cadascú fa per respondre al desafiament plantejat.

A vegades, formulem un repte en grup petit o individualment. Aquest repte que oferim a un parell o tres d'alumnes quan treballen en grup petit, i també a un alumne individualment, és el que pot arribar més a fons, pot arribar a desestabilitzar els coneixements que posseeix i implicar-lo en un esforç per trobar sortida al desafiament plantejat. Seguim amb l'exemple del nen que escriu amb tota seguretat "IOA" quan vol escriure PILOTA. Li demanem que escrigui Girona, i corresponent als seus coneixements escriu "IOA". Ara li plantegem el desafiament: posem de costat les dues produccions IOA (pilota) i IOA (Girona) i li demanem: "*Com sabem on diu 'pilota' i on diu 'Girona'?*"

Els reptes, els dubtes, no cal que es resolguin sempre de manera satisfactòria en el mateix moment segons el model dels adults; poden quedar oberts, com aspectes que cal anar esbrinant i descobrint, o bé poden ser resolts momentàniament amb aproximacions errònies.

És evident, també, que els reptes individuals s'ofereixen a cadascú en moments diferents, no és una manera d'actuar homogènia pel que fa al contingut, però sí pel que fa a la forma. Hauríem d'oferir reptes, amb el sentit d'invitació a participar, a tots els nens i nenes de la classe i no permetre que els alumnes més inquiets acaparin la nostra atenció oferint-los constantment reptes, i deixar en la passivitat els més tranquils o menys abassegadors.

b) Orientar la recerca de solucions

Quan un coneixement queda qüestionat per alguna causa:

- Una pregunta del mestre o dels companys ("*com saps que aquí hi diu La Rínxols d'Or i no La Caputxeta Vermella?*").
- Una confrontació de solucions diferents a un mateix problema (en un cartell determinat un creu que hi diu IGNASI i l'altre que hi diu IRENE).
- Perquè vol fer alguna cosa que està més enllà de les seves possibilitats reals (ha escrit un missatge per als pares i aquests no l'entenen).

Els alumnes es veuen empesos a posar en marxa totes les seves estratègies per solucionar el problema plantejat.

Cal tenir en compte que cadascú té la seva manera particular d'aprendre i allò que és útil per a uns, no es pot aplicar als altres. El que és segur és que tothom ha de poder reformular allò que s'ha desestabilitzat, amb algun tipus d'implicació personal i d'esforç. És el moment d'orientar la recerca de solucions, d'obrir camins perquè a la llarga cada nen i cada nena siguin autònoms.

N'hi ha que ja ho són, que davant d'un repte es mostren actius, s'arrisquen a provar noves fórmules, pregunten, miren, observen, reflexionen i no paren fins que aconsegueixen la solució i la comproven.

Però n'hi ha molts que es bloquegen per mil causes que no podem analitzar ara. Aquests necessiten l'empenta afectiva i l'orientació d'on anar a parar per no perdre's durant massa temps. És el moment en què el mestre assoleix el paper d'orientador en la recerca de referents, de donar pistes, d'encaminar-los a consultar i a preguntar.

Per exemple, quan davant de preguntes com ara "*Què podeu fer per saber si diu Irene o Ignasi?*", no responen i resten passius, el paper de la mestra pot ser empènyer-los a consultar: "*Si ho pregunteu a la Irene o a l'Ignasi, que coneixen el seu nom, us ho diran*". A més d'orientar-los a fer preguntes cal seguir els seus passos, perquè possiblement per a ells ja s'hauria acabat la recerca. "*Ja us han dit on diu Irene i on diu Ignasi?*" "*Molt bé!, us hi heu fixat molt. Ara mireu bé els dos cartells i penseu com ho podríeu fer un altre dia per saber-ho vosaltres sols*". Després d'una estona: "*Què trobeu de diferent?*"; si encara no són capaços de dir-ne res podem guiar les seves observacions d'acord amb els seus coneixements previs. "*Que comencen igual?, quin és més llarg?, acaben igual?, en què s'assemblen?*"

També és funció del mestre facilitar la posada en comú de les diferents estratègies que fa servir cadascú i sistematitzar-les. Aquest compartir la manera d'aprendre ajuda els nens i nenes a confirmar les seves pròpies estratègies, i a imaginar-ne i provar-ne de noves.

Fer de model com a escriptor i lector expert

Sabem prou bé la quantitat d'aprenentatges que realitzen els nens i nenes per simple imitació del que fan els altres i sobretot si aquests altres són persones amb qui mantenen vincles afectius importants.

Si ens aturem uns moments a pensar quantes vegades els nostres infants veuen a casa, o al seu entorn més immediat, adults llegint i escrivint, ens adonarem que els seus punts de referència són limitats. Tot i que aquests referents depenen molt dels nivells socioculturals, en general es donen més situacions de lectura que d'escriptura. En presència dels nens la mare i el pare poden llegir les cartes de propaganda, del banc, de les associacions, etc. que arriben a la bústia, poden llegir el diari, una novel·la, els textos que surten a la tele, el cartell de l'autobús, la marca dels productes al supermercat, les instruccions del caixer automàtic, la nota que arriba de l'escola, etc. Amb grans desnivells pel que fa a la freqüència, qui més qui menys ha vist el seu pare, la seva mare o algú proper amb algun tipus de paper a la mà per llegir. En canvi, la situació d'escriptura es dóna comptades vegades; segurament tenim nens i nenes a classe que no han vist mai el seu pare o la seva mare amb un paper i un llapis a la mà. Excepte per a tasques professionals, per a les quals s'acostuma a fer servir l'ordinador, els adults tenim poques necessitats d'escriure. Només prendre algun encàrrec per telèfon, potser deixar alguna nota a algú, fer la llista d'anar a comprar, omplir un imprès, i para de comptar. Totes aquestes situacions, a més, no es donen amb gaire freqüència.

Davant d'aquest panorama, encara pren més relleu el fet que el mestre o la mestra llegeixi i sobretot escrigui davant els nens i nenes.

Quan el mestre pren consciència de fins a quin punt pot arribar a ser imitat pels seu alumnat, a més de llegir i escriure davant seu de manera natural i gairebé inconscient, pot provocar situacions en què expressament adopti el paper de fer de model com a lector o com a escriptor expert.

Moltes vegades, el mestre és qui dóna la informacó i ajuda a relacionar conceptes que creu que són oportuns. El llenguatge que utilitza informa els nens dels noms d'alguns conceptes o fets que per a ells són simplement *aquesta, això, aquí.* Quan el nen diu *"aquesta és la del meu nom"*, la mestra li dóna la informació que creu que necessita: "*Sí, aquesta lletra que es diu... és una lletra del teu nom".*

a) *El mestre o la mestra model en l'escriptura*

Com a escriptor expert convé que el mestre escrigui davant l'alumnat de manera que puguin percebre la disposició global de tot el cos per produir un escrit, des de la posició corporal i la manera d'agafar el llapis, a la concentració i l'esforç que representa escriure, anar endavant i endarrere del procés, consultar, revisar, etc. Això vol dir que cal tenir en compte tots els detalls, tant de la disposicició de l'alumnat perquè ho vegi bé, com de les expressions facials de la mestra que mostren el que fa, com el suport que s'usa, pissarra i guix o paper i llapis, etc.

En exercir de model, a vegades complementem el fet d'escriure amb la verbalització corresponent, a fi d'explicitar aquells processos que fem mentalment. En cada situació i en cada moment podem posar més o menys èmfasi en l'aspecte que ens sembli més adequat perquè connecti amb els coneixements que tenen els nens i nenes, però no hauríem d'oblidar cap vegada de fer referència als tres moments clau de la producció de qualsevol text escrit: *planificació*, *textualització* i *revisió*.

Així doncs, per simple que sigui el que volem escriure davant els nens i nenes, verbalitzarem i representarem, de manera que es pugui captar, que escriure no és solament transcriure uns sons.

En exercir d'escriptor o escriptora model per a principiants, la fase de la *revisió* del text és la que acostuma a passar més per alt. En certa manera és lògic perquè s'elaboren textos molt simples. Els escriptors experts produïm de manera automàtica l'escriptura del nom propi, d'una llista, d'un títol i d'una frase simple, per això la revisió és necessàriament un esforç didàctic. També el fet de produir-se, encara que no solament, al final del procés, en què s'acumula una certa fatiga, fa que es tendeixi a enllestir-ho ràpid. Davant del cansament recomanem reemprendre la tasca en un altre moment, però no podem donar mai per acabat un text sense fer referència a la revisió.

El mestre pot fer de model bàsicament en dos tipus de situacions diferents: quan escriu en silenci davant l'alumnat i quan escriu en interacció amb els nenes i nenes.

- Quan escriu en silenci davant els nens i nenes

Sigui quin sigui l'objectiu de la nostra escriptura, l'infant ha de copsar la necessitat de concentració per realitzar aquest acte i ha de poder veure que fem i refem el nostre text (esborrem, ratllem, parem, rellegim, busquem al diccionari, etc.).

Frases com "*espera't que estic escrivint*", "*no em digueu res fins que acabi*", "*un moment que no vull perdre el fil*", etc. dites en el moment oportú ajuden a fer adonar de la complexitat del fet d'escriure.

- Quan escriu en interacció amb l'alumnat

Molt sovint el mestre o la mestra escriu espontàniament davant l'alumnat per recollir propostes, per recordar encàrrecs, etc. i en totes aquestes ocasions ha de prendre consciència que fa de model encara que no sigui de forma explícita. En aquests casos la interacció amb els infants determina el que s'ha d'escriure, el mestre ho textualitza i pot fer participar els nens i les nenes en la revisió. (Llegeix en veu alta el que ha escrit i pregunta: *"És això el que havíem dit? Esteu d'acord amb el que he escrit?"* o qualsevol altra fórmula que faci entendre que l'escrit es pot canviar i realment es canvia si no ens satisfà.)

De manera més explícita el mestre o mestra fa de model en interacció amb l'alumnat quan escriu el que aquests li dicten (un missatge, una frase síntesi, un conte, etc.). En aquestes situacions els infants tenen la possibilitat de planificar i textualitzar en part el text sense necessitat de dominar la notació gràfica. També podran intervenir en la revisió dels aspectes més globals ja que no estan aclaparats per la necessitat d'aplicar les regles del codi.

Un altre moment en què el mestre fa de model és en les activitats de coavaluació i totes aquelles vegades que l'alumne recorre al mestre com a persona experta per resoldre els seus dubtes o per confirmar o refusar les seves hipòtesis.

b) El mestre o la mestra model en la lectura

També en el cas de la lectura, convé que el mestre o la mestra, com a lector expert, llegeixi davant els nens i nenes mostrant tota la disposició corporal per a l'acte de llegir. Els nens i nenes han de poder percebre des del moviment dels ulls fins a la manera de girar els fulls i també, és clar, els processos que es van fent mentalment mentre es llegeix, cosa molt més difícil atesa la seva complexitat. Per això convé que el mestre expliqui diverses vegades el que va fent mentalment. En el cas de la lectura el mestre fa de model bàsicament en dos tipus de situacions diferents: quan llegeix en veu alta per als nens i nenes i quan llegeix en silenci davant els nens i nenes.

• Quan llegeix en veu alta per als nens i nenes

Aquest fet es produeix de manera gairebé espontània quan el mestre llegeix per a tota la classe un conte, una carta, un text científic sobre animals, etc., o quan respon la pregunta d'un nen que demana què hi diu en un text concret.

Sabem que el simple fet que els nens i nenes escoltin textos llegits per un lector expert té una influència decisiva en el desenvolupament de la lectura (Wells, 1988). Fonamentalment contribueix a familiaritzar el nen i la nena amb l'estructura del text escrit i amb el seu llenguatge. L'infant, acostumat a comunicar-se a través del llenguatge oral, ha d'anar entrant en contacte amb les característiques de formalitat i de contextualització pròpies del llenguatge escrit per poder comprendre'l, i només té oportunitat de fer-ho a través de l'audició d'un text llegit per un lector expert.

Tal com assenyala Solé (1992), llegir en veu alta per als nens i nenes permet treballar la comprensió de la lectura abans que ells mateixos sàpiguen llegir.

A més, mentre l'adult està llegint l'infant pot participar de diferents maneres en la lectura, relacionant el que sent amb el que sap o amb els dibuixos, fent preguntes, responent qüestions que li planteja el qui llegeix i, sobretot, parlant sobre el que s'ha llegit. Tot això crea unes relacions afectives importants, ja que llegir per als nens i nenes vol dir ser al seu costat; vol dir que l'adult dedica un temps als infants amb un objectiu agradable de manera que, gràcies a aquest contacte, es van construint experiències positives de lectura.

Si aprofundim en aquest tipus de pràctiques gairebé naturals i espontànies i prenem consciència del que implica ser model lector, ens adonarem que podem acompanyar la nostra lectura literal en veu alta amb verbalitzacions sobre els índexs contextuals, textuals i grafofònics que fem servir en llegir per construir el significat.

Així doncs, va bé fer una parada *abans* d'engegar la lectura del conte, de la carta, per mirar la forma, veure si té il·lustracions, saber d'on ha sortit, buscar i comentar l'autor, el títol, la col·lecció, saber per què el volem llegir..., és a dir, activar els coneixements previs que ens dóna el context i establir l'objectiu de lectura. També es pot fer alguna parada *durant* la lectura per aventurar hipòtesis del que passarà, del que encara falta dir, de la manera que ens sembla lògica que s'ha d'acabar, etc; o parada obligada quan hem perdut l'objectiu de la lectura i ens adonem que no s'entén globalment allò que estem llegint i hem de tirar enrere per recuperar la comprensió, o per detectar que no parla del que nosaltres volíem i, en conseqüència, decidir abandonar la lectura. És a dir, verbalitzar com anem potenciant i controlant la comprensió de la lectura. I, finalment, alguna parada al *final* de la lectura per analitzar quines expectatives s'han complert i quines no, i rellegir algun tros, si cal, per assegurar-ne la comprensió total en funció de l'objectiu establert i del tipus de text.

El fet que el mestre o la mestra llegeixi en veu alta per als nens i nenes és una pràctica força habitual a les classes de parvulari, davant l'evidència que els nens i nenes no poden llegir un conte, una definició, etc. tots sols. Aquesta és, però, una pràctica poc programada. Massa sovint es deixa per a aquells cinc minuts finals del dia, moltes vegades fonedissos per mil raons de la dinàmica de la classe. Valorem tant la necessitat de tenir models de lectors experts, que creiem que s'hauria de realitzar de manera sistemàtica durant tota l'Educació Infantil i tota la Primària.

• Quan llegeix en silenci davant els nens i nenes

Si el model de lectura en veu alta succeeix pràcticament de manera natural en les classes de parvulari, no passa el mateix amb el model de lectura silenciosa, perquè pràcticament no es produeix. En canvi, en la vida quotidiana practiquem més la lectura silenciosa, o lectura pròpiament dita, que la lectura en veu alta. Per tant hem de trobar ocasions en què els nens i nenes ens vegin interpretar un text sense oralitzar-lo.

Podem llegir silenciosament davant els nens i nenes en diverses ocasions:

- L'estona de biblioteca (capítol 3.4), quan tothom ja té el llibre per mirar/llegir i demanem una estona de silenci, de concentració personal amb el llibre, és una bona ocasió perquè el mestre o la mestra també segui i es concentri en la lectura d'un llibre. La quantitat d'ulls que miren i observen curiosos el que fa la mestra demostra a bastament la necessitat d'aquest model.

- Quan convé llegir un text (anunci, avís, problema, acords, llistes...) per a la classe, una opció possible pot ser, una vegada analitzat el context i establert l'objectiu, mirar, buscar.... "llegir" el text interiorment (sense moure els llavis), però deixant que els nens i nenes percebin el grau d'atenció i concentració que requereix interpretar un text, encara que per a nosaltres, experts, sigui gairebé automàtic. Potser expressions com ara "*espera't un moment que estic llegint*", "*si parleu al meu costat no em puc concentrar en el que llegeixo*", etc. hi poden ajudar. Després es comenta en veu alta la interpretació feta de la lectura silenciosa.

L'ORGANITZACIÓ SOCIAL

Les activitats d'ensenyament i aprenentatge que dissenyem per aprendre a llegir i a escriure en el marc de les classes, enteses com a agrupaments per edats, d'Educació Infantil i Cicle Inicial, comporten una organització social de l'alumnat que permeti treballar unes vegades en grup gran, altres en grup petit i d'altres individualment. També contemplem activitats amb nens i nenes d'altres classes. Cada tipus d'agrupament té una finalitat que passem a analitzar tot seguit.

Activitats en grup gran

Ens referim a les activitats que es realitzen entre tots els nens i nenes de la classe i el mestre o la mestra.

Aquest tipus d'agrupament és molt útil per a acordar els objectius de treball, per a organitzar les tasques i per a posar en comú els aspectes treballats.

Per exemple, per escriure un permís per a una sortida, podríem parlar entre tots –activitat en grup gran– de la manera d'elaborar-lo, què hi ha de dir, com s'ha de dir, en quin paper ho farem, etc. Després en grups petits podríem fer esborranys, i després tornar al treball en grup gran per posar en comú les diferents propostes i contrastar-les, i podríem repetir aquest anar i venir del grup petit al grup gran, si cal, per buscar solucions als nous problemes que es plantegen després de la posada en comú.

Un altre exemple, per al cas de la lectura, podria ser llegir un cartell entre tots. La mestra orienta la conversa a l'entorn de qüestions com ara: *per a què deu ser, què deu dir, qui l'ha escrit, quines pistes tenim per saber què hi diu*, etc., i entre tots anar fent la lectura del cartell. El sentit de fer-ho en grup gran és que les respostes d'uns estimulen les respostes dels altres, i entre tots s'elabora un coneixement més ric.

Una altra activitat que es pot realitzar en grup gran és escoltar un conte o qualsevol altre text llegit en veu alta per la mestra. Compartir l'audició d'un mateix text permet intercanviar inferències, prediccions, gustos, etc. i enriquir el propi camp de comprensió.

En general els mestres tenim força tendència a fer explicacions en grup gran o, si voleu, a destacar propostes interessants dels nens i nenes perquè tots se n'assabentin. En el fons aquesta tendència respon a una raó bàsica d'economia de temps i a una altra de "justícia": tenir la seguretat que s'ha explicat per a tots el mateix evitant, així, aparents desigualtats. Però els resultats no es corresponen a les intencions; és molt difícil connectar amb 25 alumnes a la vegada, i molts en queden despenjats. Allò que sembla tan segur en grup gran es desmunta quan s'ha de fer a nivell individual.

Evidentment, això no vol dir que no s'hagi de fer treball en grup gran, però cal tenir en compte que el resultat és insuficient i que caldria limitar-lo molt per tal de prioritzar altres tipus d'agrupaments que possibiliten la interacció entre iguals de manera més fluida i la implicació activa de tots els seus membres.

Activitats en grup reduït

El grup petit és el tipus d'agrupament ideal per afavorir la interacció cooperativa, per promoure la participació de tots els seus membres, per compartir entre iguals experiències d'aprenentatge i per rendibilitzar l'ajut pedagògic en una realitat concreta.

La majoria de propostes de treball que descrivim en el capítol 3 es desenvolupen en grup petit. Així: passar llista, escriure missatges breus, posar la data a la pissarra, la lectura de rètols, l'elaboració de llistes, les notícies, els murals, les receptes de cuina, els jocs de llengua, la recerca d'informació, etc. moltes vegades són treballs de lectura o d'escriptura en grup petit que després s'han d'oferir o plantejar a la resta del grup-classe.

Quan diem treball en grup petit ens referim sovint a grups de 4 o 5 persones, responent a l'agrupació que ofereix la mateixa disposició de les taules o l'espai dels racons. Però també incloem en el treball en grup petit el treball per parelles, que acostuma a ser molt rendible pel grau d'implicació que comporta.

Tot i que manquen més estudis per conèixer realment el tipus d'agrupació que pot beneficiar més els alumnes en la millora de la competència escrita, la nostra proposta és que els agrupaments en grups petits no siguin fixos. Per a alguns aspectes molt concrets pot anar bé ajuntar en un mateix grup alumnes que es troben en un mateix moment de l'aprenentatge, però gairebé sempre és molt més ric el treball en grups heterogenis perquè quan s'agrupen nens amb diferents nivells es vehicula fàcilment l'intercanvi i l'ajut. La mateixa situació fa que els alumnes sentin la necessitat d'utilitzar en veu alta el seu propi llenguatge, i al mateix temps els uns se serveixen del llenguatge dels altres per guiar i regular les pròpies accions. Ara bé, no creiem que afavoreixi el desenvolupament global de cadascú el fet que en un grup sempre siguin els mateixos els qui ho saben tot. És bo poder adoptar diferents rols en les activitats en grup: el d'expert, el d'aprenent i el d'igual; per això, apostem per un treball en grups petits no fixos, que tingui en compte la possibilitat de desenvolupar aquests diferents rols.

Per completar aquest ventall de possibilitats es fa imprescindible l'organització d'activitats, tallers, racons o col·laboracions entre alumnat de diferents cursos, perquè els que sempre hauran de fer d'aprenents en el seu grup classe puguin fer d'experts en un grup de nens més petits i els que sempre fan d'experts en el seu grup classe puguin fer d'aprenents treballant amb nens i nenes més grans.

Cal tenir en compte que en aquest intercanvi de rols asimètric no surt beneficiat només l'aprenent, sinó també el considerat expert. El que assumeix el rol d'expert ha de fer un esforç per explicitar i exposar els seus coneixements i estratègies, ha d'adaptar-se als seus companys de grup i ha d'oferir-los una guia, amb la qual cosa està també aprofundint i reorganitzant els seus coneixements.

Un altre aspecte que cal tenir en compte en el treball en grups reduïts és l'estil de col·laboració entre els membres del grup. Forman i Cazden (1984) descriuen 3 estils:

- Els que treballen en paral·lel, intercanvien comentaris, però sense control del treball de l'un a l'altre.
- Els que treballen associativament, intercanvien informació; hi ha intents de control, però no hi ha coordinació de rols.
- Els que treballen cooperativament, intenten construir conjuntament; hi ha control dels uns als altres.

L'estil de treball en grup és un aspecte sobre el qual el mestre pot intervenir per ajudar a descobrir-ne la importància. Algunes vegades els nens i nenes no acaben de saber com organitzar-se per treballar conjuntament. Hem observat com la majoria de vegades els infants de 5 i 6 anys en situació de producció col·lectiva, després de pactar oralment el text, escriuen sobre el paper una lletra cadascú, la qual cosa és molt lenta i poc productiva, sobretot si s'ha d'escriure quelcom més que un títol. Aquesta resposta tan repetida, quan només es dóna la instrucció de treballar junts, l'entenem com la interpretació més cooperativa que fa l'infant del treball en grup. L'acte físic d'escriure una lletra cadascun és una mostra clara de la igualtat absoluta en la distribució de la tasca. Per això es fa necessària la intervenció del mestre per orientar, suggerir models i, sobretot, reflexionar sobre com ha anat la col·laboració en el grup, per anar avançant en un estil cooperatiu de construcció en grup petit.

El gran inconvenient del treball en grups reduïts és la sensació que té la mestra de no arribar a fer res ben fet; que mentre intervé en un grup (els escolta, els dinamitza, els repta, els orienta, els observa...), els altres poden perdre's, jugar i fins i tot distorsionar la bona marxa de la classe; o, si al contrari, va intervenint una mica en cada grup, no arriba a fons enlloc. I segurament és cert, però també és ben veritat que amb el treball en grup gran el mestre no arriba a tots com voldria. Cal reconèixer que el treball en grups reduïts comporta una organització més complexa que el treball en grup gran, però és una organització a la qual no podem renunciar atès el seu alt grau de rendiment i satisfacció.

Algunes alternatives que funcionen per poder atendre millor l'alumnat proposen tallers entre nens i nenes de dues classes amb la intervenció de tres mestres; o tallers dins d'una mateixa classe amb un sol mestre, però simultanejant els tallers que els nens i nenes desenvolupen amb autonomia amb d'altres que necessiten la intervenció més directa del mestre; o distribuir la intervenció del mestre, dedicant un dia més atenció a uns grups i l'endemà a la resta dels grups.

De totes maneres els nens i nenes dels últims cursos de parvulari i del cicle inicial són ben capaços de treballar autònomament en grup petit, de manera intensa i profitosa, en activitats de lectura i escriptura, sempre que tinguin ben clar l'objectiu del seu treball. Així doncs, encara que el mestre no supervisi de manera exhaustiva totes les tasques, els nens i les nenes aprenen molt amb aquest tipus de dinàmica.

Activitats individuals

Les activitats individuals permeten que cada alumne afronti personalment una tasca.

Tot treball de grup demana una aportació personal, i podríem dir que en un moment o altre de les activitats d'ensenyament i aprenentatge es dóna sempre un treball individual. Sense aquesta activitat interna de cadascú no s'aprèn. També, moltes vegades un treball en grup petit s'acaba amb una producció individual. Per exemple, després de produir un text entre tots els membres del grup, cadascú el copia per dur-lo a casa. Però aquí no ens referim a aquest treball individual conseqüència d'una activitat en grup, sinó a l'activitat que es proposa d'entrada de manera individual perquè cadascú la resolgui pel seu compte.

El treball individual, entès com a enfrontament personal a una tasca determinada, ens serveix molt sovint per a l'avaluació, sobretot per a l'avaluació inicial i per a l'avaluació additiva de cada alumne (per exemple un dictat o la lectura dels elements d'una llista).

Podem considerar encara un altre tipus de treball individual, el que proposa que cada alumne esculli de fer l'activitat que cregui més convenient (perquè li agrada més, perquè vol practicar allò que no li surt gaire bé, perquè vol provar de fer una cosa nova, perquè no ha acabat una tasca anterior...) d'entre una quantitat de propostes. És a dir, si en Joan, per exemple, vol mirar el conte que li ha llegit la mestra, si la Clara vol practicar la lletra "f" que no li surt i la Marta vol preparar la lectura que farà després, cadascú sap que té una estona per fer-ho. Després, per dur a terme el que s'ha proposat potser buscarà companyia i ho realitzarà en grup o bé ho farà sol, tant se val; el que volem destacar és que és ell individualment qui ha decidit el seu objectiu de treball. Aquest tipus de tasca permet totalment l'adequació de les propostes a les característiques, tant de nivell com de ritme de treball, de cada alumne, sense que cap se senti discriminat.

Les propostes d'activitats que s'ofereixen durant aquesta estona poden fer referència a totes les àrees i es poden desenvolupar simultàniament. Alguns exemples referits a l'aprenentatge de la lectura i l'escriptura són:

- Jocs de lletres i paraules.
- Aparellar el nom de cada nen i nena de la classe amb la seva fotografia.
- Escriure a l'ordinador, amb lletres mòbils, amb tampons, etc. el propi nom, una notícia, la llista de "programes de la TV que més m'agraden", etc.
- Mirar i llegir el cançoner de la classe.
- Mirar i llegir contes o llibres de coneixements.
- Escriure un missatge per a un company.

- Elaborar llibres.
- Fer correspondre noms escrits en lletra de pal amb els equivalents escrits en lletra lligada.
- Entrenar-se a fer el traç d'una determinada lletra.

Moltes d'aquestes propostes s'acostumen a realitzar en racons o en tallers (vegeu l'apartat del capítol següent referit a l'espai per a les activitats en grup petit).

L'ESPAI

L'organització de l'espai no és mai indiferent i pot afavorir o dificultar el clima necessari per a aprendre. Cada mestre organitza l'espai segons la combinació de tres elements essencials:

- L'espai físic en metres quadrats de què es disposa.
- El mobiliari i el material.
- El tipus d'agrupament d'alumnes que vol dinamitzar.

El resultat final d'aquesta combinació ha de ser sempre la creació d'uns espais estètics amb els elements complementaris, però imprescindibles: una planta, un coixí, una cortina, un mòbil, un llum, etc., que creen calidesa i conviden a estar de gust en un lloc.

Aquests tres elements s'interrelacionen tan fortament entre ells que la priorització d'un pot fer canviar els altres, per ajustar en cada cas una organització de l'espai que faciliti la tasca a realitzar. Més d'un cop cal un xic d'imaginació per acabar d'adaptar els condicionants físics dels edificis i els recursos de què es disposa a les necessitats que genera la nostra manera d'entendre l'aprenentatge.

Els espais que cal preveure per a les activitats de lectura i escriptura que proposem s'exposen a continuació.

Un espai per a les activitats en grup gran

Atès que una característica de les activitats en grup gran és l'intercanvi entre els companys i companyes, és imprescindible pensar en una disposició en cercle, ja que és l'única manera de veure les expressions facials de tothom mentre es dialoga.

Segons l'espai físic de què disposem podem destinar una zona de l'aula per seure en rotllana i depenent del mobiliari podrem seure a terra, sobre una estora, damunt d'un suro, sobre coixins, en bancs... Si no podem disposar d'aquest espai, haurem de preveure una manera àgil d'agrupar les taules al mig de l'aula i col·locar totes les cadires al voltant. En cap cas podem pretendre dinamitzar una conversa en grup gran si els membres que hi han de participar es donen l'esquena els uns als altres, i la manca d'espai no pot ser-ne l'excusa.

Un espai per a les activitats en grup petit

L'organització d'aquest espai admet moltíssimes possibilitats, però en general els grups petits treballen o bé entorn de les taules, o bé en els racons.

L'*agrupament de les taules* està molt condicionat pel tipus de mobiliari (taules rodones, hexagonals, individuals...), però tampoc no cal ser-ne esclaus, ni cal que l'agrupament sigui fix. Es poden fer combinacions segons el tipus d'activitat, si només es parlarà o bé si cal fer servir algun material. Sempre hi ha la possibilitat d'ajuntar taules, de disposar de més cadires, de tenir alguna taula auxiliar, etc. per facilitar les interaccions que perseguim amb les activitats en grup petit.

Els *racons* són totalment el producte de la imaginació de mestres i alumnes, en el sentit que cada grup hi dóna el seu toc personal, de manera que és ben difícil trobar dos racons de biblioteca, per exemple, iguals. Responen a la necessitat de crear espais confortables per treballar-hi en grup petit, amb el material necessari a l'abast, d'acord amb el tipus d'activitat que s'hi proposa.

Alguns dels racons referits a l'aprenentatge de la lectura i l'escriptura poden ser:

- Racó de biblioteca amb diferents tipus de llibres (contes populars, de la vida real, fantàstics..., però també llibres de coneixements, d'art i de poesia), per mirar, llegir, consultar. Cal preveure la col·locació dels llibres de manera que es puguin escollir per la portada (fig. 71).

- Racó de missatges amb els corresponents fulls de tot tipus, colors i retoladors variats, per elaborar i deixar missatges a la capseta o carpeta dels companys i companyes (fig. 31).

- Racó de notícies amb pissarra magnètica per enganxar retalls de diari o escriure notícies familiars, de l'escola, del barri o del món (figs. 35 i 36).

- Racó de l'ordinador: bàsicament per escriure el nom, una llista, un títol, un text..., amb algun processador de textos. També hi ha jocs atractius que poden servir com a activitats complementàries (fig. 59).

- Racó d'elaboració de llibres amb cartolines, fulls, grapadora, retoladors..., amb propostes tancades (escriure un conte, una poesia, les bafarades d'un còmic, etc., conegut, del qual es disposa de les fotocòpies dels dibuixos) o amb propostes obertes (inventar-se la narració –text i dibuixos–).

- Racó de jocs amb lletres: lletres mòbils, puzles amb lletres, bingo amb noms, *memory* amb noms i dibuixos, pissarretes transparents, pots amb objectes menuts ordenats segons les lletres, rodolins per aparellar, etc.

- Racó de les marques de productes, amb materials de l'entorn que tinguin noms escrits (envasos, etiquetes de productes, etc.) que els mateixos nens i nenes aporten del seu medi, per retallar, classificar, consultar, llegir, etc. (fig. 30).

- Racons de joc simbòlic: metges, botigues, perruqueria, garatge, escola, restaurant..., per als quals cal pensar a facilitar papers, blocs, llibretetes, fundes, cartolines, revistes, catàlegs, guia telefònica, llapis, bolígrafs, etc. perquè els nens i nenes puguin usar l'escriure i el llegir també en aquesta mena de jocs.

Molt sovint les classes resulten petites per poder adequar els espais als racons que ens agradaria tenir. En cada cas cal assajar la millor solució habilitant espais morts com ara una part del passadís, un sota escala o una aula buida, o buscant mobiliari adient (tauleta mòbil, carrets, etc.).

Un espai per a les activitats individuals

Segons la mena d'activitat a realitzar pot anar bé la mateixa taula i cadira, o un racó, o uns coixins. Atès que aquest tipus de treball pressuposa concentració personal, seria bo també de donar la possibilitat que cada nen i nena que l'ha de dur a terme triï el lloc que prefereixi. A mesura que dominen l'organització de l'espai i del material de la classe i sempre que exposem clarament l'objectiu de l'activitat, resulta molt efectiu deixar que cadascú es posi on li sembla que es troba més a gust per treballar individualment. Hi ha infants que prefereixen l'espai aïllat que pot permetre un racó, d'altres poden estar millor asseguts a terra i a d'altres els pot agradar més la cadira i la taula; respectar aquestes preferències per a aquest tipus d'activitat ajuda a crear les condicions per realitzar-lo satisfactòriament.

L'espai de fora de l'escola

Ens agrada considerar també com a espai d'ensenyament i aprenentatge de la lectura i l'escriptura l'espai de fora de l'escola, aquell que ens ofereix les sortides, perquè és un espai viu. És un espai que els infants comparteixen amb els adults i que està ple de lletra impresa, que suposadament aquests adults utilitzen.

El simple fet d'anar pel carrer o d'agafar qualsevol mitjà de transport ens ofereix moltíssimes possibilitats de contacte amb el text escrit que pot atraure l'atenció dels nens i nenes (fig. 27). Els rètols dels noms dels carrers, els noms de les botigues, les tanques de publicitat, els senyals, els indicadors (exemple 11), els mateixos bitllets o les marques de cotxes esdevenen propostes de lectura.

EL TEMPS

La variable temps la podem considerar des de dos punts de vista:

- El temps global que necessita l'alumnat per aprendre a llegir i a escriure.
- El temps que cal preveure per a cada activitat concreta d'ensenyament i aprenentatge de lectura i d'escriptura.

Temps necessari per aprendre a llegir i a escriure

La manera d'entendre què és llegir i què és escriure que hem exposat implica un procés d'ensenyament i aprenentatge llarg. Comença abans que l'infant entri a l'escola i no s'acaba ni al parvulari ni en el cicle inicial de Primària.

És un aprenentatge que no es realitza d'un dia per l'altre, ni se n'aconsegueix el domini d'una vegada per sempre. Aquesta perspectiva tan àmplia no vol pas dir que sigui un aprenentatge imprecís, confús o eteri, sinó que és el reflex d'un aprenentatge complex, que evoluciona interrelacionant els diferents aspectes que intervenen a ritmes diferents per a cada individu.

Tradicionalment s'ha considerat el primer curs de l'ensenyament obligatori –quan els infants tenen 6 anys– com el curs en què els infants han de demostrar que saben llegir i escriure. Dit amb altres paraules, les famílies es comencen a preocupar si durant el segon trimestre del 1r curs de Primària (entre Nadal i carnaval) no poden comprovar que el seu fill o filla llegeix en veu alta un text senzill i escriu alguna frase comprensible. En aquesta mateixa línia, el mestre de 1r sol dir per aquestes dates: "Encara en tinc tres (o els que sigui), que no han arrencat".

El punt de referència dels 6 anys és vàlid per a un bon nombre de nens i nenes, però no és evident que es doni sempre així. Tenim molts casos d'infants que a 5 anys, i alguns a 4, llegeixen i escriuen amb total autonomia i tenim nens i nenes (pocs) que fins a 2n no arriben a ser autònoms. No creiem que això sigui motiu de preocupació, en primer lloc perquè aquesta valoració de saber llegir es basa molt sovint a comprovar que desxifren correctament, poques vegades es valora si comprenen correctament; i en l'escriure es comprova que separen bé les paraules, que no es deixen lletres, etc., però poques vegades es valora la validesa del missatge. En segon lloc, si respectem els ritmes de cada individu la preocupació es desplaça a saber si la intervenció és l'adequada per aconseguir un desenvolupament òptim, en comptes de predeterminar l'edat de llegir i escriure.

També cal tenir en compte que llegir i escriure no són matèries únicament escolars i que de la mateixa manera que els infants arriben a l'escola amb molts coneixements previs, també és cert que quan ja van a l'escola segueixen aquest aprenentatge a dins i també a fora.

Finalment, cal advertir que quan els nens i nenes acaben el cicle inicial no són lectors i escriptors experts. Encara que el fet de dominar les relacions grafofòniques fa pensar molt sovint que l'aprenentatge pròpiament dit s'ha acabat no és cert, ja que han de seguir aprenent a llegir i a escriure. Si reprenem el concepte de lectura i escriptura que hem exposat anteriorment entendrem que queda molt camí per fer i que segueix essent necessària la intervenció pedagògica per arribar a ser una persona completament alfabetitzada.

Durada de les activitats d'ensenyament i aprenentatge de la llengua escrita

La durada d'una activitat d'ensenyament i aprenentatge de la llengua escrita és molt variada, oscil·la entre els 10 minuts o quart d'hora, i l'hora i mitja, després de la qual segurament és necessari un descans per reemprendre l'activitat, si convé.

Per exemple: Passar llista, al 3r trimestre de la classe de 5 anys, pot ser una activitat de 10 minuts, però si sorgeix algun aspecte que pot ser motiu d'intercanvi d'estratègies, de contrast d'opinions, etc. es pot convertir en una activitat de mitja hora. També a la classe de 5 anys redactar un permís per a una excursió pot ser una activitat que duri tot un matí, i no és exagerat, si es fa en profunditat. (Pensem en el procés que cal seguir: la conversa per planificar i els esborranys per grups per redactar, mitja hora de pati i, finalment, posada en comú dels diferents esborranys, discussió i redacció col·lectiva d'un text definitiu, i per acabar, la reescriptura, en net, per portar a casa.)

La durada de cada activitat depèn de diversos factors:

- El grup d'alumnes. El treball en grup gran generalment és més curt que el treball en grup petit i individual. També cal tenir en compte que hi ha grups d'alumnes amb més facilitat de concentració i atenció que d'altres.

- El tipus d'activitat. Les activitats manipulatives poden ser molt més llargues que les activitats que impliquen un treball només oral.

- L'enfocament del treball. La globalització comporta activitats en general més llargues que la parcialització dels aprenentatges.

- Les circumstàncies del moment. Una discussió interessant, una notícia d'última hora, un esdeveniment imprevist poden modificar la durada prevista.

Ara bé, la programació del temps no es pot deixar únicament a l'atzar de l'imprevist, ni es pot ser esclau d'una programació controlada al segon. Moltes vegades el desig de fer moltes coses ens porta a fer-les amb presses i sense gaire profunditat. El fet de deixar temps, però, tampoc ha de voler dir adormir-se. El temps ha d'estar planificat i en el conjunt d'una escola els patis, els tallers interclasses, etc. poden marcar unes invariables, però en tot cas l'ideal és trobar l'equilibri entre l'imprevist i la planificació del temps.

Si bé el concepte de materials curriculars és molt ampli, exposarem exclusivament els que utilitzem amb els nens i nenes en relació amb l'ensenyament i aprenentatge de la lectura i l'escriptura.

El nostre punt de vista porta a crear el mínim possible de materials específics per aprendre a llegir i a escriure i en canvi potencia al màxim l'ús de tot allò que l'entorn ens ofereix. D'aquesta manera oferim la possibilitat que l'escolar trobi a fora i a dins de l'escola les mateixes fonts de lectura i escriptura i pugui transferir fàcilment els aprenentatges d'un lloc a l'altre.

Atès que el tipus de lletra és una de les qüestions que planteja sovint el fet de fer servir material de l'entorn per aprendre a llegir i a escriure, hem organitzat aquest capítol en dos apartats. Primer exposem els materials que considerem bàsics i després aportem les nostres reflexions sobre el tipus de lletra.

Materials bàsics

• Material de l'entorn: fullets de propaganda, etiquetes de productes, cartes, diaris, revistes, cromos, cartells, etc., i calaixos, capses o dossiers per col·leccionar-los i classificar-los segons diferents criteris. Aquest material l'aporten els mateixos nens i nenes a partir d'allò que troben en el medi on viuen, tal com expliquem en l'apartat *Materials de l'entorn* dins el capítol de les propostes d'activitats a l'aula.

• Llibres variats (de contes, de còmic, de coneixements, de poesia, d'art...) en els quals predomini la il·lustració però que tinguin text, en tot tipus de lletra. No tots els llibres que es publiquen serveixen per a aquest cas, pensem exclusivament en llibres que tinguin sentit en aquest context, per tal de poder atribuir significat a allò que es llegeix.

• Les cartelleres: per al calendari, per als controls (amb els noms dels nens i nenes), per als càrrecs, per a les notícies i per als poemes. Cal que es colloquin sempre a l'abast dels nens i nenes perquè hi puguin penjar coses, escriure i llegir ells mateixos amb facilitat.

• L'abecedari. En forma de pòster o en forma de fris, és convenient que a la classe hi hagi el model de totes les lletres de pal (impremta majúscules) amb el corresponent abecedari de lletra lligada, de manera visible. Serveixen de punt de referència per veure el nombre de lletres que hi ha, quantes en coneix cadascú, etc., i també per ajudar a relacionar un tipus de lletra amb l'altre.

• Fulls de tota mena: blancs, de colors, amb pauta, quadriculats, fulls d'esborrany; i de diferents mides (quartilla, Din A-3 i Din A-4). En alguns treballs la mestra orienta sobre quin tipus de full va bé per a aquella tasca concreta, però moltes vegades podrem deixar escollir a l'alumnat el tipus de full que prefereix. Hem observat que alguns nens i nenes tendeixen a usar el full blanc per a les seves produccions, mentre que d'altres trien freqüentment el full amb pauta perquè els dóna més seguretat. Pensem que és bo que els nens experimentin l'ús de diferents tipus de fulls i siguin ells mateixos, i amb l'ajut de la mestra si cal, que vagin descobrint-ne els avantatges i els inconvenients.

• Llapis, gomes, retoladors prims i gruixuts i bolígrafs per escriure. El llapis potser és l'instrument més apropiat per produir els primers textos perquè permet esborrar i reescriure les lletres, les paraules o tot el text. Però també és molt útil fer servir els retoladors perquè són més fàcils de manipular (si són gruixuts se subjecten millor, no necessiten fer-los punta i no cal pitjar gaire perquè escriguin), i obliguen a una major concentració ja que no es podrà esborrar, o simplement perquè queda més bonic i es veu més.

• Pissarra i guix, tant per a propostes col·lectives com per a activitats individuals o en grups petits. Permet que un text sigui visualitzat alhora per diverses persones, permet reescriure amb facilitat i resseguir o repassar en un pla vertical. A més, a la majoria de nens i nenes els agrada usar-los.

• Ordinador (abans màquina d'escriure) i impressora, fonamentalment un processador de textos, per poder escriure els noms dels nens i nenes, títols, llistes i textos breus. Aquest ús, a més de facilitar el fet de compartir el text en el moment en què es produeix, perquè la pantalla és fàcilment visible per dues o tres persones, afavoreix la conceptualització d'algunes característiques del text escrit (Fons, 1991).

- *La lletra com a entitat pròpia.* Per a escriure un nom, l'infant necessita teclejar les lletres una per una, i per teclejar cada lletra utilitza un gest motòric clar amb una resposta visual a la pantalla.
- *L'ordre de les grafies determina el significat.* Les grafies apareixen a la pantalla sempre d'esquerra a dreta i en el mateix ordre en què s'han teclejat.
- *El nom com a entitat pròpia.* Quan s'ha acabat de teclejar un nom cal fer un gest motòric per polsar un espai i separar les paraules. Aquesta pulsació indica que s'ha acabat un nom que té entitat pròpia.

• Els cartronets amb els noms dels nens i nenes. És molt útil tenir els noms dels nens i nenes escrits correctament en uns cartronets plastificats que estiguin al seu abast, de manera que puguin agafar-los lliurement per copiar-los, agrupar-los, identificar-los, etc.

Quan diem escrits correctament volem dir sense faltes d'ortografia, és clar, i per tant en majúscula la inicial, tal com mana la normativa d'escriptura dels noms propis, i amb els accents que convingui. A vegades s'escriu el nom propi dels nens i nenes tot en minúscula amb la idea de facilitar-los el reconeixement de les lletres i en especial la inicial. Però en realitat el que fa aquesta pràctica és empobrir les possibilitats de descoberta de relacions entre lletres majúscules i minúscules. No podem oferir als nens i nenes models incorrectes amb l'excusa de facilitar-los la tasca, perquè els estarem fent un flac favor. Si l'objectiu és aprendre el propi nom, tenim el deure de mostrar-los-el correctament; si, a més, volem que aprenguin el so que correspon a cada lletra minúscula, cal que busquem el recurs més convenient i si no ens serveix la inicial del nom podem fer-ne servir la lletra final (per exemple, en lloc de dir la que sona [l] com la primera de Laura, podem dir la que sona [l] com l'última de Miquel).

Aquests cartronets serviran de model i seran un punt de referència clau per al seu aprenentatge. Evidentment l'alumnat pot tenir altres punts de referència per consultar el seu nom i el dels companys i companyes (les llistes de control dels racons, dels nens i nenes que fan l'aniversari aquell mes, dels que es queden a dinar, etc.), però el fet que el cartronet es pugui agafar amb les mans és molt apropiat per a aquestes edats en què tocar i manipular és encara prioritari per explorar l'entorn i centrar l'atenció.

Crec que el cartronet hauria de ser el més simple possible i el més semblant al cartellet o etiqueta que qualsevol pot fer per posar el seu nom a un objecte determinat. Així doncs, caldrà evitar posar un puntet vermell allà on comença el nom, fletxetes que indiquen la direcció de les lletres, colors per distingir les vocals i qualsevol altre recurs segurament útil per a un moment concret i per a un nen o nena concrets, però que no serveixen per a tenir permanentment en el model a imitar. Les lletres sense guarniments, clares, proporcionades i estèticament boniques són el més apropiat per a aquests cartronets que fan de model.

Respecte al tipus de lletra ens ha resultat útil escriure el nom per un costat en lletra de pal i per l'altre en lletra lligada, de manera que el cartronet digui el mateix independentment del costat pel qual es miri. L'infant el pot veure sempre que vulgui de les dues maneres i es pot fer servir com convingui en cada ocasió. Per aprofundir en aquest tema vegeu més avall l'apartat que fa referència al *tipus de lletra*.

• Llibreta individual que pugui anar i venir de casa a l'escola. Va força bé una llibreta manejable de mida quartilla i de fulls llisos per anotar els materials extres que cal portar de casa, per anunciar esdeveniments a la família, per comunicar una sortida, etc.

• Lletres mòbils i jocs de lletres i paraules. Lletres de diferents tipus i colors, habitualment magnètiques, per compondre paraules, per agrupar, classificar, etc. Dòmino, *memory*, loto amb paraula-dibuix, puzles de lletres, etc.

El tipus de lletra

És un aspecte aparentment molt important tant en la recerca de materials per aprendre a llegir i a escriure com en l'organització dels continguts. El tipus de lletra sovint és motiu de discussió entre els mestres de parvulari. De fet, és un aspecte extern molt visible i a l'hora d'oferir models la mestra ha de decidir-se per un tipus o un altre. En el fons veurem que el tipus de lletra no és pas l'aspecte més important en què cal posar-se d'acord per ensenyar a llegir i a escriure.

El tipus de lletra que oferim als nens i nenes avui dia pot ser molt variat. Només cal mirar la llista de possibilitats que ens brinda l'ordinador, però a la pràctica tota la gamma de varietats s'agrupen en tres a l'hora d'escriure a mà:

– Lletra lligada

abcdefghijklmnopqrstuvwxyz

- Lletra de pal o lletra d'impremta majúscula

ABCDEFGHIJKLMNOPQRSTUVWXYZ

- Lletra anomenada *script*

abcdefghijklmnopqrstuvwxyz

I se n'hi afegeix una més a l'hora de llegir:

- Lletra d'impremta minúscula

abcdefghijklmnopqrstuvwxyz

Trobarem defensors i detractors per a cada un d'aquests tipus.

Als parvularis de Catalunya s'ha afavorit majoritàriament, durant molts anys, la lletra lligada exclusivament. Segurament per una forta herència del mètode Montessori. De tots és coneguda l'acollida que va tenir aquí aquest mètode, tant al principi del segle com al començament de la represa de la renovació pedagògica als anys seixanta.

Els arguments a favor de la lletra lligada giren a l'entorn dels aspectes següents:

- Totes les grafies comencen en un mateix lloc. Si ens imaginem la pauta dins la qual s'escriuen les lletres totes comencen al mig i segueixen una mateixa direccionalitat amunt i cap a la dreta. Això permet tenir un punt de referència clar per a totes les grafies.
- Potencia la personalització de la lletra.
- Facilita la identificació de la paraula com a unitat gramatical.

Molts mestres arriben a la conclusió que és més fàcil de llegir la lletra lligada, perquè cada símbol és força diferent i s'evita la confusió, a la vegada que la separació de paraules queda molt clara, però és més difícil de fer-ne els traços a l'hora d'escriure-la. Per contra, és més fàcil reproduir la lletra de pal quan s'escriu, però més difícil identificar les lletres a l'hora de llegir ja que algunes es diferencien molt poc entre elles gràficament. Per això els qui defensen la lletra *script* per aprendre a escriure ho justifiquen per la possibilitat de conjuminar les dues opcions salvant la dificultat d'escriure per un sistema semblant a la lletra de pal i la de llegir per un sistema semblant a la lligada.

Si escriure fos una qüestió merament cal·ligràfica que consistís en la reproducció d'unes formes, possiblement aquesta discussió tindria més sentit, però sabem que escriure no és una habilitat en abstracte sinó un coneixement arrelat a una comunitat d'escriptors. Com a tal coneixement, no són suficients unes habilitats en el traç d'unes grafies per adquirir-ne el seu complex domini. Més aviat succeeix a l'inrevés, quan es comprenen les regles de representació del sistema d'escriptura les habilitats en el traç de les grafies s'adquireixen rapidíssimament.

El domini del traç de les grafies no és imprescindible per tenir un coneixement de l'escriptura. Considerem que es pot saber escriure sense dominar el traç. Ben segur que si pensem en impossibilitats motòriques concretes veurem que no és condició indispensable ja que es pot resoldre la qüestió del traç amb altres mitjans. Això no n'excusa pas l'ensenyament i l'aprenentatge, però potser els situa més al seu lloc, fa que enfoquem aquesta discussió des d'uns altres paràmetres per poder prendre decisions justificades.

En primer lloc cal diferenciar el tipus de lletra per a llegir del tipus de lletra per escriure.

Quan es tracta de llegir pensem que el nen i la nena necessitaran per al seu desenvolupament com a persona alfabetitzada reconèixer tot tipus de lletra. Això vol dir que a la classe tindran cabuda tots els tipus de lletra que sorgeixin en qualsevol text escrit de l'entorn: bosses de plàstic, samarretes, diaris, embolcalls de menjars... Aquesta varietat no ha de representar una dificultat sinó un avantatge per anar relacionant els diferents tipus de lletra. A més, sabem prou bé que no és suficient la grafia per a la comprensió de la lectura, per tant aquesta varietat facilitarà moltes vegades la posada en funcionament d'altres estratègies que les estrictament grafofòniques.

Quan es tracta d'escriure pensem que el nen i la nena necessitaran bàsicament saber expressar-se correctament amb unes grafies clares, fàcils de comprendre per al receptor a qui va dirigit el missatge, i a vegades de manera ràpida.

Atès que és important que el nen i la nena s'impliquin en l'activitat d'escriure, per anar-se apropiant del seu coneixement, serà bo que els oferim d'entrada uns models que els siguin fàcils, que els convidin a provar d'escriure amb resultats reeixits. Així doncs, la proposta inicial és posar els nens i nenes en contacte directe amb la lletra de pal, sense fer-ne d'això bandera, ni essent-ne exclusivistes. És ben bé allò de tenir una opció clara amb arguments convincents, però ser també molt respectuosos i receptius davant de les aportacions que fa el nen o nena de la comunitat d'escriptors a la qual pertany. És a dir, les seves experiències familiars (el que li han dit i ensenyat el pare, la mare i els germans) i de l'entorn (el que ha sentit o observat a la televisió, marques de productes, noms dels carrers, diaris, etc.). D'alguna manera vull reflectir que les expressions que havíem fet servir fa anys quan a l'escola s'optava per la lletra lligada exclusivament i un alumne ens escrivia amb lletra de pal, del tipus "*No, mira, aquesta lletra la fas servir a casa, aquí a l'escola fem servir la lletra lligada*", avui ja no hi tenen cabuda. Avui direm, amb la convicció que la diversitat enriqueix i que volem que l'infant relacioni tipus de lletra, "*Ui, que bé, un altre tipus de lletra que serveix per al mateix. Diu el mateix aquí i aquí. Ho sabies que serveixen igual aquestes lletres i aquestes?*".

L'experiència mostra que és engrescador iniciar l'escriptura, doncs, amb lletra de pal, però a la vegada també volem que el nen i la nena aprenguin la lletra lligada. Per què volem que sàpiguen escriure amb lletra lligada? Passaria res si un adult prengués apunts, fes un examen o deixés un encàrrec escrits amb lletra de pal?

Per qüestions òbvies diríem que si ho fa amb agilitat i de manera entenedora és del tot correcte i fins i tot més acceptable que una lletra lligada que no s'entengui. Encara que la idea que s'escriu més ràpid amb la lletra lligada perquè no cal aixecar el llapis del paper cada vegada més és força generalitzada, no està demostrat que sigui cert. El cas és que podem trobar exemples d'escriptura manual ràpida i clara en els dos tipus de lletra, lligada i de pal.

Analitzades aquestes raons, ens preguntem per què, doncs, l'escola s'entossudeix a ensenyar a escriure en un moment o altre en lletra lligada? Potser perquè la lletra de pal s'imita de manera directa sense cap instrucció, mentre que la lligada necessita algunes indicacions per adquirir-ne un traç seguit i ràpid i la instrucció es considera pròpia de l'escola.

Sigui com sigui, avui encara trobem interessant tenir un cert domini manual en un i l'altre tipus de lletra, simplement com a riquesa personal de domini de diferents destreses, sense que això impliqui un coneixement diferent ni més profund del que és escriure. Ho situem en el mateix nivell que el fet que ens sembla interessant que l'alumne en un moment o altre de la seva escolaritat adquireixi un domini del teclat de l'ordinador per escriure, sense que això impliqui ser més bon escriptor, simplement perquè li serà útil, i segurament més que el fet de dominar la lletra lligada per sobre de la de pal.

Situada la cal·ligrafia en el lloc que li correspon, i després d'haver donat les raons per començar a escriure preferentment en lletra de pal, ens plantegem tot seguit quin és el moment adequat per passar d'un tipus de lletra a l'altre. A partir del moment que l'infant comprèn el sistema d'escriptura, és a dir, quan arriba a l'etapa alfabètica, és el moment més rendible per introduir i practicar les grafies lligades. L'experiència mostra que el seu aprenentatge a partir d'aquest moment és ràpid i molt sovint s'acaba de fer de manera autodidàctica. Tant si s'introdueix com a reconeixement d'haver assolit uns coneixements, com una invitació a aprendre la lletra que fem moltes vegades els grans per anar de pressa, com un contracte d'aprenentatge, és poc rendible fer-ho abans que l'infant comprengui el sistema d'escriptura i cal tenir present que l'adquisició d'aquesta nova destresa requereix un esforç considerable per part de l'infant.

Aspectes que poden ajudar a adquirir aquesta nova destresa són la manera d'introduir-la, els referents i els materials a l'abast dels nens i nenes.

- Manera d'introduir la lletra lligada

Evidentment no podrà ser mai una activitat per a tots els nens alhora: ara aprenem tots la a, ara la i... Ben al contrari, a mesura que cada nen i nena va entrant a l'etapa alfabètica (en la majoria de casos cap al final de la classe de 5 anys i el començament del 1r curs) podem oferir-li personalment la possibilitat d'aprendre a escriure el seu nom amb lletra lligada. Gairebé sempre en tenen moltes ganes i hi estan disposats, però si un infant determinat s'hi nega podem suggerir que ja ho aprendrà un altre dia. Arribat el dia, ens podem asseure al seu costat i de manera que ho vegi, amb retolador gruixut per exemple, o a la pissarra amb guix, li fem el traç de les lletres del seu nom a poc a poc pronunciant el so de cada lletra a mesura que escrivim. Després li demanem que ressegueixi amb el dit, o amb un altre retolador, el model fet per l'adult i si convé l'anem guiant cap on ha de dirigir el traç, o fins i tot li acompanyem la mà. Després pot provar de copiar-ho sol, amb la mestra al costat, la qual va seguint atentament els traços de l'alumne i va intervenint tant per orientar com per aprovar o rectificar quan calgui. Una vegada adquirits mínimament els traços de les lletres del seu nom, només cal pràctica per fer-ho cada vegada més ràpid. Convé orientar l'infant sobre la necessitat de fer pràctica per adquirir més rapidesa i seguretat.

Així, de mica en mica, cadascú al seu ritme, i amb seguiment individualitzat per part de la mestra, els nens i nenes es van introduint en l'ús de la lletra lligada i n'adquireixen el traç sense necessitat d'omplir pàgines de pals i ganxos. L'habilitat en el traç es veu facilitada per la consciència del valor de cada lletra i una vegada iniciats en el traç del seu nom transfereixen ràpidament el sentit i la direccionalitat a les altres lletres. A vegades resta per practicar algunes lletres que surten poc i que són complexes de traç, com per exemple la f, la x, la z,... Quan sorgeix la necessitat de fer-les servir (quan tot d'una un nen diu "*és que aquesta lletra no em surt*" i assenyala la lletra del pòster o la lletra del text que ha escrit), és el moment d'ensenyar-les, tal com hem fet amb les lletres del seu nom i recordar-li que les haurà de practicar per poder-les fer ràpidament.

D'aquesta manera cadascú es va responsabilitzant i autograduant els aprenentatges. L'infant, després d'haver tingut la necessitat d'usar una grafia que no li surt, en pren consciència i accepta amb interès la necessitat de practicar-la. Sempre que ha sorgit aquesta necessitat, he comprovat com en l'estona de l'horari escolar en què cada nen o nena tria l'activitat que vol entre diferents propostes, l'alumne en qüestió ha anat a buscar la pissarreta per entrenar-se a fer lletres i m'ha demanat que l'ajudés a aprendre a fer la lletra amb què ha tingut dificultat.

• Els referents

L'alumnat ha de tenir a l'abast referents on poder consultar els seus dubtes, per tal de ser al més autònoms possible en el seu aprenentatge. Aquests referents sovint són els noms dels nens i nenes de la classe, els rètols que identifiquen els espais (biblioteca, racó de missatges, joguines, etc., els títols de murals elaborats entre tots, el títol dels contes, etc.). Però, a més, en el moment que els infants descobreixen el funcionament del codi d'escriptura i comencen a escriure amb diferents tipus de lletra, és un bon ajut tenir un pòster amb la relació de grafies de l'abecedari en lletra de pal i lletra lligada,ben visible, per poder-lo consultar sempre que es vulgui.

• Els materials a l'abast dels nens i nenes

Ens referim als materials per fer pràctica del traç de les grafies, materials d'entrenament. Han de ser variats perquè cadascú pugui agafar el que més li agradi: no cal que n'hi hagi un per a cada alumne, ja que no ho faran pas tots al mateix temps, ni tots hauran de fer servir el mateix material. Els que ens han funcionat a la pràctica són:

- pissarra i guixos blancs i de colors,
- pissarra transparent amb retolador que permet resseguir el model col·locat a sota,
- pissarra amb recobriment plàstic i retoladors,

- fulls de paper fi per a calcar o paper pergamí i llapis d'escriure o retoladors prims,
- fulls blancs i fulls pautats, i retoladors gruixuts, etc.

El més interessant és que l'infant sàpiga de quin material disposa per a aquest tipus de tasca i on està guardat (prestatge, racó...) i el pugui agafar lliurement per practicar les grafies que ell mateix ha decidit que li convé de practicar.

Per acabar aquest apartat sobre la cal·ligrafia direm que és funció de l'escola fer adonar de la importància d'una grafia clara i ràpida; per això, cal seguir vetllant més enllà dels 7 i 8 anys pel tipus de lletra, introduint aquells exercicis preventius i correctius que es creguin necessaris de manera individualitzada.

Un dels millors exercicis per prendre consciència de la necessitat de claredat de la lletra a fi de facilitar-ne la comprensió, és fer llegir textos dels companys i companyes de la classe. Aquella frase tan repetida, "*no ho entenc*", i la necessitat de tornar a preguntar a l'autor o autora què hi ha escrit és una bona lliçó. Ja des de parvulari hem d'aprofitar els moments oportuns (per exemple, quan reparteixen els fulls i no entenen un nom determinat o aquest està tan amagat que és difícil de localitzar) per fer reflexionar sobre la cal·ligrafia i la distribució de l'espai, tant al qui ha produït el text com al qui es troba amb la dificultat d'entendre'l.

Queda prou clar, però, que es pot ser un bon escriptor en lletra lligada, en lletra de pal o en lletra d'ordinador. L'escola ha de vetllar primordialment per formar bons escriptors independentment de la grafia, la qual cosa no vol dir que no se n'ocupi, però cal que en situï la problemàtica al seu lloc i, com hem vist, realment és un aspecte secundari.

L'ORGANITZACIÓ DELS CONTINGUTS

Organitzem els continguts conceptuals, procedimentals i actitudinals propis de l'aprenentatge de la lectura i l'escriptura de manera globalitzada i globalitzadora. Pretenem atribuir el protagonisme a l'infant en tant que subjecte actiu en la construcció del coneixement sobre el text escrit.

Per organitzar els continguts cal tenir en compte l'objectiu que es persegueix. L'objectiu general que ens plantegem és que els infants usin eficaçment, com a lectors i escriptors autònoms, el text escrit. Pretenem que aprenguin tant a llegir i escriure com a saber què fer amb el text escrit. Volem que els nostres infants puguin servir-se de la lectura i l'escriptura per *viure* plenament en la nostra societat alfabetitzada.

Aquest objectiu tan ampli és el que dóna sentit i coherència a l'organització dels continguts d'una determinada manera, com també a la definició de les altres variables que configuren la intervenció pedagògica.

La lògica que organitza els continguts no és, doncs, la disciplina sinó la realitat on viu el nen, una realitat que es manifesta sempre globalment. Així doncs, ensenyem a llegir i a escriure des de la lògica de la llengua com a ús.

Per tant, no hi ha un ordre jeràrquic de presentació dels sons i les grafies, tal com es fa en els mètodes sintètics (aprendre les vocals durant el primer trimestre, les consonants més usades al segon i les més difícils al tercer), perquè el criteri que es prioritza és el de l'ús. Així, per exemple, si necessitem escriure *zoo*, encara que la zeta sigui una de les lletres considerades difícils i poc freqüents, la farem servir i potser abans, fins i tot, de conèixer les vocals. La idea de fàcil i difícil és substituïda per la d'útil i inútil. Seguint amb el mateix exemple, en la mesura que necessitem llegir o escriure *zoo*, una paraula teòricament difícil es convertirà en fàcil.

Tampoc no hi ha un ordre jeràrquic de presentació, en primer lloc, de la frase, després de la paraula, després de la síl·laba i després de la lletra amb el seu so, tal com es fa en els mètodes globalitzats. Així, per exemple, si necessitem reconèixer *Maria* i *Mario*, ens fixarem que l'última lletra d'un nom és una "a" i de l'altre és una "o" segurament abans de reconèixer les síl·labes.

Els eixos de la nostra organització són els usos de la llengua escrita: l'ús pràctic, l'ús científic i l'ús literari, tal com hem exposat en el capítol 1. Aquests tres eixos són també els que estructuren les nostres propostes d'activitats del capítol 3. Dins de cada tipologia és evident que hi ha usos amb diferents graus de complexitat, la qual cosa permet una certa gradació de les situacions d'ús de la lectura i de l'escriptura que presentem. Així per exemple és més fàcil escriure un conte conegut que un conte inventat, llegir els noms dels nenes i nenes de la pròpia classe que els de la classe del costat, etc. Però el que no hem de perdre de vista és que l'ús que es faci del llegir i l'escriure, independentment del grau de complexitat, sigui real, adquireixi significació.

En la programació de les activitats tenim en compte de lligar els interessos de l'alumnat que van sorgint al llarg del curs amb els tres usos del text escrit. Atès que s'intenta un treball globalitzat, els usos funcionals i científics es desenvolupen dins la marxa general de l'aula i a través de les diferents activitats. En aquest sentit resta per preveure les activitats que fan referència a l'ús literari i a la biblioteca. Per això programem de manera específica l'estona de la biblioteca, l'hora del conte, les notícies i els textos poètics específics.

En facilitar l'ús real de la llengua escrita apareixen situacions on el mestre o la mestra pot convidar els alumnes a reflexionar sobre la llengua perquè l'infant desenvolupi el procés d'adquisició de la lectura i l'escriptura. Així doncs, el que organitza els continguts és la necessitat de trobar significat en l'ús de la llengua escrita.

CRITERIS D'AVALUACIÓ

Els criteris d'avaluació que presentem concorden amb la concepció constructivista de l'ensenyament i aprenentatge, és a dir, formen part del mateix procés d'ensenyar i aprendre.

Dins d'aquest marc teòric, l'avaluació dels aprenentatges té una funció eminentment pedagògica, de *regulació* del procés d'ensenyament i aprenentatge. El seu pròposit és la millora continuada de l'alumne a qui s'avalua; és per tant un instrument de reconeixement dels canvis que s'han d'anar introduint en el procés per tal que cadascun dels alumnes aprengui d'una forma significativa.

L'avaluació té, també, una altra funció àmpliament reconeguda: la funció social, de selecció i classificació i també d'orientació de l'alumnat. Aquí, però, tractarem només la funció pedagògica, atès que contempla la **funció reguladora** del procés d'ensenyament i aprenentatge, la qual implica directament l'acció del mestre i la seva disponibilitat d'adequar les variables que hem exposat al llarg de tot aquest capítol.

No vull dir, però, que la funció social sigui menys important. Potser hauria de ser-ho, però justament per una tradició molt arrelada de la funció de l'avaluació, el mestre o la mestra l'exerceix constantment i moltes vegades de manera inconscient: una mirada afable o indiferent, una manifestació d'afecte o de rebuig, una expressió de confiança o de dubte són informes externs de l'avaluació que fem de l'alumne en cada moment i que tant aquest com el grup social de la classe perceben amb tota la seva subtilesa.

L'avaluació presenta diferents modalitats caracteritzades pel moment del procés d'ensenyament i aprenentatge en què es realitza i pels objectius que es persegueixen. Distingim l'avaluació inicial, la formativa i l'additiva.

Aquestes tres modalitats ens recorden que l'avaluació no és un aspecte que s'hagi de tenir en compte només al final d'un aprenentatge sinó que cal efectuar-la amb tota la seva complexitat al llarg de tot el procés d'ensenyament i aprenentatge. L'objectiu últim de cada modalitat és regular els aspectes que intervenen en cada fase de l'aprenentatge perquè aquest es produeixi. Aquest també ha de ser el criteri que adoptem a l'hora d'avaluar l'ensenyament i aprenentatge de la lectura i l'escriptura: **regular contínuament els aprenentatges**.

Alguns instruments per a la regulació contínua de l'aprenentatge de la lectura i l'escriptura

Potser és la part més difícil i la menys resolta: establir instruments que permetin el coneixement del procés de l'alumnat per a la reorientació de les variables de la intervenció pedagògica que possibilitin ajudar cadascú a progressar.

És evident que l'**observació** del desenvolupament de les activitats normals de lectura i escriptura que fem a la classe i el **diàleg**, o entrevista, per entendre millor les hipòtesis que usen són els instruments més adequats. En l'apartat sobre el *Paper del mestre o mestra* hem exposat, sota el títol *Conèixer el punt de partida de cada alumne*, les accions més rellevants que permeten apropar-nos al coneixement que desitgem:

- Estimular els nens i nenes perquè provin d'escriure i valorar tots els intents d'escriptura.
- Estimular els nens i nenes perquè aventurin hipòtesis sobre què diu un text determinat.
- Saber esperar les reaccions de l'alumnat.
- Investigar els perquès, mitjançant entrevistes o converses.
- Interpretar les respostes.

Ara bé, davant de processos tan complexos com són llegir i escriure, en què ens fixem cada vegada que deixem que l'infant provi d'escriure o de llegir una llista, una notícia o un poema? En tot? En alguns aspectes? Quins? Els aspectes sobre els quals posarem atenció ens serviran per a reconduir la pràctica educativa? Tants interrogants poden arribar a bloquejar-nos i deixar, com passa tantes vegades, la responsabilitat de l'observació a la intuïció del mestre. Aquesta intuïció, que es desenvolupa amb la percepció global de cada nen i nena, forma part de la tasca de mestre i és necessària, però insuficient. Cal completar-la amb dades objectivables que de vegades poden modificar el punt de vista intuïtiu.

Català i alt. (1996) ens alerten del fet que no és possible observar un procés en acció però sí el resultat, allò que l'aplicació de determinades estratègies ha permès. Tampoc no podem considerar els processos de llegir i escriure com una suma d'habilitats i estratègies, perquè són la integració de totes elles el que permet progressar en aquest aprenentatge. Per això és tan difícil disposar d'uns ítems vàlids que guiïn l'observació a l'aula.

Existeixen algunes graelles interessants per sistematitzar les observacions en el progrés de lectura i d'escriptura, com les proposades per Julià (1995), que intenten aproximar l'observació a aquesta visió global, desglossant la graella de la lectura en actituds i estratègies del procés lector; i la graella de l'escriptura en actituds, procés d'alfabetització, aspectes formals i habilitats. A més, per a cada aspecte hi ha una columna per a altres observacions. Aquest tipus de pautes són difícils de dur a terme de manera continuada a l'aula. Crec que poden ser útils per fer una observació inicial, una a mig curs i una altra al final, de manera que comparant-les es pot veure l'evolució de cada alumne i del conjunt de la classe.

Per a una regulació continuada del procés, la nostra proposta d'observació s'apropa molt a les fórmules d'avaluació informal i al diari de classe, la qual es concreta en:

a) Dues fitxes d'enregistrament. Fem servir dues pautes molt semblants de format, una per a la lectura i una altra per a l'escriptura (figs. 1 i 2). Cada fitxa és individual i el més interessant és l'acumulació de fitxes de cada individu perquè constitueixen la seva història. En la fitxa es recullen aspectes de l'ensenyament i aspectes de l'aprenentatge.

A la pràctica ens ha estat molt útil tenir aquestes fitxes ordenades en un quadern per a cada nen i nena. Cada full del quadern recull una observació-intervenció. Cada vegada que volem enregistrar una observació ens acostem a un alumne o grup d'alumnes que estan duent a terme una activitat de llegir o d'escriure, agafem els seus quaderns d'avaluació i amb una ullada ens situem en la seva història. Fem les anotacions pertinents davant de l'alumne, donem tota mena d'explicacions, si ens fa preguntes sobre què apuntem, i fins i tot compartim les reflexions. Setmanalment s'enregistra una observació de lectura i una d'escriptura per alumne.

b) Els dictats. Per constatar l'evolució de cada infant en la conceptualització del nostre sistema de notació alfabètica, en base a les propostes de Teberosky, guardem les produccions realitzades per cada nen i nena, en diferents dates, d'un mateix dictat.

DATA: ....
TEXT LLEGIT: ....
ACTIVITAT: INDIVIDUAL: ....
EN GRUP. PARTICIPANTS: ....

ASPECTES APROFUNDITS
(Abans, durant i després de la lectura)

OBSERVACIONS RESPECTE A L'ALUMNE
(Com se'n surt, aspectes que domina, paper dins el petit grup, etc.)

PROPOSTA D'INTERVENCIÓ PER A LA PROPERA SESSIÓ
(Nous reptes que cal plantejar, tipus d'agrupament, etc.)

FIG. 1 FITXA INDIVIDUAL DE SEGUIMENT DE LA LECTURA

DATA: ....
TEXT LLEGIT: ....
ACTIVITAT: INDIVIDUAL: ....
EN GRUP. PARTICIPANTS: ....

ASPECTES APROFUNDITS
(En la planificació, textualització i revisió)

OBSERVACIONS RESPECTE A L'ALUMNE
(Com se'n surt, aspectes que domina, paper dins el petit grup, etc.)

PROPOSTA D'INTERVENCIÓ PER A LA PROPERA SESSIÓ
(Nous reptes que cal plantejar, tipus d'agrupament, etc.)

FIG. 2 FITXA INDIVIDUAL DE SEGUIMENT DE L'ESCRIPTURA

El dictat pot ser de quatre paraules de diferent complexitat (Per exemple: *pilota, cotxe, bicicleta, tren*) i una frase que inclou el nom propi i una de les paraules anteriors (*La Maria* –a cadascú se li diu el seu nom propi– *juga a pilota*). L'exercici es repeteix 4 o 5 vegades al llarg dels cursos d'Educació Infantil i de 1r curs de Primària. Cada vegada es dicten les mateixes paraules, en situació individual, sota la consigna: "*Escriu com tu sàpigues els noms que et diré, ens servirà per veure com vas aprenent a llegir i escriure*". Si demana ajuda "s'insisteix" que ho faci com pugui, i si se li dóna ajuda s'anota al costat. Com és evident és important fer-hi constar la data per analitzar el progrés al llarg del temps.

Les produccions realitzades es guarden i es traspassen de classe; també s'hi poden afegir altres fulls que el mestre o la mestra consideri significatius. En la figura núm. 3 podem observar les produccions del Gabriel realitzades en aquestes condicions. D'aquesta manera es percep clarament l'evolució de cada infant, com també, si es fa un recull del nivell de cada nen i nena de la classe en la construcció del concepte d'escriptura, en un moment determinat podrem apreciar el nivell d'evolució del grup (quants es troben en el nivell d'escriptures diferenciades, quants en el d'escriptures sil·làbiques, etc.).

c) El diari de classe. No és més que aquella llibreta sempre oberta i encapçalada amb la data, a punt per anotar-hi tots aquells aspectes que semblen rellevants, que criden l'atenció i, també, els que no ho són tant i passen desapercebuts, intentant interpretar-los. A vegades s'hi escriu mentre els nens i nenes van fent camí cap al pati, a vegades mentre recullen una feina, a vegades quan tothom ja és a casa... Potser el més interessant és revisar de tant en tant aquest diari i analitzar un mateix quines anotacions hi fa i per què. De la reflexió sempre en surten propostes més ajustades als objectius que ens proposem. En transcrivim un fragment relacionat amb l'aprenentatge de l'escriptura.

Classe de 5 anys, mes de febrer

"Insisteixo molt que quan vulguin escriure ho facin amb llapis per poder esborrar allò que no els agradi o que no estigui bé. No estic segura d'imposar aquesta norma. Per una banda m'agrada perquè dóna la idea que l'escriptura s'ha de revisar, i si ho fan amb retolador acaba tot guixadot; llavors, repetir el full és impossible, sobretot si hi han intercalat dibuix. Per altra banda, no m'agrada imposar normes una mica absurdes per escriure, sembla que si no es té llapis no es pugui escriure. Millor que no m'hi atabali. De mica en mica els ho aniré aconsellant, més que imposant."

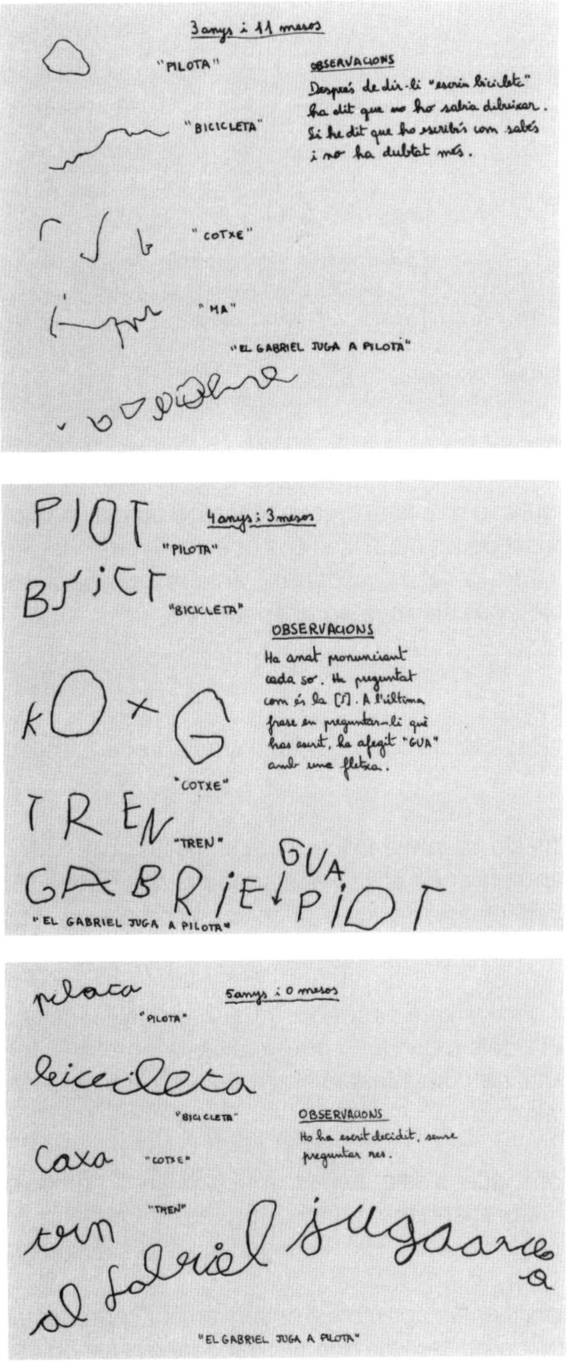

FIG. 3 CONSTATACIÓ DE L'EVOLUCIÓ EN EL DOMINI DEL CODI (ESCRIPTURA)

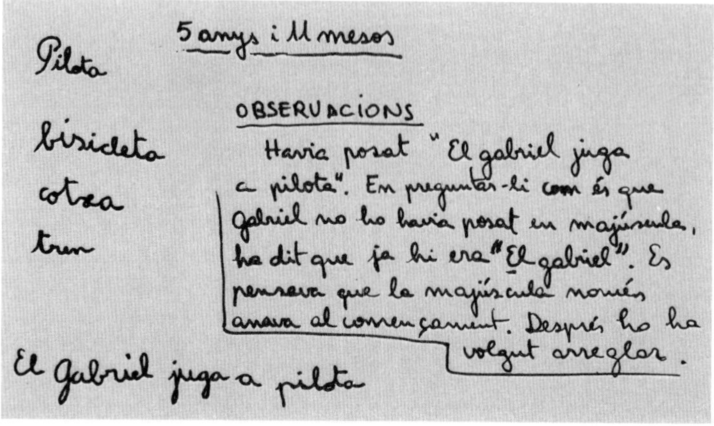

FIG. 3 CONSTATACIÓ DE L'EVOLUCIÓ EN EL DOMINI DEL CODI (ESCRIPTURA)

El procés de regulació que fa el mestre té també com a finalitat que cada infant es vagi adonant de les modificacions que ha de fer en les estratègies que utilitza per aprendre a llegir i escriure i actuï en conseqüència; és a dir, que l'alumne autoreguli els seus aprenentatges.

Alguns instruments per a l'autoregulació de l'aprenentatge de la lectura i l'escriptura

"Amb l'autoregulació es pretén que els alumnes siguin cada vegada més autònoms per aprendre, és a dir, més capaços de regular els seus propis processos d'aprenentatge. Per això cal tenir en compte en el procés d'ensenyament-aprenentatge l'aprendre a aprendre." (Jorba i Casellas, 1996)

De la mà de Vigotsky vam aprendre que la socialització és l'origen del desenvolupament dels individus i que qualsevol aprenentatge es dóna en una situació social de comunicació. També l'autoregulació s'aprèn en interacció amb els altres.

Així, les relacions que s'estableixen entre els tres pols dels processos d'ensenyament i aprenentatge, alumne, professor i continguts, han de ser fluides per facilitar la comunicació, la negociació i l'establiment de pactes.

El mestre, en planificar les activitats d'ensenyament i aprenentatge de la lectura i l'escriptura, ha de facilitar que aquest conegui els objectius, anticipi i planifiqui les accions i s'apropiï dels criteris d'avaluació. Compartir l'objectiu de cada activitat amb l'alumnat i acordar els passos que cal seguir per al seu desenvolupament són aspectes que amb més o menys profunditat es tenen en compte en general a l'aula. El que potser és més difícil de compartir amb l'alumnat són els criteris de valoració del procés i dels resultats. Amb la qual cosa, la seguretat d'haver fet bé o malament una activitat depèn només del criteri del mestre, fent així un aprenentatge més dependent que no pas autònom.

Hi ha maneres, però, d'anar introduint els criteris d'avaluació al llarg de la seqüència didàctica, ja que formen part de la mateixa estructuració dels continguts. Quan podem reconèixer entre tots algun aspecte important d'allò que estem aprenent, podem anunciar que al final de l'activitat haurem de comprovar que aquest aspecte hagi succeït i no ens hagi passat per alt. Aquests aspectes poden ser acumulatius, de manera que els podem recordar en forma de llista i constitueixen una autèntica pauta d'avaluació (fig. 4 i 5). L'inconvenient més gran, sobretot per a la classe de 5 anys, és que el poc domini de la lectura i l'escriptura en dificulta l'ús. Encara que la llista d'aspectes que cal valorar es pot anotar ajudada per símbols, bàsicament s'ha de retenir de memòria, cosa que, per altra banda, pot fer més sòlid l'aprenentatge.

PER SABER SI ESTÀ BÉ UN TÍTOL

PENSEM:
- Parla del tema que volem?
- És curt?

MIREM:
- Està escrit al mig i a dalt?
- Es veu bé? (està subratllat o té les lletres grans?)

FIG. 4 CLASSE DE 5 ANYS (GENER). PAUTA DE VALORACIÓ DE L'ESCRIPTURA DE TÍTOLS

Les peces clau del dispositiu pedagògic, seguint Jorba i Casellas, que considera l'autoregulació són: *l'autoavaluació, l'avaluació mútua i la coavaluació.*

a) L'**autoavaluació** o avaluació per part dels estudiants de les seves pròpies produccions. Pel que fa a la lectura i l'escriptura, per a cada seqüència dicàctica i com a resultat de l'estructuració dels continguts, cada alumne hauria de poder avaluar el seu treball en funció de la pauta establerta entre tots. Molt sovint el mestre l'haurà d'acompanyar en aquest procés perquè cada vegada esdevingui més autònom.

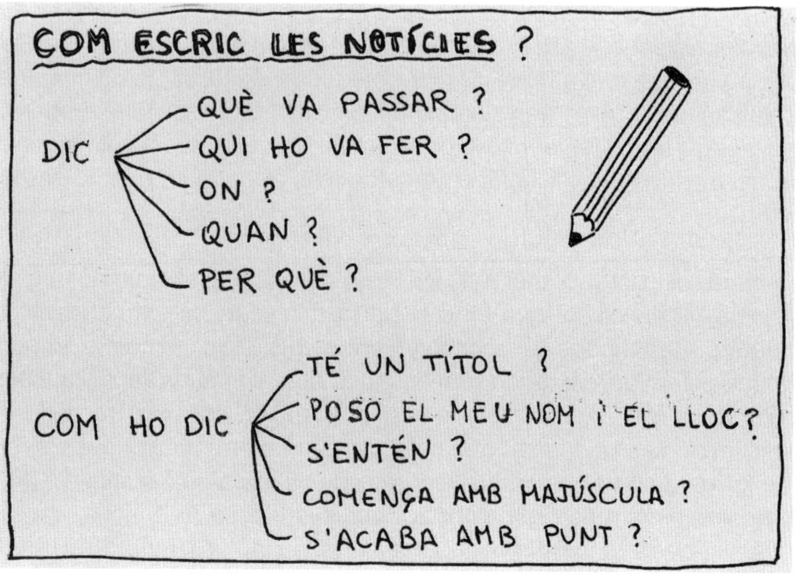

FIG. 5 CLASSE DE 1R (MARÇ). PAUTA DE VALORACIÓ DE L'ESCRIPTURA DE NOTÍCIES

Es poden proposar activitats que ajudin directament els nens i nenes a prendre consciència del que consideren que saben (hem exposat dos exemples en la figura 6), o a tenir una valoració personal dels llibres que miren i llegeixen (per exemple, posar la valoració que en fan al costat de cada llibre llegit-mirat segons un codi preestablert –vermell si no ha agradat, taronja si ha agradat mig mig i verd si ha agradat molt).

La comparació amb el model és també molt sovint un exercici d'autoavaluació (fig. 7). Cal tenir en compte que en els primers intents d'escriptura l'infant té poc interès pel model ja que domina més la intenció. No és fins més tard, quan descobreix l'escrit com a convenció social amb la característica de constància, que es preocupa per corregir. La necessitat d'una comprovació és un aspecte que l'infant va descobrint a mesura que es va apropiant del nostre sistema d'escriptura.

També l'autoavaluació col·lectiva ajuda a prendre consciència del que jo sé i del que saben els altres. Aquesta posada en comú o conversa sobre *QUÈ HEM APRÈS?* ajuda a conèixer-se a si mateix en relació amb els altres i a la vegada ajuda a reformular conceptes, és a dir, que tot parlant del que hem après s'aprèn. Molt sovint aquest tipus d'avaluació es converteix en una avaluació mútua. En la figura 8 recollim les respostes que diferents nens i nenes de la classe de 1r van donar a la pregunta feta en grup gran "*Digueu coses que hàgiu après per escriure bé*". La consigna incloïa no repetir el que ja s'hagués dit.

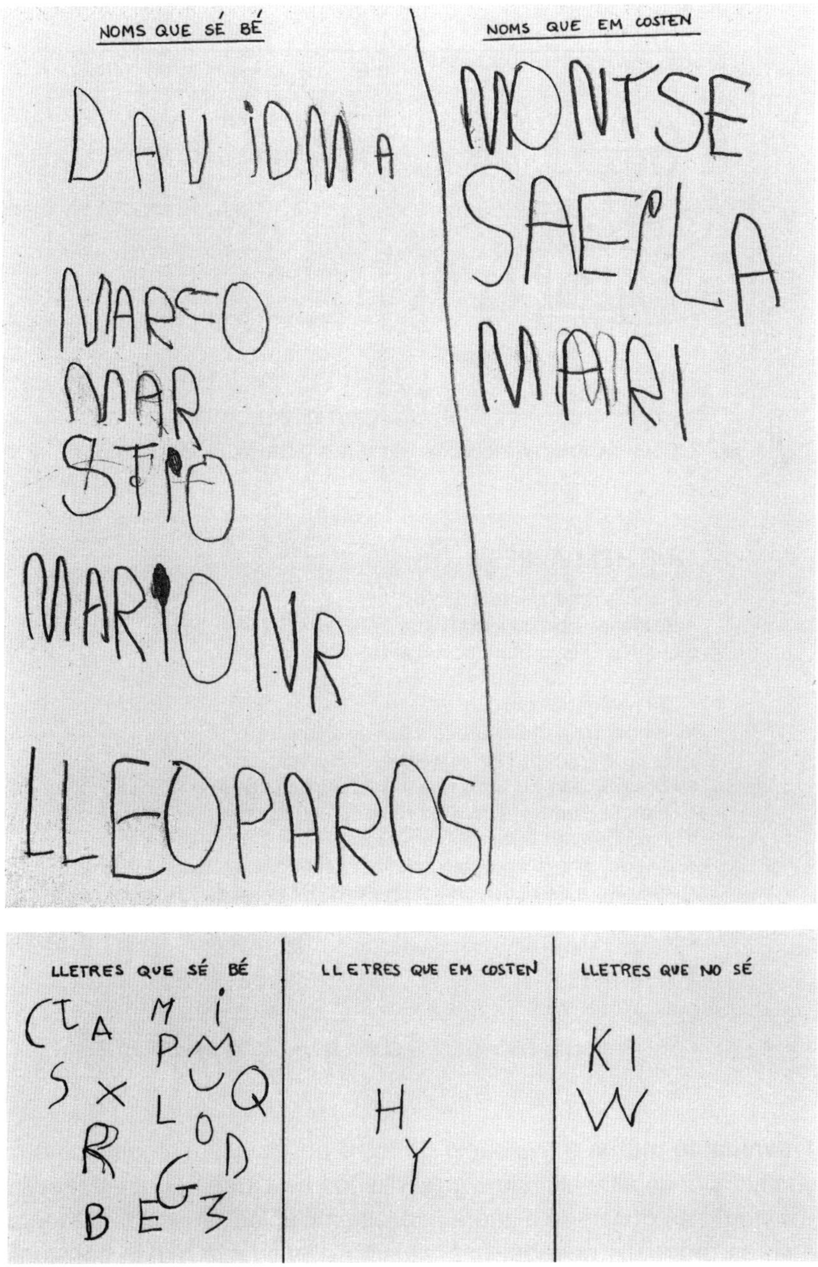

FIG. 6. EXERCICIS D'AUTOAVALUACIÓ

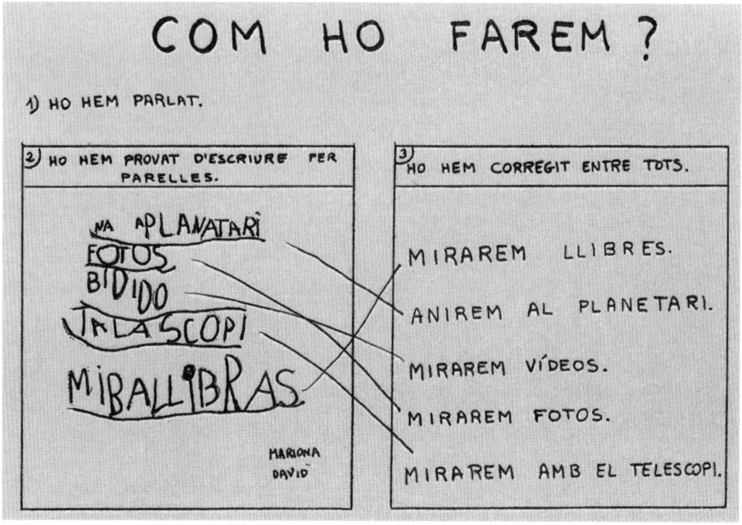

FIG. 7 COMPARACIÓ DE LA PRODUCCIÓ PRÒPIA AMB UN MODEL, CLASSE DE 5 ANYS

QUÈ HEM APRÈS?

- Pingüí té dos puntets a la **u**.
- *Bessones* s'escriu amb **b** alta.
- Quan n'hi ha molts s'acaba amb **-es**.
- He après a dir "**v**uit" en lloc de "güit".
- La **i** a vegades porta **h**.
- Sempre haig d'escriure la **s** per escriure *José*.
- He après que la **ñ** en castellà és la **ny** en català.
- *Perseguir* s'escriu amb una **u** després de la **g** que no sona.
- Quan faig un text l'haig de tornar a llegir per revisar-lo.
- Sé escriure amb les línies separades.
- S'ha de mirar si ho entendran els que llegiran el que he escrit.
- He après a escriure *cotxe* amb **tx**, ho he mirat al diccionari.
- Els títols es comencen amb majúscula. He après la **L**.
- *Passar* s'escriu amb dues esses, si no, diu "pasar".
- Després de **va** es posa una **r** muda. Com **va passejar**.

FIG. 8 RESPOSTES A LA PREGUNTA "QUÈ HEM APRÈS?" 1R CURS (MAIG)

b) L'**avaluació mútua** o avaluació de les produccions d'un alumne o grup d'alumnes per un altre alumne o grup d'alumnes. Quan l'alumnat treballa en grups petits, es donen de manera implícita múltiples situacions d'avaluació mútua; es produeix, gairebé, una situació d'avaluació mútua constant de tots els tipus de contingut.

També l'ús funcional de la lectura i l'escriptura promou altres situacions espontànies d'avaulació mútua. Així per exemple:

- Repartiment de fulls per acabar. L'encarregat dels fulls quan reparteix fulls començats en un altre moment ha de fer un esforç per llegir el nom de cadascú. Si no troba el nom escrit en un lloc clar, o aquest està escrit en una lletra que no entén (i la mestra no li soluciona el problema de manera immediata), quan troba el propietari del full automàticament li dóna una bona lliçó de com ha d'escriure el nom.

- Lectura dels missatges. El nen o la nena que rep un missatge, en intentar llegir-lo recorre moltes vegades a l'autor per demanar-li explicacions.

  Per exemple: Al començament, a la classe de 5 anys normalment qui fa el missatge s'oblida de signar-lo. Espontàniament qui es troba amb el missatge va preguntant nen per nen: "*L'has fet tu?*" Quan troba l'emissor li demana per què no ha posat el seu nom i gairebé li exigeix que el posi, és a dir, avalua una part de l'estructura del missatge. Més endavant, a 1r i a 2n, les correccions s'amplien a tots els tipus.

- Interpretació del mural dels càrrecs. Tant en l'elaboració del mural –quan un nen o nena posa el seu nom sota una tasca que no és la que li pertoca– com en el seu ús –quan un nen o una nena interpreta incorrectament qui és el responsable d'una tasca determinada–, l'alumne afectat s'encarrega prou de corregir directament el company o companya que ha fet l'error (exemple núm. 5).

- Lectura de les propostes per a l'assemblea. Vegeu en el capítol 3.1, en l'apartat *L'assemblea de classe*, com la lectura de les propostes per part d'un company o companya es converteix en una autèntica avaluació mútua tant de factors lèxics i sintàctics com de cohesió textual, com de domini del codi. Aquesta avaluació espontània s'expressa moltes vegades en forma de pregunta a l'autor del text amb frases com: "*Per què has posat uns nens van pintar si era una nena va pintar?*", "*això que has escrit no vol dir res, no s'entén*", "*hi falten lletres, no es pot llegir... què volies posar?*"

A més a més de les situacions espontànies d'avaluació mútua que sorgeixen, afavorides pel tipus d'organització social, se'n poden preveure d'altres que tinguin també com a objectiu aquest tipus d'avaluació. N'exposem alguns exemples:

Avaluació mútua en situacions d'escriptura:

- Intercanviar els fulls per demanar a un altre que miri quines coses troba bé i quines canviaria. Després discutir-les.

- Intercanviar els fulls per aplicar la pauta d'avaluació establerta prèviament. És a dir, revisar allò que s'ha acordat.

Avaluació mútua en situacions de lectura:

- Llegir uns cartells (llista de noms de nens i nenes de la classe, llista de materials, de propostes de temes, títols de llibres, etc.) un a altre. El que no llegeix ha de dir si hi està d'acord o no i mirar de trobar quin dels dos té la raó.

- Llegir un mateix text en grups de dos; comprovar si han entès el mateix que el grup del costat i mirar de justificar-ho.

c) La **coavaluació**: l'avaluació de la producció d'un estudiant pel mateix estudiant i pel mestre o mestra.

És el recurs més freqüent, el diàleg o entrevista que ajuda a fer adonar el nen o nena sobre què ha après de nou. Moltes vegades s'encavalca amb l'autoavaluació, ja que quan el mestre o mestra comprova com l'alumne ha fet la seva autoavaluació de fet està coavaluant. Seria interessant que en primer lloc el nen o nena expressés la seva opinió sobre els seus resultats, d'acord amb la pauta establerta i d'acord amb els seus sentiments, i després el mestre hi donés la seva versió, felicitant l'alumne pels seus progressos (fig. 9).

Finalment, fer adonar l'alumne dels seus progressos mostrant-li les seves produccions d'una etapa anterior és també un acte de coavaluació, sobretot pel reconeixement personal i del mestre dels aprenentatges realitzats (fig. 10). Això resulta sempre satisfactori i un motiu d'enfortiment de l'autoestima.

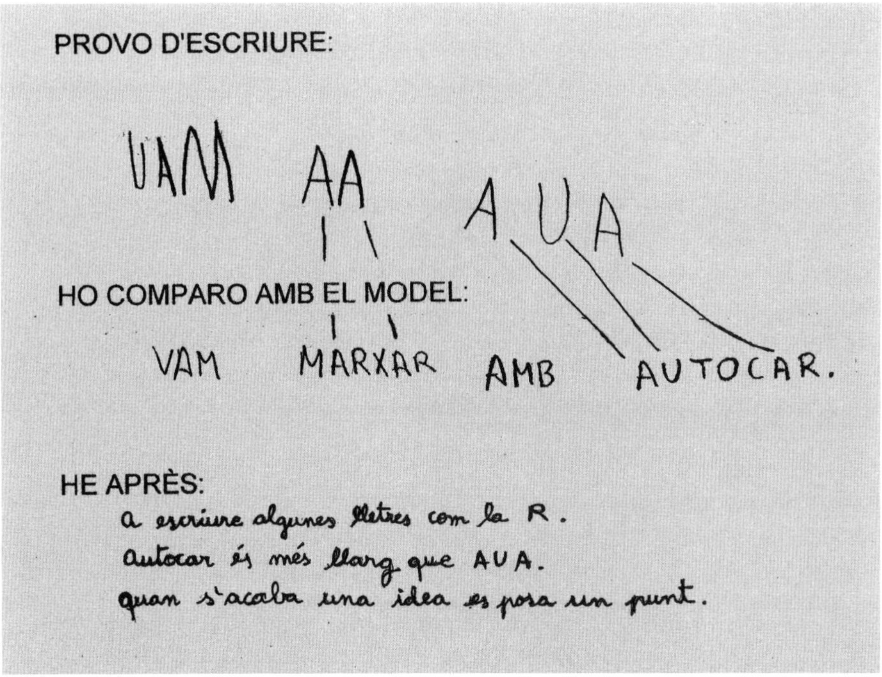

FIG. 9 EXTRACTE D'UNA ACTIVITAT DE COAVALUACIÓ

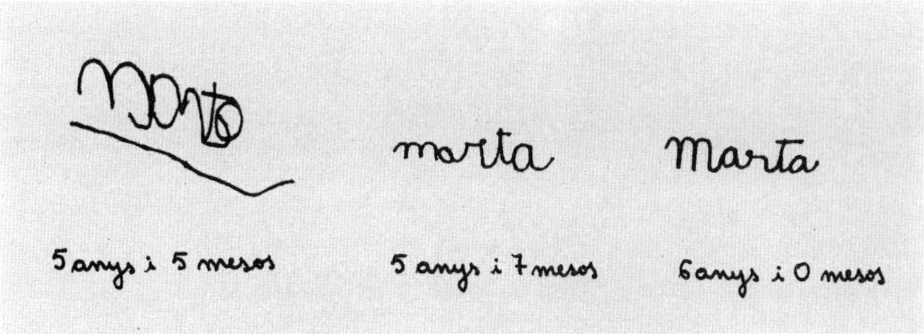

FIG. 10 RECULL DE L'ESCRIPTURA DEL NOM, SENSE MODEL,
PER A L'AUTOAPRECIACIÓ DEL PROGRÉS PERSONAL

3. PROPOSTES D'ACTIVITATS A L'AULA

3.1 PROPOSTES REFERIDES A L'ÚS PRÀCTIC

En el funcionament quotidià de la vida de la classe, hi ha múltiples circumstàncies en què els mestres fem servir el text escrit amb l'objectiu de tirar endavant la feina: recordar-nos d'algun encàrrec, saber l'agrupament de nens i nenes per a un taller, reconèixer a qui pertany un objecte determinat, identificar quin dia es va fer un treball, etc.

La idea fonamental de les propostes de treball a l'aula que plantegem és convertir totes aquestes experiències d'ús quotidià de la llengua escrita en situacions d'aprenentatge per als nens i nenes de la classe. És a dir, apropar aquest ús habitual de la llengua escrita a l'alumnat i fer-lo participar d'aquest ús, perquè tot fent servir la llengua escrita, amb l'ajuda de l'adult, vagi apropiant-se del seu coneixement.

Un element que fem servir constantment, relacionat amb aquest ús, és el nom de cada nen i nena. Atès que, a més a més, el nom propi té un fort atractiu pel seu component afectiu, dediquem una bona part d'aquest capítol a explicar les situacions que s'hi relacionen com la pertinença d'objectes, els controls d'assistència i l'organització de tasques i responsabilitats.

Així mateix desenvolupem les situacions d'altres noms propis que fem servir habitualment a l'escola i que també tenen una forta càrrega afectiva, com són el nom dels grups de treball (grup-classe, grup-taula, grup-taller, etc.) i el mateix nom de l'escola.

Després exposem les propostes relacionades amb l'organització de l'espai, com és la retolació d'àmbits, i del temps, com és l'ús del calendari, la data, l'horari i el menú de cada dia.

Més endavant exposem les activitats relacionades amb l'elaboració de llistes en funció d'alguna necessitat de l'aula: materials que falten a classe, jocs, coses per anar a colònies, etc. i l'elaboració de missatges breus per comunicar a les famílies, a altres grups de l'escola o a la secretaria aspectes d'ordre funcional.

També donem cabuda a la lectura de cartells, etiquetes, marques de productes, rètols, etc. provinents de la societat alfabetitzada en la qual està inserit el nostre alumnat des del seu naixement. Aquests materials seran font de lectura a dins i a fora de l'aula.

Expliquem també l'ús de la lectura i l'escriptura en l'assemblea de classe. Un ús que el mateix alumnat converteix en absolutament necessari tant per proposar temes i elaborar l'ordre del dia com per anotar els acords presos.

Finalment descrivim aquelles situacions de lectura i escriptura que sorgeixen quan els nens i nenes desenvolupen el joc simbòlic. Són situacions que ofereixen esplèndides oportunitats d'imitar els adults quan treballen i usen la llengua escrita. Aquests moments possibiliten, també, aprendre a llegir i a escriure.

PENSANT EN VEU ALTA:

El nom dels nens i les nenes com a primer pas?

En l'ús pràctic de la llengua escrita a l'aula pren un paper molt important l'ús del nom dels nens i nenes. Quan ho penso gairebé em sembla inversemblant el fet que durant molts anys havíem ensenyat a llegir i a escriure sense partir del nom propi de cada nen i nena. A les escoles, on seguíem bàsicament un mètode sintètic, primer ensenyàvem les vocals, a partir del seu traç i del seu valor sonor, després les consonants més productives, ben aviat monosíl·labs formats únicament amb les lletres que havíem ensenyat, i quan ja dominaven gairebé tot l'alfabet ensenyàvem el nom propi.

Segurament, aquest retard formal –perquè segur que molts ja el sabien escriure abans que la mestra l'ensenyés– en l'aprenentatge del nom tenia les seves explicacions lògiques: tots havien d'anar a un mateix ritme i el nom significava irremeiablement diversificar aprenentatges; se suposava, també, que els nens i nenes només sabien fer les lletres que la mestra presentava i ensenyava, per tant el Francesc s'havia d'esperar al final de l'ensenyament de les grafies perquè la "f" era una de les últimes que s'ensenyaven.

Avui, però, això ja no té cap mena de justificació perquè sabem que la diversificació d'aprenentatges enriqueix els coneixements globals del grup i permet l'intercanvi entre iguals. I sabem també que els nens i nenes aprenen, a més del que ensenya la mestra, del medi, dels companys i de les seves pròpies elaboracions mentals. De manera que l'apropiació del coneixement de la llengua escrita no es fa de forma lineal aprenent un so darrere l'altre, sinó a partir de diferents aproximacions en les quals competeixen diferents aspectes: aspectes de notació gràfica (correspondència fonètica, cal·ligrafia, puntuació i disposició en el full); aspectes relacionats amb el llenguatge (morfologia, lexicologia i semàntica); i aspectes discursius (reconeixement emissor-receptor, funció, coherència i cohesió).

En pocs anys, s'ha fet tan evident el potencial que genera el fet d'aprendre el propi nom i el dels companys, que s'ha estès i admès com un objectiu de parvulari. Fins i tot podem dir que ha introduït un nou mètode. Davant la pregunta "*com ensenyeu a llegir i a escriure en aquesta escola?*", la resposta *A PARTIR DEL NOM DELS NENS I NENES* comença a ser generalitzada. Aquesta resposta, però, pot acollir maneres de fer molt diferents, i si bé en un principi podia ser un indicador d'una certa preocupació per apropar-se a l'interès dels nens i nenes, i començar l'aprenentatge de la lectura i l'escriptura d'una manera més funcional i significativa, en aquests moments no és garantia de res. A vegades se segueixen fent les mateixes pràctiques descontextualitzades i a més a més, el reconeixement del nom dels nens.

PERTINENÇA D'OBJECTES

En un grup on conviuen una vintena de persones, com és el grup-classe, es fa del tot necessari assenyalar els objectes per identificar-ne la pertinença. La manera més adequada de fer-ho és a partir del nom propi de cadascú. Així, els nens porten, escrit de casa, el nom a la cartera, a l'anorac, al tovalló, al got, al raspall de dents... De la mateixa manera, també posem, a l'escola, el nom propi als fulls, a les carpetes, als treballs de fang, etc. Per què no convertir, doncs, aquesta retolació imprescindible en una situació d'ensenyament i aprenentatge de la llengua escrita des del primer dia?

PROPOSTES D'ACTIVITATS A L'AULA

En un primer moment és essencial la verbalització de la mestra i l'intercanvi entre els companys i companyes per confirmar que un conjunt determinat de marques gràfiques simbolitzen el nom d'un nen o d'una nena.

És a dir, la tasca del mestre consistirà a acompanyar la descoberta, que els nostres infants acostumen a fer cap als 3 anys, de l'escriptura com a objecte simbòlic. Passar, com diuen Ferreiro i Teberosky (1979), a identificar que el conjunt de lletres "diu" alguna cosa, és un objecte substituït.

Quan un objecte que l'infant porta de casa no té el nom, podem aprofitar l'ocasió per escriure'l davant del nen o nena, amb l'objectiu que l'infant vegi l'adult escriure i vagi reconeixent aquell conjunt determinat de símbols com a l'escriptura que representa el seu nom. També, amb els mateixos objectius, aprofitarem l'ocasió que brinda el fet d'haver de posar el nom als treballs que l'infant fa a l'escola per poder-los identificar.

"*Mira, escriurem el teu nom perquè sapiguem que és teu.*" Escrivim al seu davant a poc a poc, i podem anar dient en veu alta els sons de les lletres que anem escrivint, per tal d'oferir la possibilitat d'anar descobrint la relació oral-escrit. Una vegada hem acabat d'escriure el nom és bo fer adonar el nen que l'escrit és un producte elaborat i com a tal necessita sempre una revisió. Podem dir: "*A veure si està bé*", rellegir-ho en veu alta i demanar la seva confirmació: "*Què et sembla?*"

També podem preguntar al nen o nena si sap escriure el seu nom. Si ens diu que no, el podem convidar a aprendre'l, en el fons a crear expectatives de creixement: "*T'agradarà aprendre a escriure'l?*" "*A veure si trobes el teu nom a la capsa dels cartronets dels noms dels nens i nenes de la classe!*" Caldrà estar atents al que fa i orientar-lo si és necessari. Més endavant li podem oferir la possibilitat d'agafar el model del seu nom escrit en el cartronet per entrenar-se a escriure'l a la pissarra o en un full.

Si ens diu que sí, que el sap escriure, pot ser un moment adequat per a entrar en contacte amb els seus coneixements respecte a l'escriptura del seu nom i li podem demanar si ens ho vol ensenyar. L'infant ho pot escriure a la pissarra o en un full. La mestra seguirà amb interès tot el procés i un cop acabada la tasca haurà de destacar els aspectes positius de la demostració que ha fet el nen o la nena per tal de donar-li seguretat en els aspectes assolits i afavorir la seva austoestima per seguir endavant.

Respostes del tipus:

- "*Molt bé!, t'has esforçat molt.*"
- "*Molt bé! Mira, aquesta lletra i aquesta estan tal com són en el teu nom.*"
- "*Has començat molt bé, el final l'has d'anar aprenent millor.*"
- "*S'assembla força, s'entén una mica.*"
- "*Ui, sí que en saps. Ho has escrit tot d'aquí cap allà.*" (assenyalant d'esquerra a dreta)
- "*Estàs contenta de com t'ha sortit?*"

poden ser útils per encoratjar el nen o nena a seguir endavant i, alhora, per no dir sempre "*molt bé!*", de manera indiscriminada. Cal tenir en compte que el to de les observacions és molt important per crear un clima afectiu sa que possibiliti els aprenentatges.

Aquesta primera exploració servirà per esbrinar els coneixements previs de l'escolar respecte a l'escriptura del seu nom; en una propera ocasió o en aquesta mateixa podem anar oferint al nen o nena petits reptes nous perquè avanci en aquest aprenentatge. Alguns exemples:

- "*Comença sempre per la primera lletra d'aquest cantó.*"
- "*Escriu les lletres amb ordre d'aquí cap allà (d'esquerra a dreta).*"

- *"Has d'escriure com si hi hagués una línia recta."*
- *"Mira de fer les lletres una mica més petites perquè t'hi càpiguen."*
- *"Aquesta lletra no l'has fet ben bé igual. Veus en què és diferent?"*
- *"Sabries escriure-ho sense mirar el model?"*

A mesura que van dominant el coneixement del propi nom i el dels altres, els nens i nenes poden intervenir en tasques (com ara el repartiment de treballs en què cadascú ha posat el nom) que potencien a més l'avaluació mútua (fig. 11).

FIG. 11 L'ENCARREGAT DE REPARTIR FULLS HA DE LLEGIR EL NOM DE CADA NEN I NENA PER DISTRIBUIR-LOS ADEQUADAMENT. L'AVALUACIÓ MÚTUA HI ÉS IMPLÍCITA

També caldrà estar alerta per acollir aquelles situacions espontànies que presenten la problemàtica de saber de qui és un objecte (per exemple, dos nens que tenen óssos de peluix iguals es barallen perquè tots dos creuen que el que hi ha avui a l'escola és seu); o aquelles més quotidianes, com saber de qui és un esmorzar perquè la majoria estan embolicats amb paper de plata igual, per convertir-les en situacions d'aprenentatge de la funció del nom escrit. En l'exemple següent veurem com a partir de la necessitat de reconèixer els esmorzars va sorgir el ritual d'escriure, cada matí, el nom a l'esmorzar abans de deixar-lo a la panera. Aquest fet va convertir l'escriptura del nom propi en una pràctica diària significativa.

EXEMPLE 1

A la classe de 5 anys, al mes d'octubre, uns moments abans d'anar al pati sorgeix de nou un conflicte amb un esmorzar que no és de ningú. La recerca de solucions compartida porta a usar el nom propi per a una qüestió pràctica.

MESTRA: *Cada dia tenim problemes amb els esmorzars, sempre en queda algun que no sabem de qui és. O dos nens diuen que és seu el mateix... Com ho podríem fer perquè no passi més?*

ALBERT: *Jo m'hi faig un senyal!*

GINA: *La meva mare m'hi posa el nom!*

MESTRA: *I no teniu mai problemes?* (Pausa.) *I tu, Marta, que has perdut l'esmorzar, saps com era?*

MARTA: *Com aquest.* (Assenyala el del nen que hi té un senyal.)

ALBERT: *No!, que aquest és meu, jo m'hi he fet això.* (Assenyala un estrip i un doblec al paper.)

MESTRA: *Gina, tu saps segur que el que tens és teu?*

GINA: *Sí.*

MESTRA: *Per què?*

GINA: *Perquè hi tinc el meu nom.* (L'ensenya.)

JOAN: *Si l'Albert hi tingués el nom sabria segur que és seu.*

MESTRA: *Esteu d'acord amb el que diu el Joan?*

MARTA: *Què ha dit?*

MESTRA: *Joan, la Marta no t'ha sentit, ho pots tornar a dir?*

(...)

MESTRA: *Algun nen o alguna nena té una proposta perquè sapiguem sempre de qui són els esmorzars?*

(Parlen uns quants alhora.)

MESTRA: *Va, Marta, explica'ns la teva proposta.*

MARTA: *Que cadascú s'hi faci un senyal.*

JOAN: *És millor posar-hi el nom.*

MESTRA: *Tenim dues propostes: fer-hi cadascú un senyal qualsevol o posar-hi cadascú el seu nom. Quina creieu que pot anar millor?*

(Parlen uns quants alhora.)

ALBERT: *Posar-hi el nom.*

MESTRA: *Per què?*

ALBERT: *Perquè així tothom que el trobi pot saber de qui és i, si no, ens ho dius tu.*

MESTRA: *Doncs, a partir de demà, abans de deixar els esmorzars a la panera cadascú hi posarà el seu nom amb aquest retolador que no s'esborra. Us sembla bé?*

Escriure el nom a l'esmorzar és una pràctica que cadascú desenvolupa al seu nivell: hi ha qui el sap escriure de memòria, qui necessita el model, qui comença de memòria i a la meitat va a buscar el model, etc. (fig. 12). Aquesta activitat, com que es realitza a l'hora d'entrada, facilita a nivell organitzatiu la intervenció individual de la mestra, si es creu necessari.

FIG. 12 A PARTIR DE LA NECESSITAT DE RECONÈIXER ELS ESMORZARS SORGEIX LA PRÀCTICA, DIÀRIA, D'ESCRIPTURA DEL NOM PROPI DE MANERA SIGNIFICATIVA

A l'hora de repartir els esmorzars cadascú pot agafar el seu o podem proposar que un nen o nena els reparteixi, amb tot el que implica de lectura de noms per part del repartidor i de comprovació immediata de la lectura per part del propietari de l'esmorzar.

Podríem trobar, encara, altres situacions relacionades amb la pertinença d'objectes en les quals el mestre usa normalment el nom escrit i que es poden reconvertir en situacions d'aprenentatge de la llengua escrita.

Cada grup d'alumnes i cada escola té el seu sistema de funcionar i pot trobar moltes situacions que potenciïn l'ús del nom escrit per a la identificació d'objectes.

PENSANT EN VEU ALTA:

Identifiquem els penja-robes amb el nom o amb un dibuix?

Jo pensava, i així ho havíem acordat en diferents reunions de mestres de parvulari, que, com a mínim per als nens i nenes de 3 anys, és més fàcil identificar el seu penja-robes i tots els seus estris amb dibuixos d'objectes: una pilota, un cargol, un tren, un cotxe, etc., que no pas amb el seu nom. L'alumnat reconeix de seguida el símbol que se li assigna i la classe queda ben decorada i alegre.

Per altra banda, era conscient que en una societat alfabetitzada no és gens habitual identificar els objectes propis amb un dibuix. Si més no, en certes institucions s'identifiquen els objectes amb un número per qüestions d'organització, però aquest recurs em semblava massa despersonalitzat. A mesura que anava aprofundint en allò que implica el fet d'haver nascut en una societat alfabetitzada, vaig anar comprovant que els mateixos nens i nenes portaven la bossa, la bata i els seus objectes marcats de casa amb el seu nom i no pas amb un dibuixet. Això em va fer pensar que les coses no lligaven. No podia ser que a l'escola no féssim servir els mateixos recursos que fa servir la societat en què viu l'alumne, només per raons simplificatives i decoratives. En tot cas el dibuixet podia ser un detallet afegit al nom però mai un substitut, o, com havia vist també en algunes escoles, es podia reforçar el reconeixement de l'escriptura del nom amb la fotografia de la cara del nen o nena. Però què passaria si s'identificava els penja-robes només amb l'escriptura dels noms dels nens i nenes, sense cap altre reforç?

El primer que em venia al cap és que l'alumnat no seria tan autònom i em preguntarien constantment on deia el seu nom, això quan no em sorgia el fantasma que ningú no voldria penjar la jaqueta perquè els proposava un repte massa difícil...

Però amb ganes de buscar coherència i contrastant els dubtes amb experiències reeixides d'altres companyes, vaig començar a trobar sortida als meus interrogants. Quantes activitats feia perquè cada nen o nena recordés el dibuixet que li havia estat assignat? No podia dedicar aquest temps a presentar a cada nen i nena el penja-robes que se li assignava amb el seu nom? Fins i tot ells mateixos podrien enganxar-hi l'etiqueta. O potser, per què no, em trobaria amb la sorpresa que algun alumne ja reconeixia el seu nom!

Què passaria si l'endemà un alumne no recordava on hi havia el seu nom? Doncs el mateix que quan algú no recorda que el seu símbol és la tortuga, per exemple, l'hi tornaria a presentar, l'ajudaria a buscar alguna estratègia perquè ho recordés, preguntaríem als altres companys com ho fan per recordar-ho, etc.

Començava a entusiasmar-me. Buscar el nom propi al penja-robes, a més d'afavorir els hàbits d'autonomia, també seria útil per aprendre a llegir. Si més no, veia que d'una manera natural faríem servir el mateix que es fa servir a fora de l'escola, l'escriptura del nom propi per identificar la pertinença dels objectes, i que aquest ús podria servir per parlar, reflexionar, buscar estratègies de reconeixement, fer hipòtesis... sobre el text escrit. Podria convertir un ús habitual de la llengua escrita en situació d'aprenentatge.

CONTROL D'ASSISTÈNCIA

El control d'assistència de l'alumnat a l'aula és una tasca que el mestre o la mestra realitza diàriament, tant per a un seguiment individual de les vicissituds per les quals passa cada alumne, com per saber amb qui es compta per a l'organització de les activitats del dia. Per portar aquest control el mestre o la mestra usa necessàriament la llista escrita del nom dels nens i nenes.

Per altra banda, també és bo comentar amb tot el grup classe, abans de començar les feines del dia, si falta algú, si algú que estava malalt ha tornat, si hi ha algun aniversari, etc. a fi de crear un clima afectiu que cohesioni el grup i permeti un marc emocionalment estable per desenvolupar tasques intel·lectuals.

Segons l'organització de les activitats de la classe sorgeixen també altres necessitats de controls d'assistència o similars. Així, per exemple, en les estones de treball en què l'alumnat es distribueix en diferents activitats (racons, tallers, grups partits, etc.) sorgeix la necessitat de portar un cert control de la distribució, tant si és elegida lliurement com si és assignada, per tal de possibilitar l'alternança d'activitats.

També convé portar un control dels objectes de l'aula (titella, àlbum de fotos, llibre de colònies, etc.) que es presten un o dos dies per portar a casa (fig. 13). L'experiència ens mostra que aquests controls interessen tant els mestres per a la planificació i control de les activitats, com els escolars per crear expectatives sobre el treball que cal realitzar.

Així doncs, veiem que per a un bon funcionament de la dinàmica del grup classe, el mestre comparteix amb l'alumnat diversos controls d'assistència. Aquest fet es vehicula necessàriament a través de la llengua escrita, amb la coincidència que, per a aquesta activitat, cal llegir els noms dels nens i nenes de la classe, la qual cosa resulta molt útil, tal com s'ha assenyalat anteriorment, per iniciar-se en el llenguatge escrit.

Per què no convertir, doncs, aquesta activitat en què s'usa la llengua escrita en una situació d'ensenyament i aprenentatge?

FIG. 13 CONTROL DEL PRÉSTEC DEL LLIBRE DE COLÒNIES

Exposarem dues concrecions dels controls d'assistència:

- Passar llista.
- El control d'assistència als racons.

a) Passar llista

L'activitat de passar llista admet moltes possibilitats quant a forma:

- Agafar cadascú el cartellet del propi nom i penjar-lo (amb "velcro", "fix toc", clauets...) en el mural titulat QUI HA VINGUT AVUI? El cartellet el pot triar cadascú d'una safata on hi són tots, o bé, al començament, la mestra o el mestre els llegeix en veu alta i cada infant el va a recollir quan sent el seu nom.
- Triar cadascú el cartellet del propi nom del mural titulat QUI FALTA AVUI?, i despenjar-lo.
- Apuntar-se (signar) cadascú en una llista.
- Fer una creueta a la casella corresponent en un quadre de doble entrada (llista de nens i nenes/data). El senyal se'l pot fer cadascú o hi pot haver un encarregat de passar llista.
- etc.

Per a les classes de 4 i 5 anys és més adequat l'ús dels cartronets, pel fet que es poden agafar i tocar, mentre que al final de 1r es poden fer servir els sistemes més convencionals de signar o posar creuetes en un quadre de doble entrada.

El més interessant d'aquesta proposta és que provoca comparacions entre noms semblants i obliga a anar afinant cada vegada més en la identificació del propi nom. Això permet compartir les estratègies que fa servir cadascú (l'alumnat entre si i l'alumnat amb la mestra) per al reconeixement del nom i anar descobrint el funcionament del codi escrit (fig. 14 i 15).

EXEMPLE 2

> El Mario (4 anys i 11 mesos), tan bon punt ha arribat a la classe, i després de dir bon dia, ha tret l'esmorzar de la cartera, li ha posat el nom per guardar-lo a la panera i ràpidament ha anat a buscar el cartell on creu que diu el

seu nom (ha agafat el que diu Maria) per penjar-lo al mural titulat QUI HA VINGUT AVUI? Abans de penjar-lo me l'ha vingut a ensenyar:

MARIO: *Oi que hi diu el meu nom?* (amb cara de voler enllestir la feina aviat).

MESTRA: *No.* (Mirant amb simpatia el Mario, esperant la seva reacció.)

MARIO: *No?* (No s'ho acaba de creure, em mira desafiant-me.)

MESTRA: *Per què et sembla que hi diu el teu nom?*

MARIO: *Perquè comença per aquesta.* (Assenyala la M.)

MESTRA: *I ja està! Tots els noms que comencen per la lletra que sona [m] diuen Mario?*

(El Mario no diu res, sembla que s'ho estigui pensant.)

MESTRA: *Mira, busquem altres cartells que comencin també per aquesta lletra.*

(Ens acostem a la capseta dels cartronets dels noms, per buscar-los.)

MARIO: *Ah!, quants!* (Ha trobat: MARIA, MARIO, MARTA i MIREIA i es mostra desconcertat.)

MIREIA: *Ei!, que has agafat el meu cartell!*

MESTRA: *Sí? Quin és el teu? A veure, poseu-los un sota de l'altre i mirem-los tots... Mireia, com saps quin és el teu?*

MIREIA: *És aquest.*

MESTRA: *I com ho saps?*

MIREIA: *Ah, perquè és el meu.*

MESTRA: *I per què no és aquest el teu?* (Assenyalo el que diu Mario.)

MIREIA: *Perquè aquí hi diu Mario.*

(El Mario ha somrigut.)

MESTRA: *Molt bé!, aquí hi diu MARIO i aquí hi diu MIREIA. Ara hem de veure com ho fem per recordar-nos-en.*

MARIO: *Perquè acaben diferent.*

MESTRA: *D'acord, el teu acaba amb O i el de la Mireia acaba amb A* (Assenyalo la O i la A.) *I comencen igual, amb la lletra que sona [m]. Si els barregem te'n recordaràs?*

(Els barrejo i efectivament els reconeix.)

MESTRA: *Amb quina lletra acaba el teu nom, Mario?*

MARIO: *Amb la O.*

MESTRA: *Ara ja coneixes més bé el teu nom, oi?*

MARIO: *Sí, jo buscava el cartell per la primera!*

MESTRA: *I no n'hi ha prou, oi, amb la primera lletra només?*

MARIO: *És clar!*

FIG. 14 CONTROL D'ASSISTÈNCIA A CLASSE. IDENTIFICACIÓ DEL PROPI NOM

FIG. 15 *"MARIA, MARTA I MARIO, QUIN ÉS EL MEU?"*

Una altra qüestió notable d'aquesta proposta és el moment de la seva realització, l'hora d'entrada. Mentre cadascú va guardant les seves coses i va realitzant les responsabilitats encomanades, com ara mirar el temps, regar les plantes, canviar la tovallola, etc. de manera molt autònoma, els nens i nenes parlen entre ells, discuteixen sobre els seus noms i la mestra o mestre pot tenir una atenció individualitzada. Pot dedicar atenció a un nen o nena determinat, sense haver de preocupar-se gaire per la dinàmica de la resta del grup.

Les reflexions que la mestra o mestre propicia de manera individual o en grup de dos o tres són essencials per avançar en l'adquisició del funcionament del codi. Les noves descobertes es poden fer extensibles a tot el grup en un altre moment de treball col·lectiu. El mateix alumne pot explicar el seu descobriment per discutir i compartir amb els altres el seu procés d'aprenentatge. Això permet l'alumnat d'enriquir-se mútuament i el mestre de seguir de molt a prop els passos que van fent.

A vegades en una mateixa classe hi ha noms repetits, dues Maries, dos Miquels o dues Clares. Aquesta situació ens aporta una possible reflexió sobre les característiques del codi escrit. Els cartells són idèntics, per tant hi diu el mateix, de la mateixa manera que els dos nens es diuen també igual. Allò que els diferencia és el cognom però no el nom, per això no fem cap marca especial en el cartell del nom.

Quan l'alumnat ja coneix tots els noms dels nens i nenes de la classe es pot ampliar aquesta activitat amb l'ús dels cognoms. Els cognoms, igual que el nom propi, segueix essent part de la identitat del nen i nena i també els interessa força. És convenient que es pari atenció a l'escriptura dels cognoms perquè, així com molts nens i nenes han après a memoritzar l'escriptura del seu nom a casa, curiosament molts no han après a memoritzar l'escriptura del seu cognom.

b) Control d'assistència als racons, tallers, etc.

La forma de materialitzar aquest control ofereix moltes possibilitats:

- Posar un gomet, creueta o senyal al costat del propi nom, escrit en una llista. Per facilitar la feina als més petits és millor utilitzar llistes no gaire llargues i situades en el mateix racó o lloc on es fa l'activitat (fig. 16).
- Posar igualment un senyal a la casella corresponent en un quadre de doble entrada (llista d'alumnes / activitats).

FIG. 16 AUTOCONTROL D'ASSISTÈNCIA AL RACÓ DE MISSATGES

- Anotar cadascú, en un carnet individual, el nom del racó, taller o activitat en el qual participa, en forma de llista. Al costat de cada racó, també s'hi pot posar la data (fig. 17).

Igual que en la proposta anterior aquest control d'assistència provoca comparacions entre noms semblants i ajuda a automatitzar el reconeixement del propi nom.

És interessant la vigilància constant que la mateixa mainada fa d'aquesta activitat. Si algú s'equivoca de casella, acostuma a ser corregit pel nen o la nena afectat. Aquesta discordància esdevé motor d'aprenentatge entre iguals. També el fet de realitzar de manera eficient, dia rere dia, la tasca d'identificar el propi nom en provoca una progressiva automatització del reconeixement.

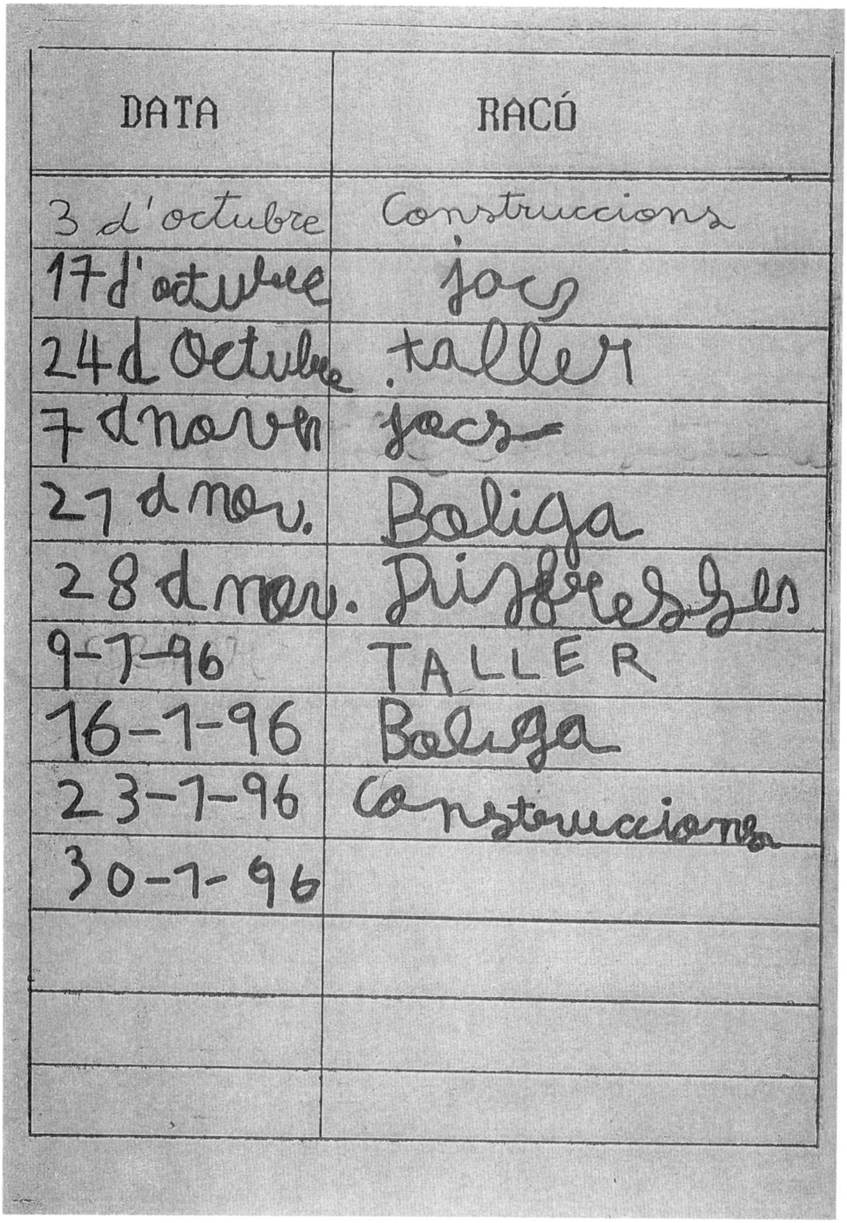

DATA	RACÓ
3 d'octubre	Construccions
17 d'octubre	jocs
24 d Octubre	taller
7 d novem	jocs
27 d nov.	Baliga
28 d nov.	Disfresses
9-1-96	TALLER
16-1-96	Baliga
23-1-96	Construccions
30-1-96	

FIG. 17 CARNET INDIVIDUAL DE CONTROL D'ASSISTÈNCIA ALS RACONS

EL NOM DELS GRUPS: GRUP CLASSE, GRUP TAULA, GRUP TALLER, ETC.

Identificar el grup classe al qual es pertany amb un nom escollit pels mateixos components del grup esdevé un element aglutinador que facilita la bona dinàmica del grup.

A dins del grup classe, per a l'organització dels materials i dels mateixos nens i nenes, és útil identificar cada taula amb un nom. A vegades s'hi atorga un color, però també podem triar un nom entre tots. Igualment per a certes activitats (tallers de plàstica, d'expressió corporal, d'expressió oral, de música, etc.) es fan grups de nens i nenes dins la mateixa classe o interrelacionant diferents classes. Quan aquests grups són per a un llarg període de temps, també pot ser oportú elegir un nom per identificar-los.

En els tres casos descrits es fa necessari proposar noms, triar-ne un i donar-lo a conèixer als altres. Per a cadascuna d'aquestes fases fem ús de la llengua escrita. Per què no convertir, doncs, aquest procés en situacions d'ensenyament i aprenentatge del text escrit?

Un altre signe d'identitat que des de ben petits els nens i nenes coneixen o estaria bé que coneguessin és el nom de l'escola. A més de saber dir oralment el nom de la seva escola, ben aviat el reconeixen en les circulars que el centre envia, al rètol de la porta i a tots els llocs on aparegui imprès (carteres, fulls, samarretes, xandalls...). La identificació del nom de l'escola pot constituir també un punt de referència per a l'ensenyament i aprenentatge de la lectura i l'escriptura.

PROPOSTES D'ACTIVITATS A L'AULA

Exposarem separadament les situacions d'aprenentatge entorn de:

- El nom dels grups de nens i nenes.
- El nom de l'escola.

a) El nom dels grups de nens i nenes

Després d'una conversa per proposar l'elecció d'un nom per a la classe, per a la taula o per a un grup d'un taller, cadascú dibuixa i escriu el nom que li agradaria. Mentre fan el dibuix la mestra o el mestre pot anar passant per conversar i orientar cada alumne individualment. Aquesta orientació, evidentment, versarà sobre molts aspectes (indecisió, resolució del dibuix, problemes d'organització, etc.), però pel que fa al tema que tractem en aquest llibre engrescarem els nens i nenes perquè escriguin el nom que proposen, de la manera que sàpiguen. Serà una bona manera d'aproximar-nos als coneixements de cada nen i nena, en el nivell que sigui, per tal d'intervenir de manera adequada segons la realitat de cadascú.

EXEMPLE 3

La Paula, de 5 anys i 1 mes, està fent el pas de l'etapa sil·làbica a la sil·labicoalfabètica. A partir del que ella sap, la mestra li dóna informació per ajudar a fer un pas més en la descoberta del funcionament del codi fonogràfic.

MESTRA: *Com vols que es digui la classe?*

PAULA: *Mamuts.*

MESTRA: *Molt bé, has fet un dibuix molt bonic, ho saps escriure, també?*

PAULA: *No. No sé com s'escriu.*

MESTRA: *Vols dir que no? Prova-ho!*

PAULA: *Com jo vulgui?*

MESTRA: *Sí, com tu et pensis que s'escriu...*

(La Paula escriu AUT.)

MESTRA: *Caram!, sí que en saps de lletres! Com vols que es digui la classe, mamut o mamutsss?*

PAULA: *Mamuts.*

MESTRA: *Doncs saps què li falta?*

PAULA: *No.*

MESTRA: *Mira, quan volem que n'hi hagi molts, com mamutsss, acabem les paraules amb aquesta lletra.* (Assenyala l'última lletra del cartell de la capsa de les construccions: FUSTES.) *Aquí hi diu fustesss i no fusta. Aquí* (assenyala el cartell de la capsa de les rodes) *rodesss... Vols posar aquesta lletra que sona [s] perquè hi digui mamutsss?*

PAULA: *Sí!* (Ha anat decidida a escriure una "s".)

Els dibuixos amb els escrits de les propostes es pengen en un mural per fer la posada en comú. La mestra pot escriure en unes tires de cartolina grans els noms proposats, per tal de fer-hi referència a l'hora de la votació. D'aquesta manera cadascú pot contrastar amb el model de la mestra el nom que ha escrit en el full, o simplement veure com l'adult escriu els noms que es van proposant per tal de recordar-los.

A l'hora de la votació, tant si es fa a mà alçada com si es fa secreta, es pot anotar al costat de cada nom el nombre de vots (fig. 18). En algunes ocasions la votació secreta pot ajudar a aprofundir en l'escriptura. El fet d'haver d'escriure el que cadascú vol, obliga a escollir el cartell adequat per copiar-lo a la papereta de la votació, cosa que pot generar alguns interrogants i la necessitat de superar-los. A l'hora del recompte, que poden fer els mateixos nens i nenes, també han d'anar llegint per posar en una mateixa pila les paperetes iguals.

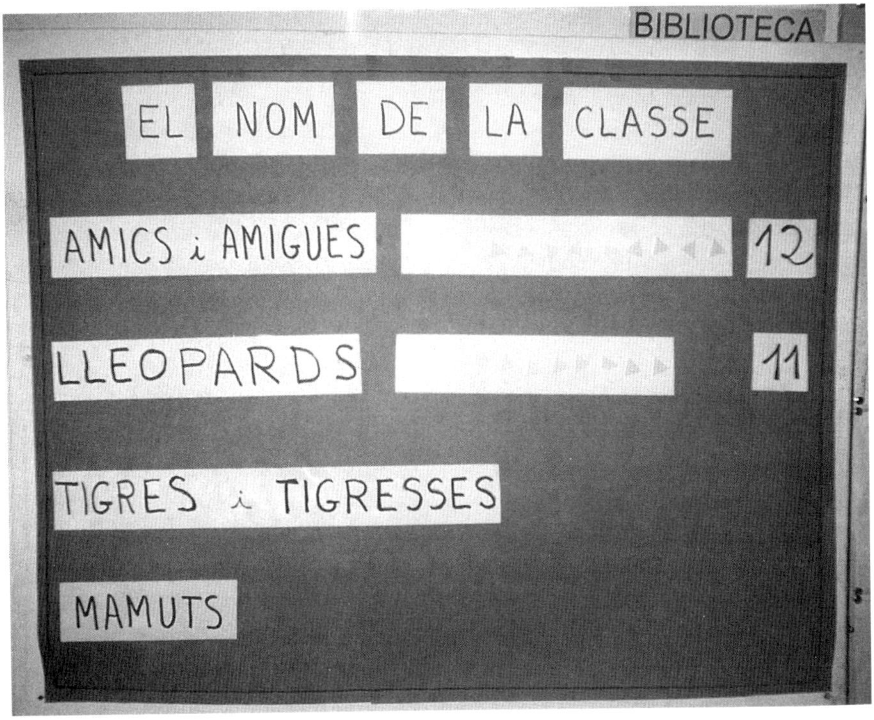

FIG. 18 NECESSITAT DEL TEXT ESCRIT PER RECOLLIR LES PROPOSTES I ELEGIR EL NOM DE LA CLASSE

El nom que ha guanyat convé fer-lo públic, perquè tothom el pugui fer servir. Es poden fer cartells per a la porta de la classe, per a l'entrada de l'escola, una nota per a les famílies si es tracta del nom de la classe, etiquetes per a les taules i els prestatges on s'ordenen els materials per grups si es tracta del nom de les taules, medalles o carnets per als grups de treball, etc. Es tracta d'usar el text escrit per fer pública una notícia. És interessant que els mateixos nens i nenes proposin maneres d'anunciar el nom triat per a la seva classe, per tal que vagin prenent consciència de la funció de l'escrit (fig. 19).

FIG. 19 MURAL PER COMUNICAR ELS NOMS DE LES CLASSES

EXEMPLE 4

MESTRA: *Com podem fer saber a tothom el nom de la classe?*

IGNASI: *El diem a tothom que vingui.*

MESTRA: *I si no hi som quan ve algú, podríem deixar alguna cosa perquè sabessin el nostre nom?*

JOANA: *Fem un dibuix i el posem a la porta.*

MARC: *Sí home, no dibuixem tan bé!*

SAMUEL: *Posem una fotografia.*

MESTRA: *Amb la fotografia ja n'hi hauria prou?*

MARTÍ: *No. Posem-hi les lletres!*

(...)

b) El nom de l'escola

Després d'una conversa sobre el nom de la nostra escola, podem preguntar si també el saben escriure, si l'han vist mai escrit, etc. A partir d'aquí es pot organitzar un treball de recerca a veure a quins llocs és escrit, en podem fer fotos, les podem col·leccionar, etc. i podem aprendre a escriure'l.

Un altre treball relacionat amb el nom de l'escola es realitza a partir de les circulars que es reparteixen amb paper imprès amb el nom. Un dia que se'n reparteixi una, es pot fer una aproximació als seus coneixements sobre el nom de l'escola i sobre el contingut dels fulls que el porten imprès, per anar-hi aprofundint.

Aquesta activitat es pot repetir sempre que es reparteixen fulls d'aquest tipus. Només cal preveure un temps per poder-ne parlar, cosa que no sempre és fàcil, perquè aquests tipus de full s'acostumen a repartir cinc minuts abans de plegar. A més del nom de l'escola és útil que els nens i nenes sàpiguen de què tracta el full (beques de menjador, consell escolar, convocatòries d'actes públics, reunions d'aula, de l'associació de mares i pares, etc.) que porten a les mans per a les seves famílies. D'una banda els interessa, atès que són aspectes que concerneixen a l'escola i a les famílies i per tant també a ells, i d'altra banda van ampliant coneixements sobre el món que els envolta i sobre les coses que s'escriuen.

RETOLACIÓ D'ÀMBITS

L'organització dels espais i materials de l'aula és un aspecte més que ha de resoldre el tutor del curs, juntament amb l'alumnat, per a un funcionament dinàmic de les activitats. L'ordenació racional i estètica dels espais (racons amb llum, col·locació de mobles –tauleta, cadira, prestatges– que limitin els espais, etc.) i dels materials (a l'abast dels nens i nenes, en capses, pots o safates pràctics, etc.) potencien l'autonomia de l'alumnat en la planificació i recerca dels materials per a un treball determinat i al mateix temps permeten que els nens i nenes es moguin per dins l'aula amb tranquil·litat i confiança.

Molt sovint aquesta organització comporta la retolació dels elements següents:

- Els espais que tenen un paper especial dins l'aula i que necessiten el cartell per a esdevenir alguna cosa més que un conjunt format per una prestatgeria, uns objectes, un llumet, una taula i una cadira (per exemple, els racons de biblioteca, música, missatges, botiga, gasolinera, perruqueria, restaurant...).
- Les capses del material: retoladors, llapis, maquinetes, tisores, retalls de cartolina, llanes, pelfes, punxons, etc; construccions: fustes, rodes, pals, "mecano", "Tente", "Lego", etc.; jocs: cartes, fitxes i daus, ninots, puzles, etc.

Aquesta retolació necessària per al bon funcionament de l'aula pot adquirir, també, un relleu considerable des del punt de vista de l'ensenyament-aprenentatge inicial de la lectura i l'escriptura.

PROPOSTES D'ACTIVITATS A L'AULA

a) Retolació d'espais

Per a la retolació dels espais és útil pensar en un tipus de rètols que es puguin despenjar i penjar amb una certa facilitat ("velcro" adhesiu, "fix-toc", clauets, etc.). D'aquesta manera els podrem canviar sempre que vulguem i propiciarem que els nens i nenes participin en la col·locació dels cartells.

La participació de l'alumnat, l'hem de considerar tant en el moment de retolar els espais com en el moment d'usar-los.

Descrivim a continuació dues situacions possibles del moment de la retolació que podem provocar per a l'ensenyament i aprenentatge de la lectura i l'escriptura. Cap de les dues no és millor que l'altra, ni una és més adequada per a una edat determinada que l'altra, sinó que en una es potencia el llegir i en l'altre l'escriure. Totes dues propostes són adequades per a nens i nenes de 4, 5, 6 i 7 anys. L'únic que variarà serà la rapidesa, el tipus d'aprenentatge i el grau d'autonomia en la realització.

- L'alumnat, a mesura que va coneixent la distribució dels espais de l'aula, reparteix els cartells pels diferents àmbits de la classe. En aquest cas els cartells els ha fet la mestra (estèticament bonics, lletra clara, plastificats...), i la tasca dels alumnes consisteix a decidir quin cartell correspon a cada espai. D'acord amb l'evolució dels coneixements sobre el text escrit, aquest treball es farà amb més o menys rapidesa i autonomia, però en qualsevol cas trobem interessant que es faci en grups de dos, de manera que potenciï la comunicació entre ells sobre el que diu el cartell i sobre la seva col·locació. D'aquesta manera afavorirem la posada en comú de les estratègies de lectura.

- Els escolars, també en grups de dos, escriuen en un full i de la manera que sàpiguen, fent com un esborrany, el nom pactat per a cada espai. Després es posa en comú i els nens i nenes dicten a la mestra el nom de cada espai, acordant i buscant entre tots com s'escriu cada paraula. Després, els mateixos alumnes elaboren el cartell que serà penjat al racó, posant atenció en les lletres necessàries, la cal·ligrafia, la distribució, l'estètica, etc.

El cartell penjat adequadament en cada espai ajuda a donar forma i a consolidar les funcions que s'han assignat per a aquell racó determinat. Permet, per tant, a qualsevol persona de dins de l'aula o de fora, referir-s'hi sempre que calgui. Tot usant-lo podem provocar situacions d'ensenyament i aprenentatge de la llengua escrita.

- En el moment que l'alumnat ha de fer ús dels espais retolats, la mestra s'hi pot referir de diferents maneres:

- Assenyalant el rètol en el mateix moment que el llegeix (per exemple, "*Qui vol anar al racó de biblioteca?, qui vol anar al racó de pintura?*"...),
- Fent intervenir els alumnes (per exemple, "*Qui vol anar...?*" –assenyala un cartell i els alumnes han de dir-ne el nom).
- Escrivint el nom del racó a la pissarra per tal que l'alumnat l'identifiqui, ja sigui buscant les semblances amb els rètols dels espais que coneixen, ja sigui per les pistes que dóna la correspondència grafofònica.

- En el moment del control d'assistència al racó, els escolars han d'identificar-ne el nom d'alguna manera:

  - Posant un gomet o un senyal al costat del seu nom propi, però en una llista o dins una columna que tingui el mateix títol que el nom del racó. Es fa del tot imprescindible, doncs, comprovar el nom del racó cada vegada que cal controlar l'assistència.
  - Escrivint el nom del racó al qual assisteix cadascú a la seva fitxa o carnet de control dels racons. El fet d'estar escrit en un rètol visible i de manera ben clara pot servir per consultar-ne l'escriptura.

- Quan l'activitat del racó comporta la realització d'algun full que es vol guardar, és útil que el nom del racó consti en el full per saber on s'ha realitzat:

  - Escriure el nom del racó en el full. Ho fa la mestra davant dels infants o bé els infants mateixos.
  - Llegir el nom del racó imprès en el full. Per exemple, escollir el full per treballar d'entre diferents plecs de fulls, que es diferencien pel nom del racó que porten imprès.

- En ocasió d'alguna festa, com pot ser el carnaval, i lúdicament, algun element màgic –follet, missatgers del Carnestoltes, bruixes...– pot fer-nos una broma a la nit i desordenar tots els rètols de la classe. L'endemà caldrà seguir el joc per descobrir què ha passat i amb tota la gràcia i l'humor que tenen les bromes tornar a col·locar bé els cartells entre tots.

Finalment, atès que són cartells ben visibles a la classe i coneguts pels nens i nenes, cal tenir en compte que formen part dels referents que ells mateixos utilitzen a l'hora de buscar com s'escriu alguna paraula o alguna lletra. Molt sovint la mestra també s'hi refereix per acompanyar els seus alumnes en la recerca d'autonomia per llegir i escriure.

b) Retolació de les capses de materials

Quan volem convertir l'ús de les retolacions en situacions d'ensenyament-aprenentatge és útil pensar, pel que fa a l'organització del material, en un tipus de capses, pots o calaixos que siguin iguals per fora. D'aquesta manera es fa més evident la necessitat d'ús dels rètols per guardar, i després trobar, cada cosa. A partir d'aquí, cada vegada que fem ús dels materials, farem servir també el text escrit de manera real. Primer per identificar el lloc on es troben i després, per saber on es guarden (fig. 20).

FIG. 20 LLEGIR PER ENDREÇAR ELS MATERIALS

PENSANT EN VEU ALTA:
Quina és la funció dels cartells penjats a classe?

Algunes vegades hem vist a les aules els rètols "pissarra" o "porta" o "finestra", etc. al costat de la pissarra, la porta o la finestra, per tal que els nens i nenes vegin com s'escriuen les paraules que representen els objectes sobre els quals està enganxat el cartell corresponent. Aquesta retolació sempre m'havia semblat útil per allò que els nens i nenes creuen que als cartells hi diu el nom de la cosa que els conté i per tant la correspondència entre el rètol i el seu significat es fa més inequívoca.

Tot i així aquest tipus de rètols no existeixen enlloc més de la societat en què vivim i viuen els nens i nenes. De vegades tenia la sensació que oferia als infants una cosa avorrida, perquè ells ja sabien que allò era una finestra, o una porta... Ara bé, observant l'entorn alfabetitzat ens adonem aviat que els rètols de l'interior dels espais tenen la funció d'aclarir o d'identificar el lloc on un es troba.

Així, per exemple, al supermercat trobem cartells que indiquen: fruita i verdura, xarcuteria, productes de neteja, etc.; a l'hospital: nurseria, urgències, sala d'operacions, etc.; al teatre: taquilles, platea, amfiteatre, etc. En canvi, la retolació de *pissarra*, *finestra* i *porta* dins l'aula té únicament i exclusivament una finalitat didàctica, la qual cosa no lliga amb la perspectiva d'aprendre a llegir i escriure a partir de situacions reals. Cada vegada es fa més evident la necessitat de canviar aquella retolació inicial. D'aquesta necessitat ha sorgit la reflexió sobre la retolació dels espais de la classe que pretén anar més lluny dels raonaments estrictament didàctics i posa l'accent a oferir als nens i nenes una situació de lectura que té una funció real dins l'àmbit de l'aula.

El bo del cas és que de sempre havia tingut els rètols pertinents en els espais de la classe, però sense adonar-me'n ho havia convertit en un aspecte per als adults: per a mi mateixa i per als mestres i pares i mares que entraven a l'aula. Ha estat a partir de la reflexió de per què serveix llegir i escriure i de l'entusiasme que he trobat en l'alumnat a l'hora de participar en aquestes tasques que s'ha anat configurant la proposta de convertir les retolacions en situacions d'ensenyament i aprenentatge de la llengua escrita.

ORGANITZACIÓ DE TASQUES I RESPONSABILITATS

Sota aquest apartat incloem tots aquells tipus de llistes, pòsters o murals que serveixen per recordar les responsabilitats que ha contret cada escolar com a resultat de la seva participació en el funcionament del grup classe.

Per una banda hi ha les responsabilitats d'ordre general, conegudes molt sovint amb el nom de càrrecs, que s'acostumen a distribuir de manera rotativa entre els alumnes (regar les plantes, repartir els fulls, repartir els llapis, treure la pols, canviar la tovallola, observar el temps i enregistrar-lo al calendari, posar la data a la pissarra, fer encàrrecs, etc.).

Per l'altra, hi ha aquelles responsabilitats puntuals que sorgeixen d'un estil determinat de funcionament de la classe. Per exemple, quan es duu a terme una recepta de cuina i cada nen ha de portar un dels ingredients; o quan espontàniament algú diu que a casa té un llibre, una lupa, un animal, etc. i que el pot portar per ampliar el tema que s'està tractant; o quan es distribueixen una sèrie de preguntes per fer als adults, etc.

Tant en les responsabilitats generals com en les puntuals convé anotar qui és el responsable de cada tasca per poder-lo recordar quan calgui. Si aquesta anotació es fa de forma visible pot servir tant a qui ha contret la reponsabilitat per recordar-se de la tasca que ha de complir, com a la col·lectivitat per demanar-n'hi comptes.

Per a aquest tipus d'organització esdevé necessari llegir els noms dels nens i nenes, fent-los correspondre amb el nom d'una tasca prèviament pactada i per tant compartida per tots. Per què no convertir, doncs, aquesta activitat en què s'usa la llengua escrita en una situació d'ensenyament i aprenentatge?

a) Elaboració d'un mural

Qualsevol tipus de llista o pòster, sempre que sigui clar i entenedor per als nens i nenes que l'han d'utilitzar, és vàlid per a anotar els responsables de cada tasca acordada.

Per a les responsabilitats d'ordre general és útil un tipus de cartell en què la llista de responsabilitats sigui fixa, i els noms dels nens i nenes mòbils. La seva realització admet múltiples possibilitats, des d'un mural amb els noms i dibuixos de les tasques i un espai per als noms dels nens i nenes responsables enganxats amb "fix-toc", "velcro", clauets o pestanyes (fig. 21), fins a un mural tipus rellotge en el qual en el lloc de les hores hi ha les tasques i a les agulles, que poden rodar, el nom de cada nen o nena responsable de la tasca que assenyala. Aquests tipus de mural acostumen a requerir la intervenció i el guiatge de la mestra i un cert temps per a la seva elaboració, però pot compensar el fet que serveixen per a tot el curs, són molt clars i una vegada realitzats els nens i nenes poden utilitzar-los sols.

En canvi, per a les responsabilitats puntuals és suficient un full amb el títol de la tasca i el nom dels responsables a sota, la qual cosa permet una elaboració autònoma per part dels nens i nenes.

En tots dos casos el més interessant per convertir aquest ús de la llengua escrita en una situació del seu ensenyament i aprenentatge és la participació de l'alumnat tant en l'elaboració del mural com en el seu ús.

Per a l'elaboració del mural l'alumnat, juntament amb la mestra, ha de posar-se d'acord en les tasques que cal realitzar, cosa que no tractarem aquí, però que és essencial perquè utilitzarem l'escriptura per recordar una tasca compartida per tots. Cal buscar un nom que s'adeqüi a la tasca proposada, activitat que implica un esforç de resum i d'elaboració del missatge escrit. Després cal transcriure, entre tots, els mots acordats, segons el codi alfabètic. Per altra banda també cal elaborar els cartellets amb el nom de cadascú, o, simplement, escriure directament el nom propi, practicant així de manera funcional l'escriptura del nom. Finalment, cal revisar el cartell perquè tothom l'entengui i el pugui fer servir.

b) Ús del mural

Per a l'ús del mural convé tenir present els diferents moments: l'atribució, el record i l'avaluació de responsabilitats.

FIG. 21 —*QUI ÉS L'ENCARREGAT DELS RETOLADORS?*
—*SORT QUE PODEM ESCRIURE PER RECORDAR-HO BÉ!*

El primer ús s'esdevé en el moment de l'*atribució*. Una vegada assignada la responsabilitat a un alumne, ell mateix ha de fer correspondre el seu nom amb el de la responsabilitat assignada. Al començament necessitarà l'ajut dels companys i de la mestra, cosa que permetrà que tot l'alumnat vagi reconeixent els títols de les tasques. Més endavant, cadascú al seu ritme i amb l'acompanyament de la mestra, s'anirà adquirint autonomia en aquest ús.

Col·locar el nom propi a sota del rètol de cada tasca és l'acte formal d'adquisició de la responsabilitat. És una de les funcions de la lletra escrita en la societat alfabetitzada que forma part de l'aprenentatge de la llengua escrita.

El segon ús és el *record* de qui ha de fer cada tasca a fi de desenvolupar les responsabilitats acordades per al bon funcionament del grup. Aquest ús és el més freqüent a la classe. Sovint sorgeix la necessitat de repartir els fulls o els llapis, etc. Unes vegades la mestra pot fer ús del mural de manera visible i comentar en veu alta què fa per recordar qui és l'encarregat dels llapis, per exemple, fent ben bé el paper de model. D'altres, pot demanar a un nen o nena que miri al mural qui és l'encarregat dels llapis per poder-lo avisar.

Aquests usos, a més d'ajudar a descobrir una de les funcions del text escrit, van desenvolupant les estratègies per a la interpretació del codi, amb una avaluació constant de la seva comprensió per part dels companys.

EXEMPLE 5

MESTRA: *Pots mirar qui és l'encarregat dels llapis i avisar-lo perquè els reparteixi?*

SARA (es dirigeix al mural i després de mirar-se'l avisa el Jan perquè reparteixi els llapis): *Diu la Montserrat que reparteixis els llapis.*

JAN: *Però jo no sóc l'encarregat dels llapis!*

SARA: *Qui és?*

JAN: *Mira-ho allà!*

ANNA (ha seguit la conversa i hi intervé): *És el Joan!*

SARA: *Diu la Montserrat* (dirigint-se al Joan) *que reparteixis els llapis.*

MESTRA: *Has pogut trobar qui és l'encarregat dels llapis?*

SARA: *Sí, el Joan!*

MESTRA: *I com ho has fet per saber-ho?*

SARA: *M'ho ha dit l'Anna.*

MESTRA: *I l'Anna com ho sap?*

SARA (no respon res).

MESTRA: *Per què no li ho preguntes?*

(Al cap d'una estona l'Anna i la Sara estan parlant davant del mural.)

MESTRA: *Què havia passat?*

SARA: *Havia mirat aquí.* (Assenyala el rètol dels fulls en lloc del dels llapis.)

MESTRA: *Ah! I ara ja saps on diu llapis?*

SARA: *Sí, aquí.*

El mural també serveix de punt de referència quan un infant no recorda quina és la seva responsabilitat, fent evident la funció mnemònica del text escrit. A l'exemple següent veurem com l'infant després de crear-li la necessitat de saber quina responsabilitat té fa la pregunta "*què hi diu aquí?*" La mestra acompanya el Joan en la descoberta del que pot dir un nom combinant estratègies de decodificació (pronunciant els sons de les primeres grafies) i estratègies de comprensió (fent prediccions i comprovant-les).

EXEMPLE 6

MESTRA: *Joan, tu de què ets responsable aquest mes?*
JOAN (mira al seu voltant i arronsa les espatlles).
MESTRA: *No recordes on vas posar el teu nom el dia que vam canviar els càrrecs?*
JOAN: *No!*
MESTRA: *Saps com ho podem fer per saber-ho?*
JOAN: *Sí, allà.* (Ens desplacem davant del cartell.)
MESTRA: *Ho saps trobar?*
JOAN (va mirant... Al cap d'una bona estona diu): *Aquí hi ha el meu nom!*
MESTRA: *Molt bé!, i ara com pots saber quin és el teu càrrec?*
JOAN (assenyala el rètol que hi ha sobre del seu nom, on diu "plantes", i amb cara d'haver descobert un secret diu): *Què hi diu, aquí?*
MESTRA: *Mira, comença per aquesta lletra que sona [p]. Saps algun càrrec que comenci per [p]?*
JOAN: *Pissarra!*
MESTRA: *D'acord, mirem si hi diu pissarra. Després de la lletra que sona [p] hi hauria d'haver la que sona [i] per dir pi...ssarra. És la lletra que sona i aquesta?*
JOAN: *No!*
MESTRA: *No, oi? Doncs no hi diu pi...ssarra. Va, pensa un altre càrrec que comenci pel so [p].*
JOAN: *Com sona aquesta?* (Assenyala la lletra "l" de la paraula plantes.)
MESTRA: *[l...], diu [pl...].*
JOAN: *Plantes!*
MESTRA: *Comprovem-ho. [pl...a...n...t...e...s...]. Té la que sona a..., la que sona n... , plan..., plan..., només pot ser plantes! Molt bé!, plantes! Doncs va, ja pots fer el teu càrrec!*

El tercer ús és el de l'*avaluació*, revisar com s'han desenvolupat les responsabilitats per tal de millorar-ne el funcionament. El cartell on hi ha anotades les tasques i els noms dels responsables facilita poder-ne parlar de manera ordenada, sense descuidar-se ningú, tasca per tasca, per veure com ha anat, com es pot millorar i per renovar els encarregats. Aquesta activitat, si es fa amb els nens i nenes reunits al voltant del cartell al qual es va fent referència de manera explícita, permet experimentar directament l'ús de la llengua escrita per resoldre qüestions de funcionament del grup.

EL CALENDARI I LA DATA

Els dies, les setmanes, els mesos, les estacions, els cursos, els anys, són diferents mesures de temps que permeten estructurar-lo; però totes elles resulten força difícils d'assimilar. El calendari com a representació gràfica dels dies, ordenats per setmanes i mesos, és un bon ajut per a la comprensió de la mesura del temps.

Per això, a les classes, l'ús del calendari per organitzar activitats, assenyalar els aniversaris i les festes, enregistrar el temps que fa, etc. i la concreció de la data és essencial. Facilita la comprensió del pas del temps i ajuda a concretar la planificació de les activitats.

Per altra banda, saber el dia que és esdevé fonamental per poder desenvolupar les activitats apropiades per a aquell dia, és a dir, per poder viure en societat. Saber si és dia de treball o de festa, si toca esports o no, la programació dels diferents canals de la televisió o concretar un dia per trobar-se amb algú està supeditat a un bon domini de la data.

Per usar el calendari i concretar la data es fa imprescindible l'ús del text escrit; per què, doncs, no convertim aquests moments en situacions d'ensenyament i aprenentatge de la llengua escrita?

PROPOSTES D'ACTIVITATS A L'AULA

a) El calendari

És molt útil fer servir un calendari en què cada full sigui un mes i cada dia tingui una casella per fer-hi anotacions. Hi ha de constar de manera clara el nom del mes, el dels dies de la setmana i els números. Convé, també, que sigui suficientment gran perquè en un moment determinat pugui ser vist alhora per tot el grup de la classe.

El calendari, penjat en algun mural de la classe, ha de ser a l'abast dels nens i nenes, ja que moltes vegades ells mateixos de manera espontània el miren i assenyalen el dia de l'aniversari o compten els dies que falten per a una festa, etc. Però, a més, a partir de converses espontànies es pot fer ús del calendari en diferents moments de la vida de la classe (fig. 22).

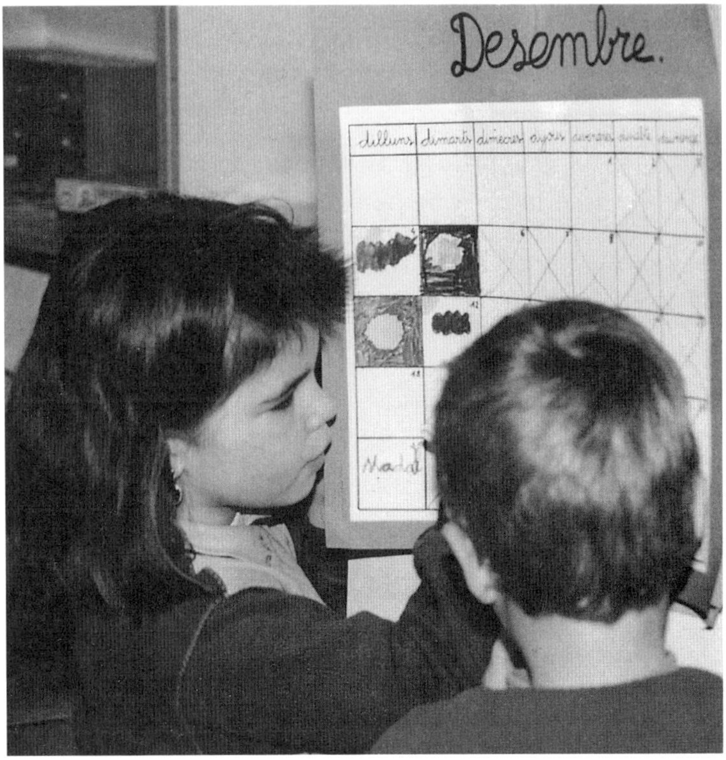

FIG. 22 EL CALENDARI PERMET VISUALITZAR L'ORGANITZACIÓ DEL TEMPS I COMPARTIR *QUANTS DIES FALTEN* PER ALS GRANS ESDEVENIMENTS: FESTES, ANIVERSARIS, EXCURSIONS, VACANCES, ETC.

– Al començament del mes. Cada vegada que canviem el full podem conversar col·lectivament a l'entorn dels següents eixos:

  - Nom del mes.
  - Quantes setmanes té i quants dies.
  - Estació de l'any, característiques.
  - Dies d'escola i dies de festa.
  - Aniversaris que se celebren durant el mes.
  - Festes i activitats especials.
  - Recordatoris sobre reponsabilitats concretes: dies que cal portar la bossa de piscina, el tovalló, la bata, etc.

Cada aspecte que es parla es pot anar marcant al calendari per tal de recordar-lo. Aquestes anotacions, les podem fer a partir de símbols (per exemple, un pastís amb les espelmes corresponents per als aniversaris, una motxilla per a les excursions...), sovint acompanyats de paraules per precisar l'aspecte que s'assenyala (per exemple, a sota el pastís hi posem el nom del nen o nena que fa l'aniversari, al costat de la motxilla el nom del lloc de l'excursió, etc.).

És interesssant que la realització d'aquestes marques sobre el calendari es faci amb la participació del nens i nenes. Ells mateixos es poden dibuixar o pintar el pastís, posar el seu nom, o qualsevol altre símbol que s'acordi, perquè, encara que potser no quedarà tan bé, ho sentiran més seu i el fet d'haver-se de posar en acció amplia sempre les possibilitats d'aprenentatge. D'entrada, el nen o nena que ha de plasmar allò que s'ha acordat s'ha de plantejar què escriu i on. La mestra hauria de facilitar el compartir entre tots aquests dubtes i donar pistes per a la recerca de solucions adequades a cada nivell.

- Al començament de setmana. Va bé recordar breument les anotacions fetes al calendari per a la setmana que comença. Serà el moment de recordar el que havíem posat i farem palesa la utilitat de tenir unes marques gràfiques, algunes d'elles lletres, per interpretar correctament el que havíem assenyalat.

En els primers temps és interessant que la mestra reforci verbalment allò que es dóna implícit: el contingut del missatge l'interpretem a través de les marques gràfiques. A mesura que s'avança en l'alfabetització els nens i nenes seran més autònoms en aquesta interpretació i es podrà anar aprofundint en les estratègies que fan servir per llegir.

EXEMPLE 7

A la classe de 5 anys, al mes de novembre, la mestra ajuda a fer adonar de la funció mnemònica de l'escrit, en una conversa en grup petit entorn del calendari de la classe.

MESTRA: *A veure quines coses passen aquesta setmana? Mirem què posa el calendari.*

ÈLIA: *Aquesta és la meva festa!*

MESTRA: *Ah sí, hi ha el teu pastís, oi? I com ho saps que és el teu?*

ÈLIA: *Perquè el vaig dibuixar jo.*

MESTRA: *I tu?* (Assenyala un altre nen.) *Com ho pots saber, que és de l'Èlia?*

JOSÉ (no diu res).

MESTRA: *Sabeu com ho sé jo?*

JOFRE: *Per les lletres!*

MESTRA: *Exacte!, pel pastís sé que és l'aniversari d'algú i per les lletres sé que és del...*

- Cada dia al matí. Els encarregats del calendari, que van canviant de manera rotativa, hi busquen el dia que és i hi posen un senyal. Com que els responsables del calendari s'encarreguen també d'observar el temps, el senyal que posen és una anotació a la casella corresponent del temps que fa, mitjançant dibuixos i/o lletres. Aquests encarregats poden també consultar al diari la pàgina del temps. Quan la troben l'acostumen a retallar i enganxar al costat del calendari, interpreten la llegenda i subratllen amb retolador Barcelona (fig. 23). Després expliquen a tota la classe el temps que fa i prediuen el temps que farà durant el dia.

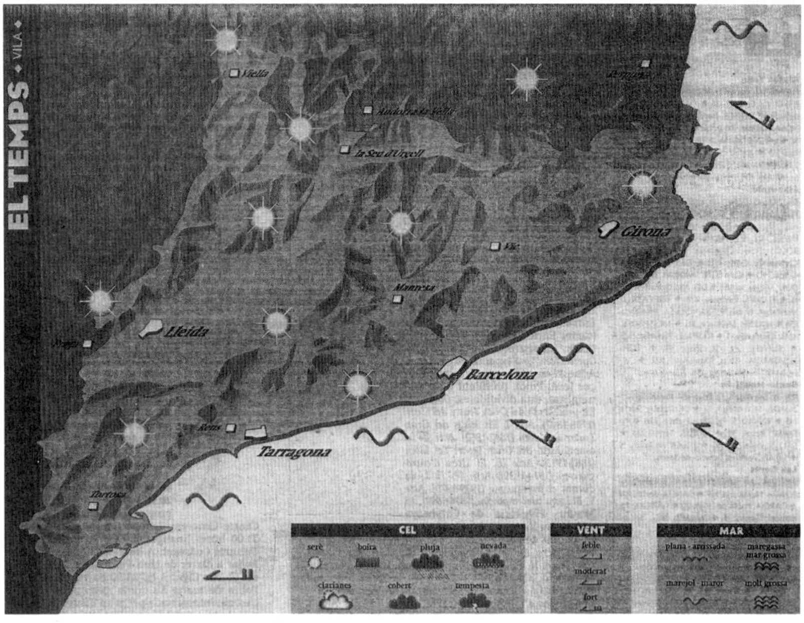

FIG. 23 ÚS DEL DIARI PER PRONOSTICAR EL TEMPS. INTERPRETACIÓ DE LA LLEGENDA

- Esporàdicament. És un bon referent per a consultar relacions entre sons i grafies i algunes dificultats ortogràfiques. Aspectes molt bàsics de la normativa es poden reflexionar a partir del dies de la setmana i dels mesos de l'any.

  - A vegades hi ha lletres que no sonen, mudes (dimar**ts**, gene**r**, febre**r**).
  - Els finals amb -es (dimecr**es**, divendr**es**).
  - La b i la v són dues lletres que representen un mateix so: di**v**endres, no**v**em**b**re.
  - Les síl·labes amb "br" s'escriuen amb b: octu**b**re, novem**b**re, desem**b**re.
  - Grafies especials: mar**ç**, ju**ny**.
  - (...)

b) La data

A partir de la classe de 4 anys, escriure la data a la pissarra és un dels rituals que es pot incorporar al matí, després de l'entrada, es pot esbrinar quin dia de la setmana és, compartir les efemèrides del dia i anunciar les activitats de la jornada. Aquesta activitat es complementa amb la del calendari que acabem d'explicar. Immediatament després es pot escriure la data a la pissarra, perquè en quedi constància i serveixi de punt de re-ferència.
L'escriptura de la data a la pissarra permet diferents realitzacions:

- A vegades la mestra escriu i verbalitza tot el que fa, actuant de model.

EXEMPLE NÚM. 8

> A la classe de 5 anys, al mes d'octubre, la mestra ha anunciat que escriurà la data a la pissarra. Quan està segura que tothom ha adoptat una posició òptima per a l'observació comença explicant què farà.
>
> MESTRA: *Vaig a escriure la data a la pissarra de manera que tots pugueu veure bé com ho fem els que sabem escriure. Primer de tot haig de pensar què és el que vull escriure. Em pots a ajudar, Marc? Em dius què haig d'escriure per posar la data?*
> MARC: *Divendres.* (Pausa.)

MESTRA: *Què més?*

ELSA: *Tres.*

MARC: *No, avui és 4.*

MESTRA: *Els encarregats del calendari ens ho podeu dir?*

JOANA: *És 3.*

MESTRA: *Doncs va, divendres 3 . I ja està o alguna cosa més?*

ELSA: *El nom del full del calendari.*

MESTRA: *Com es diu?*

JOANA: *Octubre!*

MESTRA: *Així que posaré, divendres, 3 d'octubre. D'acord? Ara que ja sé exactament què vull escriure, miro on ho posaré. Aquí* (assenyala l'extrem superior de la pissarra), *perquè tothom ho vegi. M'hi cabrà?* (Calcula l'espai amb les mans mentre va dient l'enunciat. Comença a escriure sense tapar el moviment de la mà, i amb la cara de perfil va dient en veu alta els sons corresponents a les lletres que va escrivint d... i... v..., etc. A mitja paraula es para, rellegeix el tros escrit i continua.) *Ara que ja està tot escrit ho rellegeixo per veure si està tot bé. S'entén? A veure, divendres 3 d'octubre. Octubre està ben escrit? No m'he deixat cap lletra? A veure si està com al calendari? Bé.* (S'ho mira una mica de lluny per veure la perspectiva general.) *Bé, em sembla que ja està. Ui!, no, falta la coma després de divendres? Sort que ho he repassat! Què us sembla?*

FIG. 24 APRENENT A ESCRIURE LA DATA A LA PISSARRA

- Més endavant, el mestre pot anar compartint aquesta escriptura amb els alumnes, fent-los intervenir o bé fent que escriguin ells mateixos alguna part o tota la data (fig. 24), o bé proposant que li dictin les lletres que ha d'escriure. En tot aquest procés és interessant seguir de prop els descobriments que fan els alumnes, com també anar introduint els punts de referència, en aquest cas el calendari, per poder consultar l'escriptura.

EXEMPLE 9

La Diana, de 5 anys i 5 mesos, era l'encarregada d'esborrar la pissarra. Fins aleshores sempre havia estat la mestra qui havia escrit la data a la pissarra. Al començament de novembre va descobrir la repetició de la primera síl·laba en els diferents dies de la setmana. Va ser un bon moment perquè la mestra la convidés a fer un pas més, escriure ella mateixa la data a la pissarra.

DIANA: *Montserrat, no he esborrat "di" perquè com que tots els dies comencen per "di" no tinguis tanta feina.*

MESTRA: *Molt bé! Gràcies! Has descobert una cosa molt important. Saps algun altre nom que també comenci per "di"?*

DIANA (riu, desconcertada).

MESTRA: *Un nom d'una nena de la classe molt eixerida, pensa, pensa...*

DIANA: *Ah! Diana!*

MESTRA: *Escolta Diana, què et sembla si tu mateixa poses la data a la pissarra. Ho vols provar?*

DIANA (no hi cap de contenta): *D'acord! M'enfilo a una cadira?*

MESTRA: *Sí.*

DIANA (després de preparar la cadira torna cap a la mestra): *Quin dia és avui?*

MESTRA: *A veure, avui la Diana escriurà la data a la pissarra i entre tots l'ajudarem. Quin dia és avui?*

MARC: *Dijous!*

MESTRA: *Hi estàs d'acord, Eduard?*

EDUARD: *No, és dimecres!*

MESTRA: *Com ho podem saber si és dijous o és dimecres?*

GUILLE: *La meva mare m'ho ha dit, és dijous.*

MESTRA: *Com més ho podríem saber?*

IRENE: *Perquè avui vaig a música.*

MIQUEL (Mira el calendari.)

MESTRA: *El calendari ens diu moltes coses dels dies. A veure, Miquel, si trobes quin dia és al calendari.*

MIQUEL (Assenyala amb el dit la casella corresponent al dia, ja que abans els encarregats del calendari ja hi havien fet el senyal).

MESTRA: *D'acord, està a la columna dels dijous. Doncs, a la data posarem dijous, i quin número, Miquel?*

MIQUEL: *El 9.*

MESTRA: *I de quin mes?*

MARC: *De novembre.*

MESTRA: *On diu el nom del mes, Miquel, ens ho ensenyes?*

MIQUEL (Mostra amb seguretat el rètol del mes.)

MESTRA: *Diana, ja saps ara què has d'escriure per posar la data?*

DIANA: *Dijous, 9 de novembre.* (Es disposa a escriure, ja té "DI".) *Com es fa la JO?*

MESTRA: *Ho pots mirar al calendari, Miquel, i anar-li dient les lletres?*

MIQUEL: *La [d], la [i], ...la primera de Joan.*

DIANA: *Ah!, ja sé la o i la u...* (Les va escrivint.)

MESTRA: *Te'n falta una. Aquí hi diu dijou i ha de dir dijousssss.*

SERGI: *La meva!*

DIANA (Posa la lletra s i continua): *Ara poso 9, DE i el nom d'allà al calendari.* (Va mirant les lletres i va escrivint novembre.)

MESTRA: *Molt bé! Ara, quan està, sempre cal repassar-ho per veure si està tot bé, si s'entén... A veure què es pot arreglar!*

MARIA: *Les lletres li han quedat tortes.*

DIANA: *És que costa molt d'escriure a la pissarra.*

MESTRA: *Sí, de mica en mica ja anirà sortint millor. A veure, llegim la data tots junts: DIJOUS, 9 DE NOVEMBRE. Està bé. Algú més voldrà provar d'escriure la data a la pissarra demà i els altres dies?*

(Hi ha tot de veus i de mans alçades!)

- Una altra manera de posar la data a la pissarra és penjant els cartells, ja elaborats, corresponents al dia. Per a aquesta activitat cal tenir en una capsa uns rètols amb tots els dies de la setmana, en una altra tots els números i en una altra tots els mesos de l'any. L'alumne ha de triar els cartells corresponents a la data que vol posar. Pot fer servir el calendari com a punt de referència.

Com s'ha pogut observar, les propostes d'abans feien referència a l'escriptura de la data i aquesta fa referència a la lectura. Convé tenir clar que si bé totes dues responen a un ús real del text escrit, cada una d'elles desvetlla processos diferents i ambdós interessants per als infants que les utilitzen.

PENSANT EN VEU ALTA:

Quin sentit pot tenir posar la data a la pissarra?

L'escriptura de la data a la pissarra és un aspecte que sempre m'ha fet donar mil voltes. Per quina raó a la majoria d'aules de Primària i parvulari no tant, dia rere dia el mestre es preocupa de posar la data a la pissarra? D'on sorgeix aquesta necessitat, si moltes vegades després no s'hi fa cap referència ni serveix per a res més?

Penso que a vegades actuem per rutina i allò que en un principi havia tingut un valor fonamental acaba convertint-se en un costum que ha perdut la seva essència. No crec que aquest sigui el cas de la data, però. Per això és convenient reformular de tant en tant el significat de les diferents pràctiques a l'aula.

Podríem dir que posar la data a la pissarra serveix perquè tots els components del grup sàpiguen quin dia és, cosa que ajuda a estructurar el temps i, per tant, poder funcionar més bé. Si realment aquesta és la raó no cal que escrivim més la data a la pissarra perquè per estructurar el temps i saber el dia que és, és molt més útil un bon calendari, gran si convé, ja que permet veure gràficament el dia dins la setmana i dins el mes.

Per això crec que la funció principal del costum generalitzat d'escriure la data a la pissarra no és estructurar el temps, sinó que els alumnes la puguin copiar correctament en els fulls de treball. La qual cosa fa pensar que el fet d'interpretar el calendari per saber quin dia és, o bé la seva escriptura, o bé totes dues coses, és difícil perquè és una pràctica d'escriptura que fins a ben grans es fa amb model.

A partir d'aquí podríem considerar dos aspectes:

- És necessari que a tots els fulls de treball hi consti la data?

Ben segur que la resposta és no. Posar la data a tots els fulls per sistema podria servir per controlar la quantitat de treball que es fa cada dia, però això és gairebé impossible i en el fons poc interessant. Porta a l'absurd de posar en un mateix treball que ocupi dos fulls dues vegades la data. Implica, també, valorar més la quantitat que la qualitat i no comptabilitzar tots aquells treballs dels quals no queda constància en cap full.

Crec que la qüestió de fons és analitzar quin significat té posar la data, per decidir en quins fulls val la pena fer-la constar i en quins no. A mesura que hem buscat que les activitats proposades a classe siguin funcionals, hem trobat de seguida quan convé posar la data i quan no. Així, per exemple, a les cartes, a les notícies, a les comandes de material, es fa imprescindible posar-hi la data, mentre que als fulls que fem per elaborar un llibre sobre una excursió, o un dossier sobre els lleopards, no cal posar la data a cada full, sinó que és suficient que hi consti en un lloc adient del dossier. Anant més enllà, el més interessant és compartir amb l'alumnat els criteris de posar o no la data als fulls que es van realitzant, per tal d'anar adquirint autonomia en la realització dels treballs i no oblidar qüestions, com la data, que en determinats missatges són imprescindibles per a la comprensió global del text.

• Per escriure la data en un full, és necessari que aquesta estigui prèviament escrita a la pissarra per copiar-la?

És evident que no és necessari, perquè com escriuran la data aquests alumnes quan treballin en un espai fora de l'aula? Més aviat és una qüestió de comoditat: es copia la data al full de manera automàtica, sense posar-hi gaire atenció. No seria convenient també la pràctica de la recerca personal de la data al calendari, i formular-ne l'escriptura? I, també, no podríem formular entre tots la data, perquè ningú no s'equivoqui de dia i després escriure-la cadascú al seu full?

Aquesta reflexió aclareix la funció que pot acomplir l'escriptura de la data a la pissarra: aprendre a escriure-la. I, doncs, mentre s'aprèn és útil practicar-ho, compartir les estratègies que fem servir uns i altres, reflexionar-hi, copiar-la alguna vegada i anar construint el concepte de data. La pissarra ofereix possibilitats per fer-hi tota aquesta feina: s'escriu i es rectifica amb facilitat, ho poden veure molts nens i nenes alhora i concentra l'atenció. Ara bé, potser no cal que tot el dia presideixi la pissarra, ja que el calendari ja ens recordarà, si convé, el dia que és. També, quan l'aprenentatge de l'escriptura de la data ja s'ha fet, normalment cap al final de 1r o a 2n curs, depenent dels grups, potser és convenient escriure la data a la pissarra alguna vegada (quan es canvia de mes per reflexionar sobre l'ortografia, per exemple, o sobre l'escriptura de l'any, etc.), però ben segur que no caldrà fer-ho cada dia. Potser fins i tot algun dia l'escriurem a la pissarra després que l'alumnat l'hagi escrit pel seu compte, per tal que, en escriure-la col·lectivament, raonin els seus encerts i errors.

Finalment, aquesta manera d'entendre l'escriptura de la data a la pissarra també ens porta a situar el fet que un nen o nena l'escrigui amb faltes d'ortografia, mala cal·ligrafia o simplement de manera equivocada, ja que la finalitat és aprendre a escriure-la i no servir de model per copiar-la.

Escriure és un procés que necessita revisió sempre (tant si s'ha escrit correctament, com si hi ha coses per arreglar realment) i, per tant, caldrà ajudar cada infant en concret a revisar allò que pot entendre. Si després de la revisió, la data no està escrita a la pissarra d'acord amb la normativa i justament l'hem de fer servir de model, és evident que l'haurà d'acabar d'arreglar el mestre amb tota la delicadesa possible.

MATERIALS DE L'ENTORN

Fins ara hem parlat de pràctiques reals de lectura i escriptura a partir de la resolució de qüestions quotidianes de la vida de la classe. A més, i a dins del mateix bloc de l'ús de la llengua escrita com a instrument pràctic, hi ha una altra font de lectura important provinent de la societat alfabetitzada en la qual està inserit l'alumne des del seu naixement. Es tracta de tots aquells cartells, rètols, etiquetes, indicadors, cartelleres, horaris, fullets, guies, plànols, etc. que qualsevol persona de la nostra civilització necessita fer servir per resoldre qüestions pràctiques amb autonomia.

En la fase inicial de l'aprenentatge de la lectura i l'escriptura aquests materials són particularment interessants ja que desvetllen la curiositat per interpretar el que els envolta i connectar amb el món alfabetitzat. Llegir i escriure deixa de ser una activitat única i exclusiva de la classe i es converteix en una recerca constant, durant i després de l'activitat escolar, perquè els materials que s'usen a l'aula són els mateixos que després poden retrobar a fora.

PROPOSTES D'ACTIVITATS A L'AULA

En aquesta proposta convé que el mestre o mestra estigui al cas dels objectes que porten els nens i nenes i de les activitats que es van desenvolupant a l'aula per tal d'establir connexions entre el que es viu i el text escrit. Hi ha múltiples possibilitats, però només són vàlides per al que pretenem –que siguin reals– aquelles que són viscudes directament per cada grup. Així doncs, és necessari posar atenció en els punts següents:

- Acollir els materials que aporten els infants.
- Posar a l'abast dels infants materials de l'entorn.

a) Acollir els materials que aporten els infants

El mestre hauria de captar tots aquells objectes que els infants trastegen i que contenen algun tipus de text. Des dels embolcalls de la xocolatina o pasta de l'esmorzar, fins al xarop que han de prendre, les marques dels productes o les lletres impreses a la samarreta.

També cal propiciar que l'alumnat porti a classe tot tipus de material que contingui text escrit, *que serveixi per llegir*. A partir de tot el que van portant: fulls de propaganda de supermercats del tipus que es troben a les bústies, samarretes, mitjons, carteres, bolígrafs, diaris, cartes, llibres de contes, de coneixements, diccionaris i molts embolcalls de productes de menjar (capses de cereals, de puré, de formatgets, de patates fregides, de pastissets, de productes de neteja, etc.), els infants es poden anar adonant que hi ha escriptures a molts llocs i que totes hi són per alguna raó (fig. 25).

Cada material que arriba a l'escola pot ser motiu d'una conversa mestra-alumne que ajudi a esbrinar els aspectes següents:

QÜESTIONS	OBJECTIU
• Què és?	Definir el format i el tipus de text: una carta, el nom d'una marca, un llibre de receptes de cuina, un conte, un diari, etc.
• On ho has trobat?	Situar l'objecte amb lletra escrita dins la vida quotidiana.
• Saps què hi diu?	Aprofundir en la comprensió dels missatges escrits i en les estratègies per arribar-hi.
• Qui ho ha escrit?	Identificar l'emissor.
• Per a qui ho ha escrit?	Identificar el receptor.
• Per què serveix?	Adonar-se de les diferents funcions del missatge escrit.

Evidentment aquestes qüestions no es plantegen en forma d'interrogatori, sinó com a eixos cap on dirigir la conversa. A la pràctica es converteix en una conversa molt fluida, amb interrupcions espontànies per part dels companys i companyes, que amplien i contrasten les aportacions del nen o nena que ha portat el material. Al mateix temps el mestre pot anar copsant els coneixements de cada un dels alumnes per poder-los ajudar.

Una vegada aplegats una bona colla de materials convé ordenar-los per poder trobar els que necessitem en un moment determinat. Buscar entre tots els criteris de classificació és una tasca que ajuda a la confrontació de punts de vista divergents.

Els criteris de classificació que s'exposen evidencien els esquemes de coneixements dels diferents alumnes respecte al text escrit i el fet de posar-los en comú permet l'emergència del conflicte cognitiu que potenciarà la modificació dels anteriors esquemes de coneixement.

En un primer moment acostumen a sorgir criteris com:

- Segons el material: els llibres, les capses, les robes, els plàstics, els fulls...
- Segons els colors: tots els verds, els grocs...
- Segons la mida: objectes grans, mitjans i petits.
- Segons el tipus de lletra: els de lletra de pal, els de lletra lligada, els de lletres rares.

FIG. 25 LES MARQUES DELS PRODUCTES I ALTRES MATERIALS DE LA VIDA QUOTIDIANA TAMBÉ SERVEIXEN PER APRENDRE A LLEGIR I A ESCRIURE

A mesura que es van buscant noves formes de classificació, es va aprofundint en la utilitat de les lletres escrites en els diferents materials i es poden classificar d'acord amb les diferents funcions. Així, agrupem els materials segons per què serveix el text escrit que contenen en:

- Tots els que tenen lletres que diuen què és una cosa.
- Tots els que tenen lletres que diuen la marca.
- Tots els que tenen lletres que són per fer propaganda.
- Tots els que tenen lletres que diuen notícies.
- Tots els que tenen lletres que expliquen contes.
- Tots els que tenen lletres que expliquen com són les coses, etc.

A partir d'aquesta classificació podem ordenar els materials en els diferents racons de la classe o fins i tot crear-ne de nous.

- Els que diuen el que és una cosa, o la marca, o fan propaganda els deixem en un calaix que anomenem el calaix de les marques dels productes.
- Els que serveixen per dir notícies (diaris i revistes) els posem al racó de les notícies.
- Els llibres que expliquen contes o com són les coses, els posem al racó de la biblioteca.
- Els que són cartes, per comunicar a una persona algun missatge, al racó dels missatges.

b) Posar a l'abast dels infants materials de l'entorn

En el moment que són necessaris per a les activitats de classe el mestre hauria de posar a l'abast dels nens i nenes tots aquells materials d'ús pràctic, com ara fullets, cartells, guies, plànols, horaris, programes, catàlegs, etc. que poden aportar informació interessant per al grup.

Per exemple:

- En ocasió d'alguna exposició o activitat d'animació específica del barri o poble i també per la Festa Major: els cartells que anuncien les activitats (fig. 26).

- Quan parlem d'algun programa de televisió: la cartellera de la programació de la televisió, que podem trobar als diaris o a les revistes.

- Quan parlem de la carta als Reis: els catàlegs de joguines.

– Quan organitzem alguna sortida:

- Abans de la sortida:
  - Mapes de carreteres, horaris de trens, plànols de tren, metro o autobús.
  - Fullets de propaganda del poble, museu, parc, que es visiti.
  - Guia telefònica per cercar algun telèfon d'interès per a la visita.

FIG. 26 ELS CARTELLS D'ANUNCI D'ACTIVITATS SÓN UNA FONT DE LECTURA REAL I FUNCIONAL

EXEMPLE 10

A la classe de primer s'estava duent a terme un projecte sobre els coales. S'havia acordat anar al zoo per observar els coales directament. Algú, però, va posar el dubte sobre la taula de si hi havia coales al zoo de Barcelona. La recerca del telèfon del zoo a la guia telefònica va ser conduïda així:

MESTRA: *Com ho podem saber si hi ha coales al zoo?*

DIANA: *Ho preguntaré a la meva mama.*

MESTRA: *Sí, però, per saber-ho ara hi ha alguna manera?*

MÀRIUS: *Escriure una carta.*

CLARA: *Ui!, fins que ens contestin!*

MESTRA: *No ho podríem fer de cap més manera per preguntar si hi ha coales?*

ROBERT: *Sí, telefonar!*

MESTRA: *Us sembla bé la idea?*

GEMMA: *I puc anar jo a telefonar?*

ANNA: *La puc acompanyar?*

MESTRA: *Ens hem de posar d'acord. Però ja sabeu com fer-ho per trucar al zoo?*

ANNA: *Ah, no!, ens falta el número de telèfon.*

MESTRA: *Com podríem saber el número de telèfon?*

ROBERT: *Segur que la meva mama el sap.*

ADRIÀ: *El meu pare!*

MESTRA: *Sabeu algun lloc on hi ha tots els números de telèfon escrits?*

DIANA: *Sí, hi ha un llibre molt gros que té les pàgines grogues.*

MESTRA: *Molt bé! La guia telefònica! En teniu a casa, de guia telefònica?* (Molts no saben o no recorden què és.) *A veure, els secretaris que vagin a buscar totes les guies telefòniques que tinguin a secretaria.*

(Els nens han tornat amb 6 exemplars de la guia telefònica.)

MESTRA: *Què us sembla, n'heu vist mai a casa de guies telefòniques com aquestes? Aquí hi ha tots els telèfons. Quin ens interessa saber?*

MÀRIUS: *El del zoo.*

MESTRA: *Doncs vinga, a veure qui el troba.*

(Cada taula es queda amb una guia i comencen a fullejar-la; aviat algú es desespera.)

ROBERT: *És impossible trobar-lo, n'hi ha molts!*

MESTRA: *Sembla impossible, però perquè es puguin trobar amb facilitat estan ordenats. Segueixen l'ordre de l'alfabet. Primer tots els que comencen per A, després els que comencen per B...* (Assenyala les lletres de l'alfabet que hi ha en un mural de la classe.) *Per trobar zoo hem de saber per quina lletra comença.*

ROBERT: *Per la zeta.*

MESTRA: *I on és la zeta, pel començament, pel mig o pel final de l'alfabet? Anna, la vols assenyalar?*

ANNA: *És l'última!*

MESTRA: *Doncs, haurem de buscar zoo pel final de la guia telefònica.*

(Tothom torna a buscar. Al cap d'una estona se senten unes veus emocionades.)

JOFRE, MÀRIUS, CLARA: *L'hem trobat! L'hem trobat! Mira: zoo!*

Després d'anotar el número del telèfon en un paper, d'assajar el que direm per telèfon, de trucar i de saber que no hi havia coales, vam acordar fer una fotocòpia de la pàgina de la guia on surt el telèfon per guardar-la a l'àlbum. També durant uns quants dies ens vam dedicar a buscar el telèfon de cada família a la guia.

- Durant la sortida:
  - Els senyals de trànsit, els rètols dels pobles, els noms dels carrers, els indicadors d'autopistes o els noms de les estacions (fig. 27).
  - Els cartells explicatius de la visita.
  - Els tiquets d'entrada i els bitllets d'autobús, metro o tren.

FIG. 27 BUSCAR LA PARADA DE METRO ÉS UNA BONA CLASSE D'EXERCICIS DE LECTURA RÀPIDA

EXEMPLE 11

Anar amb metro a algun lloc amb nens i nenes que estan aprenent a llegir és, a més d'emocionant, perquè és gairebé com un joc de pistes, una bona classe d'exercicis de lectura ràpida. Entre moltes de les coses en què ens podem fixar (color de la línia, símbol del metro, senyal d'informació, i comptar les parades, llegir el nom de la parada on som abans que arrenqui el metro o retenint les lletres, etc.) destaquem la de cercar a quina andana hem d'agafar el metro.

MESTRA: *Hem d'anar a Diagonal, per quines escales hem de baixar?*

XAVI: *Mirem a quin costat diu DIAGONAL.*

MESTRA: *Vinga, doncs, uns quants que busquin per aquest costat i uns quants per aquest altre. Però ja sabreu trobar DIAGONAL?*

MAR: *Sí, xupat!*

MESTRA: *Sí? A veure quin consell ens dones per trobar-ho ràpidament.*

MAR: *Doncs busquem que comenci per DI, com dilluns, dimarts, dimecres..., i quan ho trobem llegim tota la paraula a veure si hi són totes les lletres.*

(Comença la Clara i posant el dit sobre els noms del cartell va resseguint ràpidament.)

CLARA: *Di, di, di, di, di,...*

(A l'altre costat, l'Anna, també amb el dit damunt les lletres de cada parada, va buscant.)

ANNA: *Di, di, di...*

(Algú l'avisa: *Aquí, aquí diu DIAGONAL!*)

- Després de la sortida:
  - Recollida de tots els materials (fotos, dibuixos, fullets, tiquets...).
  - Elaboració d'un àlbum record de la sortida.

PENSANT EN VEU ALTA:
Què passa quan volem llegir materials de l'entorn escrits en altres llengües?

La proposta d'apropar als nens i nenes els materials de l'entorn, els que tenen al seu abast, com a material de lectura és d'entrada engrescadora. Al primer moment penses que pot motivar l'infant, perquè en general als nens i nenes els agrada de portar coses a l'escola, i aquesta proposta està a l'abast de tothom. També el fet de buscar a casa materials que tinguin lletres escrites pot provocar que a les famílies es parli de llegir i escriure, de manera que el paper de la lletra impresa pot ser motiu de reflexió fora de l'àmbit de l'escola. A més, el material d'aula s'ampliarà amb materials familiars per als nenes i nenes, i així potser els serà més fàcil interioritzar la lectura com a acte propi de dins i de fora de l'escola, ja que els materials que usa no són pas ni exclusius de l'escola, ni creats per a l'escola, sinó tot al contrari. Llegir i escriure serà propi del contacte amb la lletra escrita d'aquells materials que es troben en la vida quotidiana.

El mestre se n'acaba de convèncer quan observa la resposta tan entusiasta dels nens i nenes i també la d'alguns pares i mares, que comenten que els seus fills tot el dia pregunten què vol dir allò que intenten llegir: els rètols de les botigues al carrer; la capsa de cereals de l'esmorzar; les tanques publicitàries, quan van amb cotxe; els cartells de propaganda del supermercat; les cartes del banc que troben a la bústia; el prospecte de la medecina que prenen, etc.

Aquest *feed back* que arriba a l'escola, per l'actitud dels infants i pels comentaris de les famílies, fa pensar que el que s'aconsegueix aprenent a llegir a partir de materials de l'entorn va més enllà de la motivació per saber llegir i de la connexió de la lectura a dins i a fora de l'àmbit escolar. Quan un nen o una nena pregunta què vol dir "oferta" (ho acaba de llegir al supermercat), o "gratis" (que ha llegit al fullet de la pizzeria que ha trobat a la bústia), o IVA (a la carta d'un restaurant)..., a més d'estar aprenent a llegir està entrant en el seu marc de civilització i això li permet descobrir alguns aspectes del funcionament de la societat on viu i, alhora, provoca nou interès per llegir més, per descobrir més.

Ara bé, aviat comencen a sorgir alguns fantasmes que posen interrogants a aquest panorama tan fantàstic d'interès i culturalització dels aprenents de la lectura. A la primera samarreta que intento fer llegir a una nena de 1r a començament de curs hi posa: "*Materials selected for long wearing qualities*", a la segona "*Amigos para siempre*" i a la tercera "*Esplai Montserrat*". Què passarà amb tantes llengües a la vegada? Com podran aprendre bé el codi de la llengua de l'escola? No faran una barreja que dificultarà l'aprenentatge?

Al primer cop d'ull et comences a espantar, t'agradaria tornar ràpidament a allò que sembla més segur: cada setmana una lletra; o tens la temptació de fer una nota a les famílies per tal que les samarretes que portin els nens i nenes a l'escola siguin en català. Però de seguida t'adones que tot això és força absurd. Només amb una mica més de calma, reflexió i informació comences a trobar el desllorigador.

Quan per ensenyar a llegir enteníem ensenyar les relacions grafofòniques i prou, tots els dubtes sobre el contacte amb tants codis tenien el seu fonament. Però quan per ensenyar a llegir entenem propiciar un procés de construcció mental en el qual estan implicats molts subprocessos podem relativitzar i posar al seu lloc el problema que podria suposar el fet d'estar en contacte amb diferents llengües i allò que havia de representar un destorb per a l'aprenentatge pot arribar a ser una bona falca.

El contacte de llengües que es dóna a Catalunya és una realitat que no podem evadir en la mesura que donem entrada a l'escola a tot allò que envolta el nen. Hem de comptar, doncs, que ens trobarem amb materials impresos en llengües diferents i hem de tenir previst, també, la manera d'acollir-los.

Un dels primers objectius pot ser adonar-se que un text determinat està escrit en una llengua diferent de l'habitual de l'escola. Aquesta presa de consciència és important per anar aprofundint en la identificació dels diferents codis que estan en contacte.

Si desxifrar és només una de les moltes tasques que cal posar en funcionament per poder comprendre, és raonable que quan l'infant es troba a les beceroles d'aquest aprenentatge el mestre potencïï en cada moment el desvetllament d'un sol aspecte i en faciliti tots els altres necessaris per a poder comprendre el text.

Així doncs, quan ens trobem davant d'un text en anglès, per exemple, el mestre pot facilitar la part de desxifrat per poder potenciar la comprensió total i en aquest cas fer que s'adonin que malgrat pronunciar correctament tots els sons que les lletres representen no podem arribar a comprendre del tot el text, si no coneixem la llengua. Aquest és el cas de l'exemple següent.

EXEMPLE 12

MESTRA: *Saps que diuen aquestes lletres?*

JUDIT: *No!*

MESTRA: *A veure si les puc llegir... "Materials selected for long wearing qualities". Tu ho entens, això que he llegit?*

JUDIT: *Sí, és el que hi diu.*

MESTRA: *Però què vol dir "Materials selected for long wearing qualities"?*

JUDIT: *Tu ho saps?*

MESTRA: *M'ho penso. Però, com et sona això "Materials selected for long wearing qualities"?*

JUDIT: *No ho sé, no és com parlem nosaltres.*

MESTRA: *Sí, senyora!, està en una altra llengua. No és català. Saps quina llengua és?*

JUDIT: *Italià.*

MESTRA: *No! "Materials selected for long wearing qualities"?*

JUDIT: *Xinès!*

MESTRA: *No, està en anglès.*

JUDIT: *El meu pare sap anglès!*

MESTRA: *Doncs, potser ell ho entendria! Li ho preguntaràs?*

Quan ens trobem amb un text en castellà, podem aprofitar també per fer adonar a l'alumnat de quina llengua es tracta i si l'entenem o no. D'acord amb els coneixements de cada alumne la intervenció de la mestra ha d'adequar-se per ajudar a avançar, amb la idea d'identificar cada llengua amb el seu codi fonètic, lexical i gramatical, i de poder interpretar sempre, sigui la llengua que sigui, qui és l'emissor, qui és el receptor, quina és la funció del missatge i quin és el context, per tal de relacionar-ho amb experiències anteriors i comprendre globalment el text. Els dos exemples següents recullen dues converses mestra-alumne en aquesta direcció.

EXEMPLE 13

En el desenvolupament d'un projecte sobre *lleopards*, a la classe de 5 anys, al mes de novembre, la lectura d'una informació en castellà va portar a la següent reflexió:

MANEL: *Mira, he trobat una fitxa de lleopards, ens ho llegeixes?*

MESTRA: *El leopardo es un animal muy feroz... Qui deu haver escrit tot això?*

MANEL: *Una persona que sap molt de lleopards!*

EUGENI: *I que parla castellà.*

MESTRA: *I per què ho deu haver escrit?*

MARINA: *Pels qui ho vulguin llegir.*

JOANA: *Per guanyar diners.*

GUIU: *Perquè nosaltres ho estudiem.*

MESTRA: *Bé, ja sabem moltes coses: Ho ha escrit algú que coneix bé els lleopards i ho ha escrit per fer-ho saber a tots els que estudiïn els lleopards i a més a més el senyor o senyora que ho ha escrit deu haver guanyat diners. Però algú també ha dit que està en castellà. Com ho saps, Eugeni, que està escrit en castellà?*

MANEL: *Perquè diu leopardo i en català vas dir que es deia lleopard.*

MESTRA: *Molt bé, ja tenim una pista. Com més sabem que és castellà i no català o anglès, o italià...? Escolteu que en torno a llegir un tros.*

PAULA: *Perquè és com parla la meva mare.*

MESTRA: *I la teva mare parla castellà, molt bé!*

DIVERSOS: *I la meva, i el meu avi, i el meu...* (Tots volen dir que coneixen algú que parla castellà.)

EXEMPLE 14

La Marta, que té 6 anys i 1 mes, llegeix tot el que troba. Un dia va portar un conte escrit en castellà. Ella és de llengua familiar catalana i podríem dir que encara no domina el castellà, tot i que el comprèn força. Davant la impossibilitat d'entendre el que llegia va buscar l'ajut de la mestra. La mestra va considerar que la seva incomprensió era produïda pel desconeixement d'una relació grafofònica d'una llengua que no dominava gaire. Però atès que era possible entendre el significat de la frase amb l'ajut del dibuix, va intentar fer-li descobrir.

MARTA: *Què vol dir "Muco pan"?*

MESTRA: *No ho sé pas. On ho has llegit?; m'ho ensenyes? Ah!, tens raó "muco pan" no vol dir res.*

MARTA: *S'han equivocat?*

MESTRA: *En aquest cas no. Tu saps si el que estàs llegint és en català o en castellà?*

MARTA: *Em sembla castellà.*

MESTRA: *Sí, sí, mira, diu: "Había muco, o una altra cosa, pan en el horno." Què et sembla, diu que n'hi havia molt o poc de pa al forn?*

MARTA (mira el dibuix i diu): *Molt.*

MESTRA: *Doncs a veure si ara ho pots llegir tu.*

MARTA: *"Había mucho* (riu) *pan en el horno."*

MESTRA: *Molt bé. Has vist què passa?*

MARTA: *Em pensava que aquesta* (assenyala la c) *sonava c i sona ch. Mucho.*

MESTRA: *Sí, però sona [ch] perquè al darrere hi ha la lletra hac. Totes dues juntes, "ch", sonen [ch], com a mucho.*

Per acabar, el que no em sembla correcte en cap cas és traduir com aquell qui res directament del castellà o de l'anglès al català, cosa que facilitaria evidentment la comprensió a la primera, però crec que seria un flac favor a la riquesa que podem obtenir del contacte entre llengües i sobretot una manca de respecte a l'infant que a causa de la seva ignorància es veuria privat d'entrar en contacte amb una realitat, ens agradi més o menys, de la societat on viu.

MISSATGES BREUS

Sovint en el desenvolupament de la vida del grup classe es necessita donar a les famílies, a la secretaria o als altres alumnes de l'escola algun encàrrec per escrit. De la mateixa manera, a vegades, les famílies han de comunicar al mestre o a l'alumnat algun missatge també per escrit.

El fet de la comunicació escrita permet:

- Assegurar que el missatge arribi al destinatari de manera fidel.
- Tenir un recordatori escrit d'allò que cal fer.
- Elaborar el missatge de manera precisa i eficaç.

El tipus de comunicacions escrites que es vehiculen en el marc de la relació escola-família (permisos, convocatòries de reunions, materials que cal portar...), classe-altres classes (invitacions a una representació, anunci d'una exposició...), classe-secretaria (material que falta, infants que es queden a dinar...) acostuma a ser una nota breu, generalment d'un format semblant a la carta i alguna vegada semblant al cartell o també a una nota informal. A més, incloem en aquest apartat els missatges que s'envien els nens i nenes de la classe entre ells, una activitat que suggerim en el racó de missatges i que funciona també de manera espontània.

En la línia de convertir totes les situacions en què s'usa el text escrit en situacions d'ensenyament i aprenentatge de la lectura i l'escriptura, proposem que l'alumnat intervingui en la composició d'aquests missatges, fent-los partíceps de la seva elaboració.

PROPOSTES D'ACTIVITATS A L'AULA

Exposarem quatre tipus de missatges que s'acostumen a elaborar a la classes de 5 anys i 1r curs, agrupats en funció dels destinataris:

- Missatges de l'alumnat a les famílies.
- Missatges d'un grup d'escolars a altres grups o classes.

- Missatges de la classe a la secretaria.
- Missatges entre el mateix alumnat.

a) Missatges de l'alumnat a les famílies

Els agrupem en quatre modalitats:

- *Autoritzacions* per a les sortides que es realitzen fora del recinte escolar referides a qualsevol àrea del currículum. Aquestes autoritzacions prenen fonamentalment dues formes: omplir un imprès o redactar una sol·licitud, i en ambdós casos es pretén donar la informació necessària per obtenir el permís dels pares, el qual es materialitza amb la seva firma.
- *Peticions* de materials necessaris per a una activitat escolar (un pot buit, un fil, un llibre, una disfressa, una joguina, etc.).
- *Comunicacions* d'activitats especials que es realitzen a l'escola, com ara un concert, una representació teatral, l'arribada del Carnestoltes, una visita d'un il·lustrador, etc., o simplement la comunicació del tema que s'ha acordat estudiar a classe.
- *Convocatòries* de reunions, de visites a exposicions, de concerts, etc.

Per a l'elaboració de qualsevol d'aquests missatges és necessari tenir en compte les tres fases, que hem exposat en el primer capítol, de realització del text escrit: planificació, textualització i revisió. Si volem que l'alumnat interioritzi l'escriptura com a procés i no solament com a transcripció del llenguatge oral, la proposta de treball que propicia la mestra, des del primer dia que els convida a escriure, ha de contemplar la intervenció dels nens i nenes en cadascuna d'aquestes fases i en el cas que la mestra actuï de model ha d'explicitar la reflexió en cadascuna d'elles.

A continuació exposem un exemple sobre la redacció d'una autorització per a una sortida, al primer trimestre de 1r curs.

EXEMPLE 15

L'alumnat està assegut en rotllana al costat del cartell que anuncia la exposició del Llibre Infantil i Juvenil, objecte de la visita. La mestra, a través de la conversa, ajuda a definir els paràmetres imprescindibles (receptor, emissor, objectiu, desafiament i motiu) i la representació prèvia del producte acabat (tipus de text, silueta i material), abans de començar a escriure el text.

MESTRA: *Què hem de fer sempre que fem una sortida?*

CARLA: *Demanar permís als pares.*

S'acaba de definir l'objetiu: demanar permís per realitzar una sortida. També s'han enunciat els receptors: els pares.

MESTRA: *I com ho podem fer?*

ELENA: *Apuntar-ho a la llibreta.*

MESTRA: *Molt bé! Hem d'escriure a la llibreta... Carla, què hi hem d'escriure?*

La llibreta és un referent clar per a l'alumnat d'aquesta classe, que està acostumat a utilitzar-la per escriure missatges a la família. Així queda definit el tipus de text: un missatge; el material: la llibreta de paper llis, blanc, de mida d'una quartilla i el llapis amb el qual escriuen normalment; i els receptors: el pare o la mare.

CARLA: *Pare i mare, ens deixeu anar a... ?*

S'està definint la silueta del text: un encapçalament, com a les cartes, i després una pregunta.

MESTRA:. *Si ens deixen anar on?*

DIVERSOS: *Al saló del llibre.*

MESTRA: *Del llibre Infantil i Juvenil.*

CESC: *A les cotxeres...*

S'està concretant el motiu: anar al saló del llibre Infantil i Juvenil, el dia 19.

MESTRA: *El lloc, les Cotxeres de Sants. Molt bé! I el dia? Quin dia hi anirem?*

MIREIA: *El 19!*

SOFIA: *Ho escrius a la pissarra i nosaltres ho copiem.*

La Sofia preveu la dificultat de la tasca i proposa la solució més fàcil, copiar-ho. En canvi, la mestra, que coneix cada nen i nena del grup, considera que és un bon moment per demanar un esforç personal sense el qual no és possible l'aprenentatge. Sap, també, que aquest plantejament requerirà molt més temps que copiar-ho de la pissarra directament i que, a més, els escrits presentaran errors d'ortografia, que tindran dificultats en la gestió global del text, que quasi no hi haurà connectors, etc. Però sap també que només a partir de la situació de cada alumne podrà oferir-los ajuda i fer-los avançar.

MESTRA (Parlen tots a la vegada): *I el Ramon què diu?*

RAMON: *Si no sabem com s'escriu ho podem mirar al cartell.*

De les diferents aportacions que comentaven diversos nens i nenes a la vegada, la mestra ha destacat la que li ha semblat més interessant, fent-la repetir a l'autor. Així és com en Ramon exposa *a priori* una estratègia que preveu que utilitzarà després, en escriure, per resoldre de manera autònoma els problemes ortogràfics que se li plantegin.

MESTRA: *Molt bé, però escolteu-me bé! Ho hem d'escriure perquè el pare o la mare ho entenguin bé i us hi deixin anar. Cada taula farà primer un esborrany. Entre tots els de la taula ho escriviu. Jo passaré i us ajudaré. Quan el text estigui bé el copiareu a la llibreta.*

Es recorda una altra vegada qui és el receptor i s'assenyala el desafiament: que els pares i mares ho entenguin bé. A més, es reforça la idea de procés per escriure i s'assenyala un camí per a la seva realització. El concepte d'esborrany implica un producte no acabat, susceptible de ser millorat.

Mentre van elaborant el text, la mestra va passant pels diferents grups per observar com es desenvolupa la producció, interpretar els tempteigs dels nens i nenes i intervenir-hi a partir d'aquests.

EMMA: *Posa Barcelona.*

MARTA: *Com?*

EMMA: *Una be, una a, bar, una erra. Una essa, una ela, una o i na! Una ena i una a.* (Ha escrit Barselona.)

L'ajut rebut per la companya ha consistit en un dictat de les lletres. Han posat en pràctica una estratègia ortogràfica útil per escriure noms propis poc habituals. La mestra, que les ha observades i ha vist el que els falta encara per aprendre, no ha intervingut per millorar l'ortografia d'aquesta paraula. Ha captat que la preocupació del grup en aquest moment era no perdre el fil de l'ordre de les paraules que havien acordat, i l'ha respectada.

LAURA: *He escrit "em dejeu".*

JOSEP: *No. No. És aquesta.* (S'aixeca i escriu a la pissarra la lletra "x". La resta del grup no li fa cas.)

MESTRA: *Aquí hi diu "dejeu" i què voleu escriure?*

La mestra ha utilitzat l'oralització per fer-los adonar de la hipòtesi falsa que ha portat a la Laura a escriure "dejeu" per "deixeu".

LAURA: *[Deixeu].* (Ho pronuncia correctament.)

JOSEP: *És aquesta, és aquesta! No la coneixen i per això no la posen.*

Segurament en Josep té raó. Els mateixos nens i nenes porten el control del que sap un i altre i donen pistes de com apropar-nos-hi.

MESTRA: *Bé, doncs ara ja la sabreu.*

JOSEP: *Ho veus? Tinc raó, tinc raó!*

MESTRA: *Però, mira, perquè estigui bé del tot cal escriure dues lletres "ix" per a aquest so [ʃ].*

Cada grup llegeix la seva proposta i els altres aporten suggeriments a partir de la comparació amb el text propi.

ANNA: *Nosaltres hem posat: "Hola papa i mama. Podem anar al Saló del Llibre Infantil i Juvenil el dia 19 de desembre?"*

MESTRA: *Què us sembla? Algú vol dir alguna cosa?*

JORDI: *No hem de posar "podem anar" sinó "puc anar".*

MESTRA: *Per què?*

JORDI: *Perquè no ho demanem tots.*

MESTRA: *Hi esteu d'acord? Com ho havíeu posat vosaltres?*

LAURA: *Així: "Benvolguts pares, em deixeu anar al Saló del Llibre el dijous 19 de desembre?"*

MESTRA: *Què us sembla aquesta proposta?, diuen "em deixeu", no diuen "ens deixeu".*

LAURA: *És que cadascú ho demana al seu pare.*

A partir de les aportacions dels companys i companyes i de la mestra, cada grup intenta arreglar al màxim el seu text. La mestra va passant pels diferents grups i acaba de corregir el text davant dels nens i nenes. Primer ajuda a revisar el que s'ha acordat en la posada en comú i després fa un cop d'ull a l'ortografia amb tota la delicadesa possible (donant explicacions si les poden relacionar amb aprenentatges anteriors, provocant la comprovació amb altres escrits de les cartelleres o del diccionari de la classe, o simplement canviant la lletra que calgui perquè estigui encara millor). Així queda llest per copiar-lo a la llibreta. Un cop copiat l'alumnat ho ensenya a la mestra i s'estableix un diàleg d'avaluació mútua de la feina.

MESTRA: *A veure? Caram! Molt bé, eh? Ho sabràs llegir al pare i la mare? A veure. Ho vols provar?*

RAMON: *Hola pare i mare...*

MESTRA: *I què et sembla, t'hi deixaran anar, al Saló del Llibre?*

RAMON: *Sí!*

MESTRA: *Mira, tu que també ja has acabat, escolta, heu après alguna cosa fent aquesta carta?*

LAURA: *A escriure "deixeu".*

ALBERT: *A fer la pregunta* (el signe).

RAMON: *Que l'Albert deia que anava junt i va separat.*

Una mostra de la significació que acostumen a tenir aquests tipus de treballs en què es veuen implicats tant l'infant com la família, és l'exemple següent. En ell podem apreciar l'esforç de reescriptura d'un text elaborat entre tots en lletra lligada a lletra de pal, per tal que la família ho pugui entendre.

EXEMPLE 16

Al mes de desembre del 1r curs de Primària, en To, que està a l'etapa sil·labicoalfabètica, tot i que no ha parat de treballar en tota l'estona, ha acabat l'últim de copiar al seu full el text escrit entre tots a la pissarra.

TO: *Estic molt cansat!*

MESTRA: *Ja ho veig, has treballat molt! Per què ho has passat tot en lletra de pal?*

TO: *Perquè el meu pare no entén aquesta lletra.* (Assenyala el text de la pissarra escrit en lletra lligada.)

MESTRA: *I aquesta sí?*

TO: *Sí! "Pues" ell sap xinès.*

MESTRA: *Ah! Ja ho entenc. I com ho fas per escriure-ho tot en aquesta lletra?*

TO: *Primer pensava el nom dels nens i buscava el seu cartell, "después" preguntant a l'Anna* (companya de taula) *i ella m'ha dit que miri aquí* (pòster de les lletres).

MESTRA: *I què va millor? Mirar els cartellets dels noms dels nens i nenes, preguntar-ho o buscar-ho al pòster?*

TO: *Més ràpid preguntant, però l'Anna es cansa i si miro al pòster aprenc més.*

MESTRA: *Què és el que aprens?*

TO: *Totes les lletres.*

MESTRA: *Però tu ja les saps, no, les lletres?*

TO: *Sí...* (no ho diu gaire convençut) *però així està millor!*

Una altra manera força habitual de sol·licitar un permís és partir d'omplir un imprès. Aprendre a omplir un imprès comporta aprendre unes altres estratègies, semblants a les de completar frases. Creiem que és una tasca interessant per a principiants perquè normalment el que demanen els impresos per anar d'excursió està molt a l'abast de les seves possibilitats. També el fet de fer servir un paper "oficial" amb l'anagrama de l'escola permet fer referència a diferents tipus de documents escrits (fig. 28).

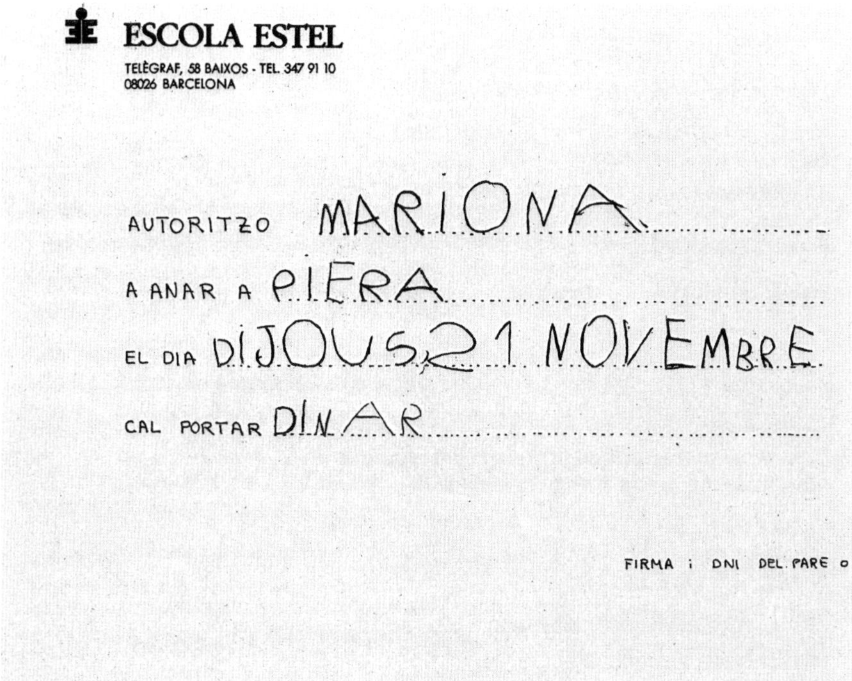

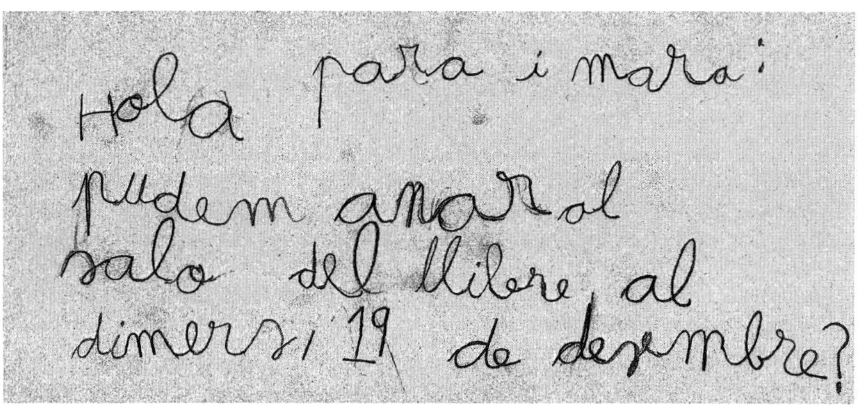

FIG. 28 DUES MANERES DE SOL·LICITAR UN PERMÍS:
OMPLIR UN IMPRÈS I REDACTAR UNA NOTA

Al mes de novembre, a la classe de 5 anys han repartit un imprès que cal omplir per obtenir el permís dels pares per anar d'excursió. Després d'un marge de temps perquè se'l puguin mirar i comentar lliurement, la mestra enceta la conversa col·lectiva.

MESTRA: *Sabeu què han de fer els pares en aquest full?*

DANIEL: *La firma. Jo faré la firma del pare!*

MESTRA: *No!, no!, la firma només la pot fer un mateix! Tu pots firmar Daniel Murillo però la teva firma no la pot fer ningú per tu.*

Un grup de dues nenes i un nen intenta llegir el full tant bon punt el reben.

MARCEL (lletreja en veu alta): *Au... to... rit... zo* (repeteix), *autoritzo, autoritzo* (comunicant-ho als altres).

MESTRA: *Hi ha algú que ja ha tingut una idea en veure aquests puntets... En veure lletres i puntets s'hi deu haver d'escriure alguna cosa!*

JOANA: *El nom.*

MESTRA: *Sí, per exemple el nom. Hi ha algú que diu que ho ha llegit tot. Manel, doncs, de què parla aquest full?*

MANEL: *Jo sí que ho he llegit tot però no sé de què va.*

MESTRA: *Oh!, doncs llegir vol dir saber de què parla!*

MARCEL: *No s'entén res!*

MESTRA: *Comencem a poc a poc... Què són aquestes lletres d'aquí dalt?*

PERE I ALTRES: *Escola Estel.*

MESTRA: *Ah!, doncs em pensava que no s'entenia res.* (Somriuen.) *A sota hi diu l'adreça i el telèfon de l'escola. A veure, quan fem un treball per a l'àlbum hi tenim aquestes lletres d'Escola Estel?*

MARINA: *No!*

MESTRA: *Per què hi són, doncs?*

MARINA: *Perquè és per al papa i la mama.*

MESTRA: *I perquè és un paper important, és un document. Aquest paper us donarà permís per anar d'excursió. Quan estigui ple, serà un paper de l'Escola Estel firmat pel pare o per la mare que us deixarà anar d'excursió. Anem a mirar què diuen aquestes lletres.* (Assenyala la primera ratlla.) *I pensarem què s'ha d'escriure aquí.* (Assenyala els puntets del costat.) *La primera ratlla diu: Autoritzo... què posarem? Qui han d'autoritzar els pares? Tu què hi posaràs? Autoritzo...*

ELSA: *Elsa.*

MESTRA: *I tu, autoritzo...*

IRENE: *Irene.*

MESTRA: *Molt bé, cadascú el seu nom. I com les posarem les lletres del nom?*

GUIU: *La firma.*

MESTRA: *No, aquí només el nom. I per on escriurem les lletres del nom? Pel mig dels puntets, per sota dels puntets, per sobre...?*

DIVERSOS: *Per sobre dels puntets.*

MESTRA: *Això tothom ho sabrà posar. Mirem a sota què hi diu. Primer, autoritzo... després, a anar a... On anirem dijous de la setmana que ve?*

DIVERSOS: *A Piera.*

MESTRA: *A anar a Piera, sabreu escriure Piera? A veure, ho escrivim a la pissarra? Marcel, escriu a la pissarra.*

MARCEL escriu A. La Joana diu en veu alta [PI]; al costat escriu P, mentre la Joana diu [E]; escriu D, mentre la Joana diu [RA]; acaba de posar APIEDRA.

MESTRA: *Bé, Marcel, quan acabes, què has de fer? Ja està i... ja està, o bé ho has de revisar?*

MARCEL: *Ho repassem.*

MESTRA: *Sabeu què passa?, que la A ja està escrita aquí.* (Assenyala el paper.) *"ANAR A..." Només cal escriure PIERA. PIERA sol.*

MARCEL esborra la primera A. Queda PIEDRA.

MESTRA: *Ara repassem-ho a poc a poc: PI... E... DRA, i ha de dir PIERA.*

BERTA: *La D, la D sobra.*

MARCEL: *Esborra la D.*

MESTRA: *Molt bé! Ara acostem una mica les lletres RA perquè no quedi separat. PIERA és una sola paraula.*

MARCEL esborra sense dubtar les lletres RA i les apropa a PIE.

MESTRA: *Bé, ja sabem què escriure aquí. A anar a...*

DIVERSOS: *PIERA!*

MESTRA: *Ara, a sota. Diu el dia... Quin dia anirem a Piera?*

DIVERSOS: *Dijous...*

MESTRA: *Sí, però quin dijous? No n'hi ha prou amb dijous, cal posar el número del mes i el nom del mes. Quin número té aquest dijous, ens ho mires al calendari, Martí?*

BERTA: *Un 1 i un 2.*

MESTRA: *Al revés: un 2 i un 1, 21. Qui em dicta les lletres per posar dijous?*

JOAN: *Jo!*

MESTRA: *Va, digues!*

JOAN: *DI.*

MESTRA: *DI són dues lletres, quina poso primer d... i...*

JOAN: *D, I, O.*

MESTRA (va escrivint, assenyala): *Després de DI ja va la O?*

BERTA: *No! la j...*

MESTRA: *Molt bé, la j...*

JOAN: *La O i la U.*

MESTRA: *Aquí diu DIJOU i ha de dir DIJOUSSSSSSSS. Miquel, quina lletra hi falta? DIJOUS... SSSSSS.*

MARTI: *La 2.*

MESTRA: *Es diu essa, sona ssssss i s'escriu de manera que recorda una ssssserp. Molt bé, DIJOUS, 21 de NOVEMBRE. I a sota, què hi diu?*

MANEL: *Cal portar...*

MESTRA: *Què cal portar? A veure, què hi posarem en aquesta última ratlla.*

DIVERSOS: *Motxilla, carmanyola, forquilla, cantimplora, sac.*

MARINA: *No, perquè no ens quedem a dormir.*

DIVERSOS: *Tovalló! Dinar!*

MESTRA: *De les coses que heu dit: motxilla, carmanyola, tovalló, dinar, forquilla, ganivet, cantimplora... Qui sap dir què és el més important?*

MARTA: *El dinar...*

JOAN: *El dinar...*

MESTRA: *Algú que sàpiga explicar molt bé per què el dinar és important?*

MARTA: *No ho sé.*

MARCEL: *Perquè si no no podrem menjar.*

MANEL: *Perquè ens moriríem de gana.*

PAULA: *Perquè ens hem d'alimentar.*

MESTRA: *Algú ha dit que era important la motxilla. Per què és important la motxilla?*

IGNASI: *Perquè hi portes totes les coses.*

MESTRA: *Però si posem que el que hem de portar és el dinar ja ho veuràs que ho has de posar dins d'alguna bossa o motxilla. No portaràs pas la carmanyola a la mà, la poma a l'altra... Així el més important és el dinar. Ho hem d'escriure on diu CAL PORTAR... dinar! Però que ho entenguin els pares i les mares!*

MANEL: *Com es "fica" dinar?*

MESTRA: *A veure, com es posa dinar?*

DIVERSOS: *La D, com DIANA, la DI, la N, la NA...*

MESTRA: *Doncs cadascú que ho escrigui.*

Cadascú omple el seu full mentre la mestra va passant per observar, orientar i ajudar si cal, per tal d'obtenir un text que serveixi per a la finalitat que es proposa. Després es reuneixen tots per aprendre a escriure la paraula *dinar*.

MESTRA: *Ara anem a escriure la paraula* dinar. *He vist molts nens i nenes que posaven lletres que hi són a la paraula* dinar. *La i... la a... Ara anem a veure si aquestes lletres les heu posades bé del tot. Ho escriurem aquí, us hi fixareu bé, anireu al vostre lloc i mirareu si ho heu d'arreglar. Per posar dinar he vist molts nens que comencen a posar I, perquè és la que se sent més quan comencem a dir DI... NAR. Però abans de la I, hi falta una altra lletra!*

DIVERSOS: *La DI.*

DANIEL: *Hi ha tot el nom de la Diana.*

MESTRA: *Mira, si comencés per la i diríem inar. Diem dinar, però com que ho diem tan junt ens costa de sentir-ho. Cadascú que ho digui per dintre a poc a poc: dinar, di... Per tant a davant hi va aquesta.* (Escriu "d". Ara hi diu "di...".)

DANIEL: *No? La ena?*

MESTRA: *No! Aquesta és la primera, di... Ara quina necessito més, di... na...*

MARINA: *La a!*

MESTRA: *Molt bé! Però, escolteu-me que això és difícil i heu d'escoltar per aprendre-ho bé. Si després d'aquestes poso la A, diu DIA i jo què haig de posar?*

DIVERSOS: *Una "N".*

MESTRA: *Molt bé una "N" i una "A". "DINA".*

DANIEL: *Diu DIANA.*

MESTRA: *No diu DIANA, s'assembla molt.*

DIANA: *Li faltaria una "a".* (Assenyala on posaria la "a".)

MESTRA: *Aquí diu "dina", però a vegades hi ha unes lletres que no sonen i aquesta paraula, mireu, en té una que és muda. És la primera de Rubèn, però aquí no sona. Quan la llegim no diem "dinar", diem "dinà" i ja sabem que aquesta aquí és muda.*

DIANA: *En castellà es diu "dinar"?*

MESTRA: *No, en castellà es diu "comer" o "almuerzo"... Tanqueu bé els ulls i a veure si us queda la foto d'aquesta paraula.*

IGNASI: *Montserrat, és que jo no sé aquestes lletres!*

MESTRA: *Mira, DI sí que ho saps, cada dia escrivim dilluns, dimarts... Després n, a. Estan al teu nom algunes d'aquestes lletres?*

IGNASI: *Sí.*

MESTRA: *Doncs vinga! Ara cadascú ho arregla al seu lloc.*

DANIEL: *Jo no me'n recordaré.*

MESTRA: *Prova-ho! Mira-t'ho bé...*

Cadascú mira com ho havia escrit i ho arregla. Després diuen que ho han arreglat.

MANEL: *A mi em faltava la N...*

MESTRA: *Ara ja ho saps escriure!*

b) Missatges d'un grup d'escolars a altres grups

Quan un grup vol convidar altres grups o classes a participar en alguna activitat que han preparat, com per exemple una representació o una exposició, és un bon moment per elaborar un cartell que ho anunciï, ja que es tracta d'una comunicació real i necessària.

Descriurem l'exemple de l'elaboració d'un cartell per anunciar una exposició que va organitzar l'alumnat de 1r de Primària sobre "*coses que es poden llegir*".

EXEMPLE 18

S'havia organitzat entre tots els de la classe una exposició d'objectes que es poden llegir a partir de material molt divers recollit entre tots. En un moment del procés es va plantejar la pregunta de com comunicaríem a les altres classes que vinguessin a veure l'exposició.

Evidentment el recurs de la comunicació oral és el primer que sorgeix, però aprofundint-hi una mica més va prosperar amb facilitat el fet de deixar escrit el dia, l'hora i el lloc de l'exposició per facilitar que les classes convidades ho recordessin bé i evitar confusions. En aquest cas la mestra va proposar que en grups de quatre fessin un esborrany de l'escrit que podrien portar a les classes que convidaven a veure l'exposició. Després, cada grup va llegir o explicar el que havia escrit o pensat. La mestra, que havia observat que en l'elaboració dels esborranys en el conjunt dels grups havien sortit dues propostes: un cartell i una carta, va encaminar la sessió a analitzar els avantatges i els inconvenients de la carta i el cartell per a la funció d'anunciar una exposició. Per això, la posada en comú es va fer així: Primer un grup va llegir tot l'escrit sencer (no es podia fer cap intervenció, ni els companys, ni la mestra), fins al final. Llavors la mestra va recollir les aportacions del grup escrivint el text de la proposta del primer grup a la pissarra. El text era:

> *"La classe dels Pallassos us convidem a una exposició de coses que es poden llegir, el dijous 24 de novembre, a les 4 de la tarda."*

La mestra en escriure-ho a la pissarra va facilitar tots els aspectes gramaticals: fonològics, semàntics i morfosintàctics, ja que l'atenció es volia posar en aquests moments en el tipus de text i els seus elements.

Després la mestra va demanar si algun altre grup tenia un text semblant. Va sortir un grup que, a més, havia posat a dalt per a qui era aquest missatge i a baix la firma; en paraules seves, "com una carta de veritat". De la mateixa manera que abans, la mestra ho va transcriure a la pissarra:

"Classe dels Elefants,

Us convidem a una exposició de coses que es poden llegir, el dijous 24 de novembre a les 4 de la tarda, a la nostra classe.

La classe dels Pallassos"

Un text al costat de l'altre va servir per veure quin s'entenia més bé, quin era millor per anunciar l'exposició. De la conversa va sorgir que s'entenien igual perquè es deia tot el que era important: de què era l'exposició, el dia, l'hora i el lloc, però, a més, algú va aportar que estava bé posar el nom dels convidats, així sabrien segur que era per a ells.

Després un altre grup va explicar que ho havien fet com el cartell de l'exposició de llibres. La mestra ho va transcriure a la pissarra:

EXPOSICIÓ DE
COSES QUE ES PODEN LLEGIR
Classe dels pallassos
Dijous, 24 *de novembre*
a les **4** *de la tarda*

Dos grups més van aportar variants sobre aquest cartell, de manera que van quedar elaborades dues propostes: una carta i un cartell. Què era més adequat? La discussió va anar així:

CLARA: *La carta és millor perquè diu el nom de la classe a qui convidem.*

ANNA: *Jo també ho penso.*

PAU: *Doncs jo trobo millor el cartell, perquè les exposicions es fan amb cartells.*

SOFIA: *En els cartells, s'hi poden fer dibuixos.*

CLARA: *I a les cartes també.*

JOSEP: *Però al cartell es veu més de què va.*

RAMON: *Les lletres dels cartells són diferents.*

MESTRA: *Per què serveixen les lletres diferents?*

JOSEP: *Per buscar les coses importants.*

PAU: *Els cartells es llegeixen més de pressa.*

MESTRA: *Sembla que trobem més avantatges en el cartell, oi?*

Després es van elaborar els cartells. Per fer-ho calia escollir el paper o cartolina, decidir la mida i reescriure el text de la pissarra tenint en compte, però, la distribució de les lletres, les mides i el dibuix per il·lustrar-ho. Finalment es van anar a portar i a llegir a les classes convidades.

c) Missatges de la classe a la secretaria

Tot allò que la mestra ha de comunicar per escrit a la secretaria són situacions reals d'escriptura en les quals l'alumnat pot intervenir.

Cada escola té la seva manera d'organitzar-se i cal aprofitar l'organització real per fer-hi intervenir els nens i nenes. Posem, per exemple, la comunicació diària a la secretaria de qui falta a la classe, per tal d'encarregar els dinars.

Al començament de curs de la classe de 5 anys, la mestra escriu el text en el full, però s'elabora entre tots. Dit d'una altra manera, es tracta de construir un text per ser escrit, sense saber escriure. Una reflexió important en aquest treball és ajudar a diferenciar la forma del missatge quan és oral de quan és escrit, és a dir, una vegada tenim la idea hem de pensar les paraules i frases que posem exactament per escriure-la

EXEMPLE 19

Al mes d'octubre de la classe de 5 anys la mestra dirigeix una conversa per elaborar el missatge de la classe a la secretaria sobre qui falta avui a l'escola.

MESTRA: *Qui falta avui?*

DIVERSOS: *Ningú.*

MESTRA: *Doncs, què escric en el paper per dur a la secretaria?*

MANEL: *Que no falta ningú.*

MESTRA: *Molt bé. Però, fixeu-vos, quan ho escrivim no ho posem exactament igual que quan ho parlem. No hem d'escriure "que no falta ningú ", sinó només "no falta ningú". Però, on no falta ningú?*

DIANA: *A la classe de 5 anys.*

MESTRA: *Així doncs, què escric exactament?*

ANDREU: *A la classe de 5 anys, no hi falta ningú.*

DANIEL: *També podem posar que és la classe dels amics i les amigues.*

MESTRA: *D'acord, doncs, posaré: "A la classe dels amics i les amigues no falta ningú".* (Ho escriu a poc a poc de manera que els nens i nenes vegin com ho fa. Immediatament després ho rellegeix en veu alta.) *A veure si està bé? "A la classe dels amics i les amigues no falta ningú." Sí, però hi falta alguna cosa... Si a la secretaria troben aquesta nota sobre la taula, com saben si és la d'avui o la d'ahir?*

JOAN: *Posem-hi la data.*

MESTRA: *La vols posar tu?*

(En Joan mira tot content la mestra, està satisfet de col·laborar en una cosa important.)

MESTRA: *Saps on s'escriu la data?*

JOAN: *A darrere del full.*

MESTRA: *Quan fem un treball per a l'àlbum moltes vegades escrivim la data al darrere, és veritat, però en una nota o un missatge, on l'escrivim?*

GEORGINA: *A dalt!*

MARC: *No, a baix!*

MESTRA: *Com ho podríem saber on es posa? Tenim a la classe missatges que ens puguem mirar?*

MAR: *Els missatges dels pares i mares que guardem al racó de missatges.*

(Porten l'àlbum dels missatges i ho van analitzant.)

MESTRA: *Així doncs, a vegades està a dalt, a vegades a baix, però mai està entremig del missatge. Joan, on et sembla que quedarà bé?*

JOAN: *Aquí.* (Assenyala la part de baix del full i hi copia la data de la pissarra.)

Aquest paper, que es converteix en una rutina perquè s'elabora cada dia, permet donar voltes sobre el mateix tema, ja que avui no falta ningú, demà en falten tres i potser demà passat dos més. De mica en mica els encarregats d'escriure aquest missatge, que van canviant cada dues setmanes, hi van participant en l'escriptura directa: a vegades posen la data, a vegades completen el missatge escrivint el nom dels nens i nenes que falten, a vegades el nom de la classe, fins que fan el missatge ben bé sols. Encara que depèn de cada nen i cada nena, cap al segon trimestre de la classe de 5 anys acostumen a elaborar un missatge prou entenedor per ser portat a la secretaria i així continuen a 1r curs i a 2n. Una vegada elaborat el missatge sempre es revisa: a vegades en grup petit, a vegades amb tot el grup de la classe (fig. 29).

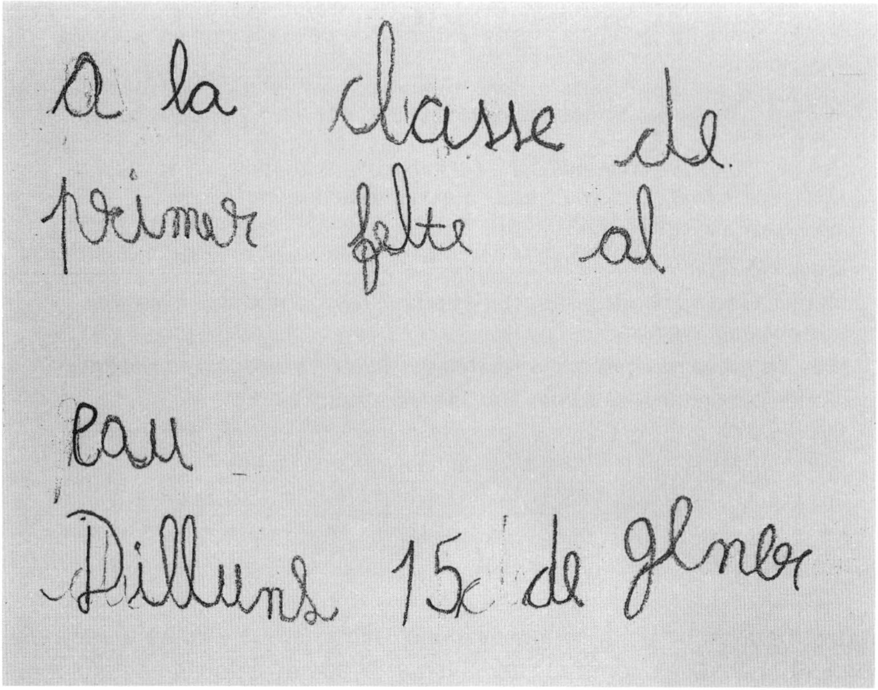

FIG. 29 MISSATGES DE LA CLASSE A LA SECRETARIA (5 ANYS I 1R)

d) Missatges entre els alumnes: racó de missatges

El racó de missatges potencia l'elaboració de petits missatges o cartes per als companys i companyes de la classe. Als primers missatges acostuma a haver-hi un dibuix amb algunes lletres i la signatura de qui l'envia. El lloc on posa el nom l'autor o autora del missatge constitueix un bon treball de recerca. Normalment es busquen els models de les notes que ens escriuen els pares i mares o de les cartes que algú ha rebut en algun moment (fig. 30).

FIG. 30 RECERCA DE MODELS. *"ON ESCRIU EL NOM QUI ENVIA UNA CARTA?"*

De la mateixa manera i a mesura que es fa necessari es va cercant on es posa el nom del destinatari del missatge, on es posa la data, etc. El fet que el destinatari sigui un company o companya de la classe fa que la distància en el temps i en l'espai propis de la comunicació escrita quedin reduïts a la mínima expressió i en puguin copsar ràpidament els efectes. (figs. 31 i 32).

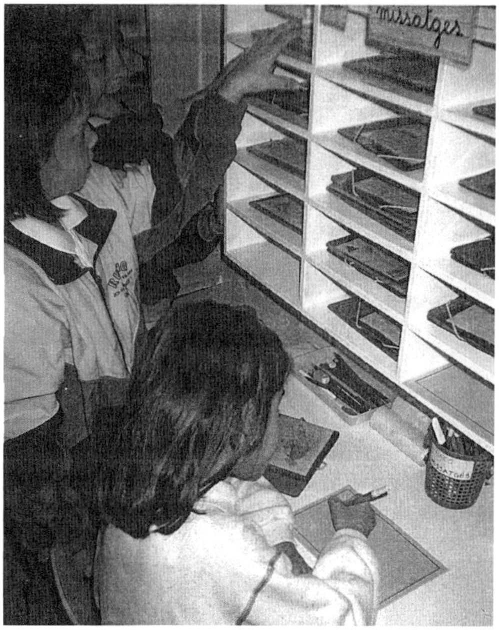

FIG. 31 RACÓ DE MISSATGES. ESCRIVIM PER A UN DESTINATARI PROPER I EN PODREM COMPROVAR ELS EFECTES AVIAT

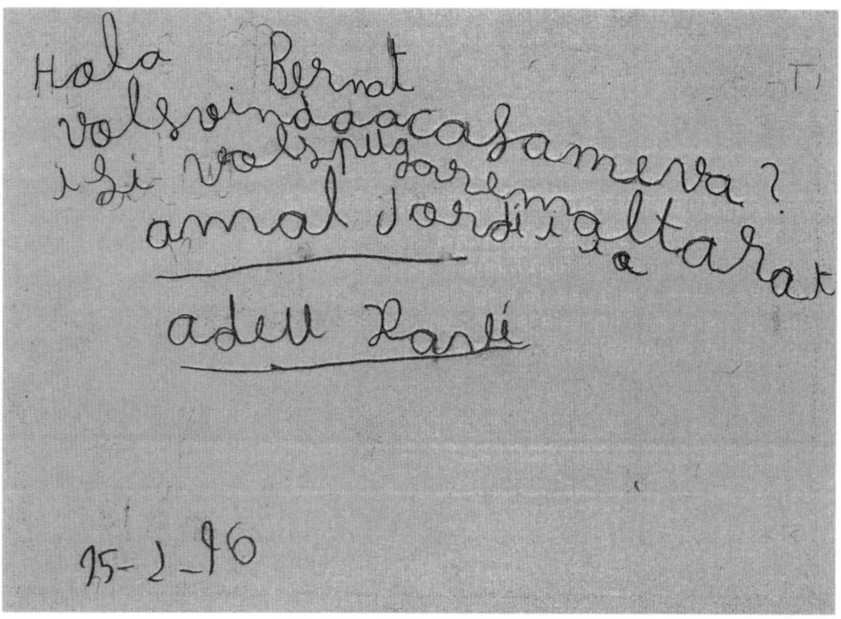

FIG. 32 MISSATGE D'EN XAVIER, DE LA CLASSE DE 1R, PER CONVIDAR EN BERNAT

PENSANT EN VEU ALTA:
De què serveix que els aprenents elaborin ells mateixos els missatges per a les famílies?

Molt sovint quan un text ha de sortir del marc de la classe, ha d'arribar als pares, a la secretaria o a les altres classes, la mateixa mestra posa un fre a la participació de l'alumnat per tal que el missatge sigui impecable en tots els aspectes: que s'entengui, bona lletra, sense faltes d'ortografia, net, ben distribuït en el full..., en fi, que l'elabora la mestra mateixa. Aquest desig de perfecció, comprensible en part per donar una bona imatge, pot portar a l'absurd de donar a l'alumnat uns missatges perfectament elaborats i fotocopiats per als seus pares i mares, sense ni explicar-los què diu al full que porten a les mans.

D'altra banda, només cal provar-ho per veure amb quin interès i entusiasme responen els nens i nenes davant la proposta de participar en aquest tipus d'escrits; com també, comprovar la quantitat de continguts que s'hi vehiculen. El fet que el destinatari sigui proper i tangible i la funció de l'escrit real els permet comprovar directament els efectes del seu treball i rebre'n també les gratificacions.

Vist des d'aquesta perspectiva sembla increïble que es puguin desaprofitar les oportunitats que brinda la mateixa dinàmica de la classe per aprendre a produir un text. L'únic inconvenient és la previsió del temps que es necessita per elaborar aquest tipus de misssatges. Inconvenient molt fàcil de solucionar amb una bona planificació de l'horari.

Per exemple, per elaborar un permís per a una sortida cal preveure un temps per a cada seqüència didàctica. Temps per elaborar una proposta o esborrany tot resolent els dubtes que sorgeixen; temps per posar en comú les diferents propostes; temps per buscar solucions als conflictes plantejats; temps per incorporar les modificacions i, finalment, temps per a la reescriptura definitiva. És evident que això no es pot fer en una classe d'una hora. Depèn de cada grup de nens i nenes i del grau d'aprofundiment a què es vulgui arribar en cada aspecte, però ben bé a les classes de 5 anys i 1r pot ser el treball de llengua d'una setmana.

Després de dur a terme l'elaboració d'algun d'aquests tipus de missatges i de reflexionar sobre què han après els nens i nenes amb totes les seqüències didàctiques plantejades, els interrogants sobre aquesta manera d'aprendre llengua queden pràcticament resolts. Es comprova com el fet de trobar-se en la necessitat de buscar solucions als problemes que sorgeixen mentre s'elabora el missatge és el millor exemple del postulat que diu que d'escriure, se n'aprèn escrivint.

Apareixen preguntes de tot tipus, des de les que fan referència a la relació grafofònica ("*com es fa la x, quina és la f,...*") i a la separació de mots ("*va junt?, ho escric separat?*"), fins a la lingüística del text ("*hem de posar 'podem anar d'excursió' o 'puc anar d'excursió'? És una pregunta dir si puc anar d'excursió?*") i a la superestructura del text ("*primer posem 'hola pare i mare', després el que volem demanar i després...?*"). El fet que sorgeixin aquestes preguntes és una part de l'objectiu d'aquest plantejament didàctic, ja que el dubte sorgit d'una necessitat real és una situació ideal per aprendre. A partir d'aquí la intervenció del mestre ha de servir per encaminar l'alumnat a la recerca de solucions per tal que cada vegada esdevinguin més autònoms en la producció escrita.

Realment, el dia que com a mestra aconsegueixes situar-te a partir de les incògnites que presenta l'alumnat, no et precipites a donar solucions sinó que permets l'intercanvi real entre els companys i companyes i obres canals per a la reflexió i la recerca de solucions, comences a entendre de debò el sentit que té acompanyar el procés d'aprenentatge de cada nen i cada nena, cadascun ben particular i diferent.

Tot aquest plantejament demana dedicar-hi temps, no anar amb presses, per tal d'apreciar, valorar i millorar el procés més que el producte. Això, però, xoca força amb el pragmatisme dominant que vol resultats immediats.

Per això, potser, els mestres, tot i estar convençuts de la necessitat "d'entretenir-nos" en el procés, empesos per la mateixa pressa que porten els nens i nenes, per l'esgotament que poden suposar aquests tipus de dinàmiques si no es planifiquen i per la pressió social de les famílies, que aprecien els productes –perquè és el que es veu– i no els processos, ens precipitem i tendim a saltar-nos o a enllestir ràpid el procés. Passem directament a fer copiar el missatge, segurament excel·lent però no elaborat pels mateixos aprenents. Amb la qual cosa hem desestimat la part més interessant de l'aprendre a escriure: elaborar el missatge i permetre que sorgeixin tant els conceptes erronis i els dubtes com les bones construccions i les reafirmacions sobre els conceptes construïts.

Un aspecte que sorgeix una vegada i una altra en aquest tipus de treball és que molt sovint tots els nens i nenes no fan el mateix. Quan s'ha d'escriure per als pares i mares sí, perquè cadascú ho donarà a la seva família, però és absurd, per exemple, quan cal fer més d'un missatge per a la secretaria per dir quants nens falten avui, o fer més d'un cartell per posar a la porta de la classe, etc. En aquests casos diversificar els treballs és una bona solució. Per exemple, els encarregats d'escriure la nota per a la secretaria ho fan al matí, tot just quan arriben a classe i, mentrestant, uns altres encarregats posen la data a la pissarra, uns altres miren el temps, uns altres reguen les plantes, etc. La intervenció de la mestra en la parella que escriu la nota per a la secretaria pot ser molt personalitzada i possiblement entre els tres tractin aspectes que encara no han estan reflexionats de manera global per a tota la classe. Però el fet que tots sàpiguen igual deixa de ser una preocupació per a la mestra. Tot al contrari, poder atendre cada nen i cada nena en el punt de l'aprenentatge en què es troba passa a ser un desig. L'experiència mostra que el fet que uns sàpiguen més que els altres és un enriquiment per al grup, ja que si es permet la interacció, en algun moment es produirà l'intercanvi.

La contradicció entre l'exigència social de productes immediats i l'actitud pedagògica d'anar a fons en el procés es va resolent a favor d'aquest últim quan perceps que conflueixen les actituds següents:

- Convicció fonamentada de l'equip de mestres que ensenyar a escriure a partir dels usos del text escrit adquireix el seu sentit total.
- Acceptació i confiança plena en l'escola per part dels pares i mares, gràcies a la informació facilitada sobre el que es pretén amb aquest tipus de metodologia.
- Interès i esforç per part de l'alumnat en cada fase del procés d'elaboració dels missatges com a conseqüència de conèixer en cada moment l'objectiu del seu treball.

LLISTES DE MATERIALS, JOCS, ACTIVITATS, ETC.

Molt sovint en l'organització de la classe convé anotar, per tal de recordar-nos-en, alguns aspectes, com ara el material que falta, els jocs que farem al pati, les activitats pendents, o les coses que hem de dur a colònies. Aquest tipus d'anotacions es fan sempre en forma de llista, per facilitar-ne la lectura i poder-ne portar el control de la seva realització. Les llistes són una bona oportunitat perquè els aprenents de llegir i escriure participin en la seva confecció i en el seu ús. Podríem dir que tenen un particular interès des del punt de vista didàctic pels motius següents:

- Són un conjunt de noms que es refereixen a un mateix camp semàntic, amb la qual cosa es facilita i potencia la comprensió.
- Cada nom es pot llegir sol i té plenament sentit. S'evita així la fatiga de l'aprenent i es potencia el reeixir de manera immediata. El nou lector o escriptor es veu més amb cor de llegir o escriure un nom d'una llista que no pas un paràgraf llarg.
- Són de fàcil accés ja que no ofereixen cap complexitat sintàctica.

PROPOSTES D'ACTIVITATS A L'AULA

Es tracta de tenir present les oportunitats que sorgeixen per començar una llista.

Per exemple:

- El dia que un nen s'adona que no hi ha retoladors grocs, que s'han acabat els fulls llisos, etc. és el moment més adequat per a començar un full amb el títol MATERIAL QUE FALTA. A sota, cada nen o nena que s'adona d'alguna cosa que falta, ho pot anotar.

- Una altra bona ocasió pot ser arran d'un debat sobre el pati. Pot sorgir la idea de fer una llista de jocs per jugar-hi tots junts, per fer-ne un cada dia, per tenir més idees, per conèixer-ne de nous, etc.

– També podem fer una llista, si l'interès de la classe ho porta, dels programes de televisió que més agraden als nens i nenes de la classe, per compartir experiències, per conèixer els diferents gustos, per fer-ne una valoració, per saber-ne els horaris, etc. Aquesta llista pot relacionar-se amb la consulta a la programació que hi ha als diaris.

És evident que aquest tipus de llistes obertes han de quedar penjades a una alçada a l'abast dels nens i nenes, perquè les puguin llegir, assenyalar, esborrar, afegir-hi coses, etc. Materialment és útil fer servir una cartolina de base amb el títol gran i clar, i després cada nen o nena hi fa la seva aportació escrivint-la en una tira de paper que retalla i enganxa damunt la base proposada. Aquest sistema permet que diferents nens puguin escriure la seva proposta al mateix temps, sense haver de fer cua. Que puguin repetir la tira de paper amb la seva proposta tantes vegades com vulguin, sense malmetre la llista que queda penjada a la classe. La mestra pot intervenir més o menys en l'elaboració de l'escrit possibilitant diferents proves i revisions, abans del producte final.

Un altre tipus de llistes un xic diferents no pas per la seva funció mnemònica sinó pel seu destinatari –cada membre del grup– podria ser la llista de coses que cal portar per anar a colònies, per fer un pastís, un experiment, un treball manual, etc. En aquest cas cadascú haurà de quedar-se amb una llista i no serà suficient tenir-ne una de col·lectiva (figs. 33a i 33b).

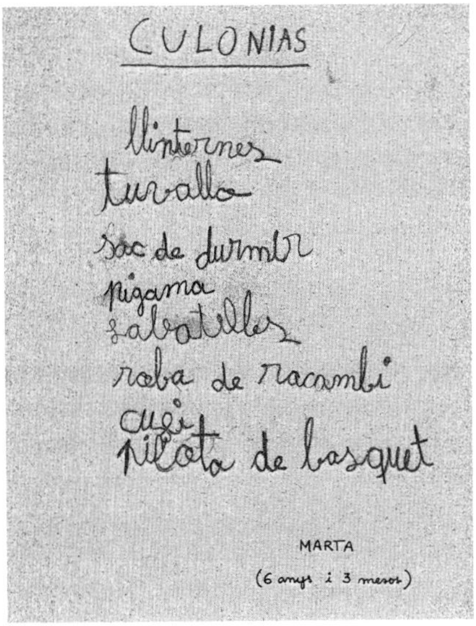

FIG. 33A ELABORACIÓ DE LA LLISTA
DE COSES NECESSÀRIES PER ANAR A COLÒNIES

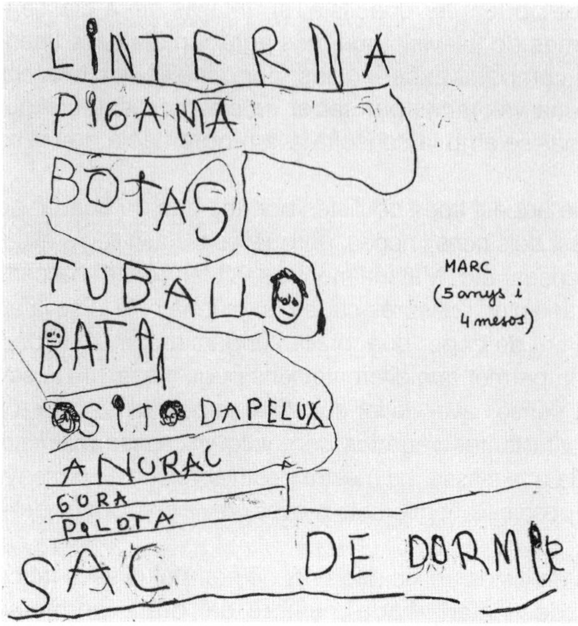

FIG. 33B ELABORACIÓ DE LA LLISTA DE COSES NECESSÀRIES PER ANAR A COLÒNIES

PENSANT EN VEU ALTA:

Quin avantatge ofereixen les llistes per als aprenents?

El potencial pedagògic d'ensenyament i aprenentatge de la lectura i l'escriptura que possibiliten les llistes, evidentment sempre que siguin sorgides d'una necessitat de la vida de l'aula, és molt gran. Només cal practicar-ho per convertir-se en un defensor del treball amb llistes.

Fins fa ben poc fèiem exercitar els nens i nenes en el domini de la lectura llegint noms que tinguessin la lletra que havíem ensenyat, la "p", per exemple, i així havien de llegir "peu, pi, pou, pal..." Noms sense cap altra relació que el fet de tenir una mateixa lletra. Amb l'ús de les llistes aquesta exercitació de lectura de noms es veu potenciada per la recerca de la significació. Igualment llegeixen noms solts, cosa que anima els principiants per la seva facilitat, però amb una relació basada en el significat. Aquest canvi és significatiu.

Un dia que escoltava com la Tàbata llegia els ingredients per fer la mona de Pasqua em vaig convèncer del tot de la necessitat d'oferir als nens i nenes textos amb sentit (que tenen una funció real i no solament didàctica) per afavorir la comprensió de la lectura. Ella i la Noemí, fent ús de tots els seus coneixements havien llegit OUS, SUCRE i davant d'una paraula que començava en *"ll"*, la Tàbata va dir entusiasmada: *lleopard!* (a la classe havíem treballat un projecte sobre lleopards), però immediatament va dir: *Ai, no!*, i totes dues es van posar a riure... Aquest *"Ai, no!"* manifesta clarament com la Tàbata controlava la comprensió del que llegia. Hauria pogut fer el mateix si en lloc dels ingredients d'una recepta li haguéssim proposat de llegir una llista amb LLIT, LLET, LLEÓ, LLAPIS?

Si els nens i nenes han de llegir "llit, llet, lleó", tota la seva atenció s'ha de centrar a desxifrar el codi, sense cap possible predicció i ni de molt recerca de significació, com si el llegir fos un joc de relació grafia-so únicament. Quan han de llegir "ous, sucre, farina i llet" per fer una recepta de cuina, la llista de noms s'ha convertit en un conjunt d'ingredients que cal portar per fer un pastís. Això possibilita fer prediccions, perquè qui llegeix, si aplica els seus coneixements, sap que a la llista que ha de llegir només hi pot trobar noms d'ingredients; pot establir hipòtesis a partir d'algun indici gràfic i sobretot comprovar si té sentit allò que interpreta a partir de les lletres i dels seus coneixements.

Un altre aspecte positiu del treball amb llistes és que molts nens i nenes que encara no dominen del tot els mecanismes de la lectura o que estan poc motivats per endinsar-se en el procés de llegir, s'apropen amb facilitat a les llistes. Sembla que la seva simplicitat els convidi a començar a llegir. L'esforç que s'hi posa es veu fàcilment recompensat, perquè aconseguir de llegir un sol nom ja té sentit. Permet que cadascú rendeixi al seu nivell. Tant qui pot llegir tres noms i amb una mica d'ajut quatre, com qui en llegeix només un i ja en té ben bé prou, tothom pot quedar satisfet. I això tant pel que fa a llegir com pel que fa a escriure. Si fem una llista, per exemple, de programes de la televisió que ens agraden, tan bé pot estar posar-hi dos noms com deu, cadascú pot treballar al seu nivell, amb sentit.

Aquesta plasticitat encoratja els nens i nenes, que capten ràpidament com l'abast de les seves possibilitats es correspon amb el treball que se'ls demana.

ASSEMBLEA DE CLASSE

L'assemblea de classe és una pràctica derivada de la metodologia Freinet que s'acostuma a realitzar per prendre acords sobre diferents aspectes del funcionament de la classe i de la vida del grup.

Potser a les primeres classes de parvulari, l'assemblea es realitza quan es creu convenient, sense un horari prefixat, en el moment que sorgeix la conveniència de parlar d'algun aspecte entre tots: quan s'ha de decidir alguna actuació conjunta, quan ha passat algun problema, quan es vol modificar algun aspecte o quan algú vol fer una proposta. Més endavant, cap al final de la classe de 5 anys i a partir de 1r curs, l'assemblea ja acostuma a tenir una hora i un dia fixats, de manera que qualsevol proposta, queixa o comentari que es vulgui aportar al grup convé guardar-la fins al dia de l'assemblea.

Què més apropiat, doncs, que utilitzar l'escriptura per recordar allò que volem que es tracti a l'assemblea?

I els acords que es prenen, per què no anotar-los per recordar-los sempre que faci falta? A més, el fet de posar-los per escrit els atorga més valor.

PROPOSTES D'ACTIVITATS A L'AULA

a) Proposta de temes

Quan l'assemblea té un horari fixat va bé tenir un lloc per recollir les propostes del que es vol parlar. A nosaltres ens ha anat bé fer servir la bústia de l'assemblea. Durant la setmana cadascú pot escriure els suggeriments que vulgui en un full, signar-los i tirar-los a la bústia. El dia de l'assemblea s'obre la bústia i es llegeixen totes les propostes, agrupant les que tracten d'un mateix tema, per passar seguidament a parlar de cadascun d'aquests temes.

Cada nen i nena escriu les seves propostes quan vol, en el moment que en té necessitat. És una escriptura espontània i totalment autònoma, sense cap directriu per part de l'adult; la mestra ni s'assabenta de l'escrit. En la seva elaboració es posen en joc els coneixements de cada alumne sobre l'escriptura. Són unes produccions que poden aportar molta informació a la mestra sobre el procés de cada nen i nena. Els nivells de realització i d'estratègies utilitzades són múltiples i totes acceptables; el més interessant és fer una proposta per a l'assemblea que s'entengui.

El dia de l'assemblea llegeixen les propostes guardades a la bústia. Es poden repartir els papers escrits entre els nens i nenes de manera que, per parelles, interpretin els missatges. Així, es posa en joc tot tipus d'estratègies de lectura: creació d'hipòtesi, descodificació, inferències, comprovació, abstracció de la idea principal, resum, etc. (fig. 34). Aquesta lectura serveix, també, de revisió del text. Qui ha fet el text comprova els seus efectes sentint com un altre l'interpreta. S'estableix una situació d'avaluació mútua entre emissor i receptor. Després s'agrupen tots els escrits que parlen d'un mateix tema, es parla de cada un i s'intenta arribar a acords.

b) Acords de l'assemblea

El dia que de l'assemblea en surt un acord important es pot suggerir d'escriure-ho i penjar-ho a la cartellera de la classe per fer-hi referència sempre que ens calgui. Molt sovint els nenes i les nenes llegeixen espontàniament aquests acords, però sobretot anem a rellegir-los quan sorgeix algun problema a la classe del qual ja havíem parlat. En les assemblees següents es pot anar ampliant la llista d'acords i si sembla oportú llegir i revisar els anteriors.

Els acords són fruit d'una decisió col·lectiva, els enunciats es pacten entre tots i normalment prenen la forma d'imperatiu. Després, un voluntari o voluntària escriu allò que s'ha acordat i un company o companya l'ajuda. El fet d'escriure l'acord fa que aquest prengui més rellevància gràcies a l'efecte de rectificació propi de l'escriptura.

En moltes ocasions els nens i nenes llegeixen espontàniament aquests acords, però també poden llegir-se per indicació de la mestra quan ho cregui convenient (fig. 34)

FIG. 34 LA LEONOR LLEGEIX A L'ASSEMBLEA DE CLASSE UNA QUEIXA:
"UN NEN O UNA NENA, NOSE QUI, DES EN GANXA LAS ETIQUETAS DELS PENJARROBAS."

3.2 PROPOSTES REFERIDES A L'ÚS CIENTÍFIC

Si saber llegir i escriure serveix, entre altres funcions, per accedir al poder (poder que dóna la informació, poder que dóna l'ampliació i reformulació de coneixements, poder que dóna el reconeixement social del saber, etc.), l'infant que aprèn a llegir i a escriure ha d'apropiar-se també d'aquesta funció. Tal com hem exposat al capítol 1, les situacions reals d'ús d'aquesta funció són les que permetran a l'infant que aprèn a llegir i a escriure de copsar el sentit i l'abast d'allò que aprèn en totes les dimensions.

Dins de les diverses situacions en què utilitzem la llengua escrita per a l'ús científic, hem destacat aquelles que hem experimentat a l'aula de 5 anys i de 1r com a més reeixides pel grau d'implicació dels nens i nenes.

En el primer apartat d'aquest capítol tractem la notícia periodística com a font d'informació, en el segon apleguem les activitats d'ensenyament-aprenentatge entorn del textos expositius, i en el tercer, les referides a textos instructius.

Totes les propostes que descrivim a continuació tenen l'objectiu d'apropar els nens i nenes a l'ús científic de la llengua escrita. La relació infant-ús científic pren sempre aquesta direcció: apropar l'infant a l'ús científic, mai a l'inrevés. Això vol dir que presentem els textos com són, amb el seu vocabulari, amb la seva sintaxi i amb tota la seva complexitat. Volem fer participar l'infant d'aquest ús de la llengua escrita de manera real, perquè amb la seva implicació i amb l'ajut de l'adult pugui anar apropiant-se del seu coneixement.

TEXTOS PERIODÍSTICS: LA NOTÍCIA

Els diaris i les revistes són elements propis d'una societat alfabetitzada a través dels quals circula informació i es crea opinió. Aquestes funcions entren avui en competència amb altres mitjans de comunicació, com ara la ràdio i la televisió, però de tots ells els que se serveixen específicament del text escrit són els diaris i les revistes.

Totes les publicacions periòdiques tenen la seva estructura particular ordenada en seccions que abracen molts tipus de textos i funcions. Des de l'editorial a les cartes al director, de les notícies als articles d'opinió, de l'esport als espectacles, de la publicitat a les borses de treball, dels acudits als entreteniments i del temps a la programació de la televisió, entre d'altres, hi ha una varietat extensíssima.

Els diaris i les revistes es manifesten, doncs, com una eina molt potent, tant pel que fa a la seva funció com pel que fa a l'amplitud de camps que tracten. Interpretar, cercar una informació, triar, relacionar, comparar, en definitiva, saber llegir un diari és un aprenentatge llarg que cal plantejar-se a través de tota l'escolaritat i, per tant, també, en l'aprenentatge inicial de la lectura i l'escriptura.

Molts nens i nenes tenen coneixement sobre aquestes publicacions, les han vistes a casa, al quiosc i saben o poden començar a saber quins tipus d'informació es pot trobar als diaris. La presència del diari a les classes de 5 anys i de 1r, com un element més del material imprès de la nostra societat que fan servir moltes persones alfabetitzades, ens ha portat a les següents situacions d'ús:

- Mirar la data per saber el dia que és.
- Buscar el temps meteorològic.
- Consultar la programació de televisió.
- Llegir i comentar alguns anuncis.
- Llegir i comentar algunes notícies.

Els quatre primers usos els hem comentat a l'apartat 3.1, ja que es relacionen més directament amb l'ús pràctic de la llengua escrita; aquí tractarem les notícies, més pròpies d'aquest apartat referit a l'ús de la llengua escrita per ampliar coneixements.

També relacionat amb els textos periodístics es duu a terme, a vegades, la publicació d'una revista com a projecte de cicle o d'escola. És una experiència ben interessant perquè els nens i nenes participen en una tasca comuna i veuen publicats i difosos els seus escrits. Dins de les diferents seccions de la revista, també hi tenen cabuda les notícies. Notícies per a un auditori molt específic: les famílies i els altres alumnes de l'escola, però que pel seu caràcter informatiu sobre fets verídics i per la seva forma són realment notícies periodístiques.

PROPOSTES D'ACTIVITATS A L'AULA

a) La notícia periodística

L'aproximació al coneixement de la notícia periodística es va fent a l'aula a partir d'algunes notícies llegides directament del diari (de les quals els nens i nenes en mostren coneixement a partir del que han vist a la televisió) i de les que els mateixos nens i nenes escriuen.

En una cartellera exposem les notícies que ens agradaria de comentar amb tota la classe i un cop per setmana dediquem una estona a compartir-les. La cartellera de les notícies és una pissarra magnètica que permet aguantar-hi un retall de diari mitjançant un imant o bé escriure-hi directament mitjançant un retolador. Un cop les notícies ja han estat comentades les acostumem a guardar en un àlbum.

Les notícies que comentem a la classe procedeixen directament del diari, de l'observació de l'entorn (inclosa la televisió) o de la transformació d'un fet viscut en notícia. L'àmbit d'aquestes notícies pot ser familiar, de l'escola, del barri o poble o del món en general.

Les notícies que procedeixen directament del diari, retallades i penjades a la cartellera, són fruit d'aportacions personals dels nens i nenes de la classe –retalls de diari que porten de casa–, de la mestra, o d'un treball conjunt entre un grup petit i la mestra (fig. 35).

FIG. 35 CARTELLERA DE NOTICÍES APORTADES PELS NENS I LES NENES

FIG. 36 ELS NENES I NENES REDACTEN LES NOTÍCIES

Classe de 5 anys, mes de novembre. Encara no s'havia començat la cartellera de notícies a la classe. La Marta i la Marina, encarregades del calendari i del temps, buscaven en el diari la pàgina del temps meteorològic per retallar-lo. Tot d'una veuen una foto del Floquet de Neu.

MARTA: *Jo vaig anar a la festa del zoo.*
MARINA: *I jo vaig veure el Floquet de Neu a la tele.*
MARTA: *Aviat es morirà...*
MARINA: *No té fills, oi?*
MARTA: *Va, busquem el temps!*

(El Robert i l'Eugeni s'han ajuntat a la conversa.)

ROBERT: "*Toma*"! *El Floquet de Neu al diari! Mira! Mira!* (Cridant a la mestra.)
MESTRA: *Què passa?*
DIVERSOS: *El Floquet de Neu! El Floquet de Neu!*
MESTRA: *Sí, sí! I com és que surt al diari?*
EUGENI: *Ahir van fer una festa!*
ROBERT: *I li van regalar un pastís!*
MESTRA: *Un pastís d'aniversari?*
ROBERT: *Un pastís de molts pisos!*
MESTRA: *A veure si ho diu aquí? On deu ser el títol d'aquesta notícia?*
MARTA: *Aquí.* (Assenyala la nota del peu de foto.)
MESTRA: *No, mira, aquí diu coses de la foto. El títol és aquí dalt amb lletres grans. Què hi diu?* (Pausa.) *Parla del Floquet de Neu! Sabríeu trobar en aquest títol tan llarg Floquet de Neu?*
MARINA: *Aquí hi diu zoo.*
MESTRA: *Hi esteu d'acord?*
MARTA: *Sí... zoo!*
MESTRA: *Molt bé!, va, a veure si trobeu Floquet de Neu. Són 3 paraules: Floquet* (pausa), *de* (pausa), *Neu.*
MARTA: *Aquí!, aquí!* (Assenyala amb el dit i diu): *Floquet de Neu.*
MESTRA: *Va, ara us ho llegeixo tot junt: "Més de 40.000 persones visiten el zoo en l'aniversari del Floquet de Neu". Voleu que després en parlem tota la classe?*
ROBERT: "*Vale*"!
MESTRA: *Mira, vosaltres, Robert i Eugeni, retalleu aquesta notícia i la poseu sobre la meva taula i vosaltres, Marta i Marina, acabeu la vostra feina del temps.*

Després, entre tots quatre, la Marta, la Marina, el Robert i l'Eugeni, van explicar la notícia que havien retallat del diari i es va comentar entre tots. A partir d'aquí la mestra va presentar la cartellera de notícies i hi va deixar penjat el retall de diari de l'aniversari del Floquet de Neu perquè cadascú s'ho pogués mirar quan volgués. També va convidar a portar notícies retallades de casa.

Hi ha altres notícies que provenen de l'observació de l'entorn. Aquestes notícies, en un primer moment, es comenten a partir d'una exposició oral, però de mica en mica anem convidant els nens i nenes a escriure-les i il·lustrar-les com si ells fossin periodistes. El mestre vetlla, és clar, per anar acostant cada vegada més aquestes produccions a l'estructura de la notícia. Quan la notícia està ja elaborada té el mateix tractament que la retallada del diari: s'exposa a la cartellera; qui l'ha escrit la presenta el dia previst i es comenta; després, es guarda o es copia a l'àlbum de notícies de la classe.

EXEMPLE 21

Classe de 5 anys, mes d'abril. Mentre endrecen la classe per sortir al pati la Martina es dirigeix a la mestra per comentar alguna cosa i l'Eugeni, que ho sent, també hi intervé. La mestra aprofita l'avinentesa perquè facin de periodistes i redactin la notícia.

MARTINA: *Ahir encara es veia l'estel fugaç.*
EUGENI: *Ah! Jo per la tele vaig veure el cometa el divendres.*
MESTRA: *Ostres! És veritat! No hem parlat gens del cometa! Sabeu coses, vosaltres, d'aquest cometa que es veu fa tants dies?*
MARTINA: *Jo el veig des de casa!*
MESTRA: *Sabeu què?, podríeu fer una notícia per explicar a tota la classe. A la tarda m'hi feu pensar i mirarem de fer-ho, ara és hora d'anar al pati.*
(...)

L'Eugeni i la Martina han preparat pel seu compte la notícia i la hi ensenyen a la mestra abans de penjar-la a la cartellera.

MESTRA: *Molt bé! Us heu espavilat molt! Què heu posat?*
EUGENI: *"A Barcelona es veu el cometa."*
MESTRA: *I aquí què hi diu?*
EUGENI: *Les firmes, perquè se sàpiga qui ho ha fet.*
MESTRA: *Caram! Molt bé! Sabeu què? Hauríeu de mirar al diari on posen el nom de qui ha escrit la notícia, perquè això de firmar és més aviat per a les cartes.*

La mestra ha triat un aspecte per aprofundir-hi. En aquest cas, la presentació formal del nom del qui escriu la notícia, ja que ells mateixos han volgut posar el seu nom.

(L'Eugeni i la Martina remenen el diari, la mestra s'hi acosta.)

MESTRA: *Heu trobat algun nom? Mira, aquí mateix.* (Pausa.) *El títol amb lletres que es vegin bé. I aquí sota el nom del periodista, mira...*
MARTINA: *Diu Albert?*
MESTRA: *Sí, Albert i el cognom, Lladó, i al costat la ciutat des d'on escriu. Què hi diu?*

EUGENI: *Barcelona.*

MESTRA (agafa el full on han escrit la notícia): *Ho podríeu arreglar? Què heu de canviar?*

EUGENI: *Esborrem les firmes i posem el nom aquí.*

MESTRA: *Molt bé, a sota del títol. I que posareu des de quina ciutat escriviu?*

MARTINA: *"Vale"!*

Finalment, hi ha altres notícies que procedeixen de la transformació de la narració d'un fet viscut en narració en forma de notícia periodística (fig. 36). Algunes vegades els fets viscuts tenen una càrrega afectiva tan forta, que és difícil de trobar la frontera entre l'interès personal i l'interès públic. A les classes de 5 anys i 1r ens trobem amb fets com: "He tingut un germanet", "m'ha caigut una dent", que pel seu caràcter verídic i actual són realment notícies, però no són notícies periodístiques per la manca d'un interès social. Tot i així, si considerem l'interès social en el context de l'aula, podrem reconèixer fàcilment el ressò que tenen aquestes "notícies". En realitat els fets es constitueixen en notícia gràcies a la seva difusió com a tal. Per això alguns d'aquests casos ens ajuden a veure quina és la forma explícita de les notícies periodístiques. A continuació n'exposem un exemple.

EXEMPLE 22

Classe de 1r curs, mes de febrer. La Gemma ha tingut una germaneta i ho comunica a tothom. La mestra ha canviat l'activitat prevista per la redacció de la notícia.

GEMMA: *Ahir va néixer la meva germaneta!*

MESTRA: *Apa! Felicitats!* (Hi ha molt de rebombori.) *Li voleu preguntar coses? Fem-ho amb ordre, aixequeu la mà els que vulgueu parlar.*

(...)

MESTRA: *Si volguéssim escriure aquesta notícia de la germaneta de la Gemma com ho fan els diaris, sabeu com ho posaríem?*

MARC: *Primer el títol, una foto i després...*

ALBERT: *Totes les coses: com es diu, que és petita i tot això.*

MESTRA: *Vinga, avui ho provarem. De dos en dos escriurem aquesta notícia com si fóssim periodistes.*

Transcripció del treball d'una parella, en Martí i l'Eduard:

MARTI: *Quin títol?*

EDUARD: *La Gemma té una germana.*

MARTÍ: *No, no, hem de posar que va néixer.*

EDUARD: *Va néixer la germaneta de la Gemma.*

MARTÍ: *No queda bé de títol!*

EDUARD: *Que sí!*

MARTÍ: *Mira, ells posen "Ahir va néixer una nena!".*

EDUARD: *Va, doncs, això.*

ALBERT: *No s'hi val, a copiar!*

MARTÍ: *Que no copiem. Què havies dit?*

EDUARD: *"La Gemma té una germana."*

MARTÍ: (ho escriu a dalt del full amb lletres de pal, i ho subratlla): *"La Gemma teuna jarmana".* (Després passa el full a l'Eduard.) *Té, ara tu.*

EDUARD (Escriu sense dir res.) *"Ai vanexa lagermana de la Gemma i es diu Marta." Ja està.*

MARTÍ (Sense llegir-ho): *Tan curt? Les notícies són més llargues!*

EDUARD: *"Ahir va néixer la germana de la Gemma i es diu Marta". Què més posem?*

MARTÍ: *No sé...!*

Per escriure més coses els falta més informació. Això es constata a totes les notícies que escriuen els nens i nenes. Per això és útil fer una parada en l'escriptura de qualsevol notícia per buscar més informació, ja sigui a través de la consulta de llibres i de diaris o de preguntes directes.

EDUARD: *Ja està! Falta la foto!* (Pausa.)

MESTRA: *Si voleu posar més coses li podeu preguntar a la Gemma, com és, on va néixer, a quina hora...*

(...)

Aquests tipus de notícies, redactades pels mateixos nens i nenes, són les que acostumen a nodrir la secció de notícies de la revista de l'escola, si s'escau.

Dins l'horari escolar tenim previst un temps per a la lectura i comentari de les notícies. Durant l'estona de les "notícies" cada nen i nena que té una notícia a la cartellera (la mestra també n'hi té sovint) la llegeix per a tota la classe i es comenta entre tots. Es procura que sempre hi hagi un temps de preparació, amb ajut de l'adult, de la lectura en veu alta de la notícia. També es poden dir notícies narrades de memòria, sense llegir, com fan veure les notícies de la televisió. Aquestes notícies també s'han d'assemblar a la forma de les notícies, són com una proposta de notícia escrita, una veritable activitat de textualització sense arribar a escriure-ho. (Entre tots anem passant del "*Ahir vaig anar a veure una pel·lícula, amb el meu pare, que es deia Toy-Story*" a una explicació més semblant a la de les notícies. "*L'Albert va anar a veure la pel·lícula Toy-Story. És molt especial, està feta amb ninots...*")

Un cop llegida, o narrada de memòria, cada notícia, s'obre un torn d'intervencions (preguntes, comentaris) sobre el tema de la notícia, sobre el contingut, sobre la forma del discurs i de la presentació gràfica. La mestra va conduint els punts de reflexió i aprofundint per tal d'anar facilitant la formació del concepte de notícia.

A la classe de 5 anys, al mes de febrer, vam preguntar als nens i nenes què és una notícia. Tots van respondre amb algun enunciat pertinent entorn a una o dues d'aquestes tres característiques bàsiques amb què hem agrupat les seves respostes:

– Veracitat:
"Una cosa que ha passat"
"Una cosa que ha passat de veritat"
"Una cosa que hem vist"
"Una cosa que hàgim sentit"

– Interès públic:
"Una cosa important"
"Una cosa que tothom en parla"
"Que ha sortit per la 'tele'
"Que ho diu el diari"

– Forma:
"Que té un títol i després més coses"

A la classe de primer es va aprofundir en el contingut de les notícies, i es va anar elaborant una pauta (fig. 5) per analitzar si la notícia era més o menys completa (si ho "deia tot" o si era "prou llarga", amb paraules dels mateixos nens i nenes). La notícia havia de dir: *qui* ho va fer, *què* va passar, *on* va passar, *quan* va passar i *per què* va passar. En l'exemple següent mostrem una conversa en la qual s'utilitza aquesta pauta.

EXEMPLE 23

Classe de primer, mes de maig. A l'hora de les notícies l'Eugeni formula una notícia de memòria i després s'analitza.

EUGENI: *Ahir va guanyar el Barça perquè l'entrenador de l'Espanyol ho fa malament.*
MANEL: *Falta dir on!*
MESTRA: *Espera't un moment... Primer deixem-lo acabar.*

EUGENI: *Al camp del Barça.*

MESTRA: *A veure, digues la notícia tota sencera. Pensa-t'ho bé!*

EUGENI: *Ahir va guanyar el Barça perquè l'entrenador de l'Espanyol ho fa malament i van jugar al camp del Barça.*

MESTRA: *Ara mirem si ho has dit tot.* (Mirant la graella.) *Ha dit qui? A qui li va passar aquesta notícia?*

No contesta ningú, passats uns moments la mestra reformula la pregunta, fent-la més concreta i contextualitzada.

MESTRA: *La notícia és que va guanyar el Barça, oi? Doncs a veure, qui és el que va guanyar? A qui li va passar això de guanyar?*

MARCEL: *Al Barça!*

MESTRA: *Molt bé, ara mirem què va passar?*

EUGENI: *Que va guanyar el Barça!*

MESTRA: *Molt bé. Què va passar?, que va guanyar qui?, el Barça! Que més han de dir les notícies?*

MARTÍ: *Per què?*

MESTRA: *Ha dit per què l'Eugeni?*

MARCEL: *Sí!, perquè l'entrenador de l'altre equip és dolent!*

MESTRA: *Què més?, qui, què, per què... Falta quan. Ha dit quan va passar?*

EUGENI: *Sí!, ahir!*

MESTRA: *D'acord. Ja hem vist que has dit qui, què, per què, quan i també el lloc, com ha dit abans el Manel. Molt bé, voleu dir alguna cos més d'aquesta notícia?*

MANEL: *Van quedar dos a zero. Una pallissa!*

MESTRA: *Així, explicaríem més què va passar; a més de guanyar, podem dir per quant va guanyar!*

(...)

PENSANT EN VEU ALTA:

Totes les notícies del diari són adequades? I els nens i nenes que no porten mai notícies?

La presència del diari a la classe dels petits comporta sovint debat sobre la seva conveniència a causa sobretot de fotografies que mostren violència descarnada, que poden ferir greument la sensibilitat dels infants. Crec que la mestra o el mestre té tot el dret de preservar l'alumnat no exposant-lo a situacions que cregui difícils d'integrar. Si un dia no hi ha el diari, perquè no ha arribat, no s'ha comprat o no s'ha volgut ensenyar, és del tot lícit.

Per altra banda, tampoc no és convenient fer créixer l'infant dins una campana de vidre, aïllat del món on viu. Es tracta més aviat d'acompanyar-lo en la descoberta de cada realitat. El to en què es comenten les notícies pot ajudar a situar cada cosa al seu lloc. Si el diari és una eina que volta per la classe cal comptar que més d'un cop ens trobarem amb alguna sorpresa, ja que és impossible preveure-ho tot, cosa que no vol dir no tenir criteri.

Un altre problema que planteja el fet que els nens aportin notícies de casa, és el fer més palès les desigualtats del nivell cultural de les famílies. Hi ha nens i nenes que en tot el curs no podran aportar mai cap notícia; a l'altre extrem, també hi ha el qui sempre aporta la notícia ajustada als interessos i possibilitats de la classe. El grau de protagonisme d'un i altre dins el grup és un aspecte important que requereix ser tractat amb delicadesa, però no motiu suficient per abandonar aquest tipus de proposta. La realitat de cadascú es fa sempre present d'una manera o d'una altra, i el fet de fer-se evident no desqualifica ningú, sinó que permet ser atès amb el respecte que imposa el coneixement de causa.

Recordo un exemple d'aquesta mena de problemes. Una vegada, un nen de la classe de 1r va treure de la seva cartera un tros de diari mig brut i rebregat i tot content me'l va ensenyar. Jo vaig intentar allisar-lo i de seguida vaig veure que les coses no lligaven gaire. El diari estava retallat sense respectar cap notícia, de manera que no se'n podia llegir cap de sencera. Després, vaig demanar-li amb delicadesa per què havia dut aquell diari i em va dir que era per al racó de notícies, com tots els diaris que es duien a la classe. Després vaig preguntar-li si sabia quina notícia hi deia. Com que no ho sabia, vaig demanar-li on l'havia trobat i la sorpresa va ser meva quan em va dir ja una mica empipat que d'on volia que el tragués, dels diaris que la seva mare posava a terra després de fregar! Estava clar que els diaris a casa seva servien per fregar, gairebé segur que no havia vist mai la seva mare llegint el diari!

Aquesta aportació em va fer tocar de peus a terra, em va apropar molt més a la realitat del nen i entendre les seves mancances. Mai se'm va ocórrer abandonar el treball de les notícies, sinó al contrari, facilitar-l'hi al màxim. Trobaríem injust que a causa d'aquesta realitat privéssim els nens de conèixer i utilitzar el diari a classe.

Els textos expositius i explicatius tenen com a funció fer entendre els fets i conceptes que es proposen. Diferents autors coincideixen que *explicar* inclou donar raons d'un *perquè* o d'un *com*. És un tipus de text molt habitual a l'escola, tant pel que fa al discurs que utilitza el mestre, com pel que fa al discurs dels bons llibres de text. És també el llenguatge propi dels llibres de coneixements, les enciclopèdies, les revistes de divulgació científica, etc., encara que com és de suposar és difícil trobar un text explicatiu pur, ja que sovint s'intercala amb descripcions que ajuden a fer encara més comprensible els fets que s'exposen.

Les característiques fonamentals d'aquest tipus de text les constitueixen el lèxic precís i la sintaxi clara, per evitar qualsevol tipus de confusió i permetre l'exactitud de les nocions exposades. Les relacions entre les proposicions les marquen els connectors del tipus *perquè*, *per tal que*, *de manera que*, *ja que*, *per tant*, etc. i la mateixa organització textual, *ordre de l'exposició i visualització d'apartats*, *subapartats*, *subratllats*, *negretes*, etc.

Per fer més comprensible el tema que s'exposa o explica hi són habituals els gràfics, els esquemes i les reproduccions.

El text expositiu o explicatiu s'identifica amb el "saber" i encara que molt sovint relacionem aquest tipus de text amb l'àrea de coneixement del medi natural i social, és evident que el trobem a totes les matèries i fins i tot ens serveix per aprendre "Llengua".

Entrar en la dinàmica d'aquest tipus de text significa per a molts escolars triomfar acadèmicament. Per *aprendre* conceptes nous i, també, per *mostrar* els propis coneixements i descobriments es fa pràcticament indispensable dominar totalment el text explicatiu.

Heus ací, doncs, la proposta de convertir en situacions d'ensenyament-aprenentatge de la lectura i l'escriptura l'ús del text explicatiu per ampliar coneixements.

Hem agrupat en dos grans blocs les propostes d'activitats a l'aula:

- Recerca d'informació.
- Organització de la informació.

a) Recerca d'informació

• Els llibres de coneixements per a la recerca d'informació

Situem l'ús dels llibres de coneixements, enciclopèdies i revistes especialitzades, com un instrument a l'abast i al costat de les entrevistes, enquestes, observacions directes i experimentacions, per a *"la recerca d'informació"* que es pot plantejar en un moment donat per resoldre una qüestió (com neixen els pollets, quin és el planeta més gran, quin animal corre més o com és un lleopard per dins).

A la classe es pot potenciar la recerca d'informació en múltiples ocasions i de manera especial si es treballa amb "projectes".[1]

En el moment de plantejar la recerca d'informació molts nens i nenes de la classe de 5 anys i de 1r curs acaben els seus recursos preguntant al pare i a la mare i amb allò que tenen a casa. De mica en mica, i gràcies bàsicament al fet d'experimentar-ho, van ampliant el seu camp descobrint altres espais i materials, com biblioteques (de l'escola, del barri), Internet, CD-Rom, museus, exposicions, etc., com també la cartellera de la programació de la televisió, dels museus i les exposicions i els fullets de divulgació i propaganda. Indagar sobre aquests aspectes també forma part de la recerca d'informació:

- On anirem a buscar els llibres, els vídeos, les fotos, etc.
- On trobarem informació del museu, zoo, exposició, etc.
- Com sabrem si fan un programa per la televisió que parli del tema.

---

1. Els projectes de treball globalitzats al quals ens referim comporten quatre fases de treball:
   -*Tria i definició del projecte:* Elecció i concreció de l'objectiu, representació del que se sap, formulació del que es vol saber, elaboració de l'índex o guió de treball.
   -*Planificació:* Recerca d'estratègies i accions que cal realitzar, elaboració del pla de treball.
   -*Realització de les accions:* Recerca d'informació, organització de la informació.
   -*Avaluació:* Avaluació del procés i dels aprenentatges.

La funció dels projectes de treball globalitzats és "afavorir la creació d'estratègies d'organització dels coneixements escolars en relació amb: 1) El tractament de la informació, 2) La relació entre els diferents continguts a l'entorn de problemes o hipòtesis que faciliten a l'alumnat la construcció dels seus coneixements, la transformació de la informació procedent dels diferents sabers disciplinars en coneixement propi" (F. Hernández i M. Ventura, 1992).

Ens ocupem a continuació de les activitats d'ensenyament i aprenentatge referides només al material imprès que entre tots els de la classe es pot recollir per a la recerca d'informació sobre la qüestió que entre tots els de classe hàgim plantejat:

- Exploració i familiarització amb diversitat de llibres de coneixements: Els punts de lectura.
- Descoberta de l'ús dels índexs textuals propis: capítols, títols, negretes, cursives, il·lustracions, peus de foto, índexs, etc.
- Selecció i interpretació d'informació rellevant.
- Contrastar diverses informacions.

Cal constatar que la situació de buscar als llibres allò que volem saber afavorir en general experiències molt riques de lectura perquè es donen de manera natural aquelles condicions que potencien la comprensió del text escrit:

- És una situació real de lectura; el plantejament d'un dubte cognitiu ha dut a la necessitat de llegir, de cercar informació en els llibres.
- L'alumnat té clar l'objectiu de la lectura, ell mateix l'ha formulat a partir dels seus interessos. (*Busco si totes les aranyes tenen verí, o com es fa la coca de iogurt, o quin és el primer tren que va existir.*)
- Es potencia el fet de compartir amb els companys i companyes i amb la mestra les troballes i les interpretacions, fonamental per a l'autoregulació dels aprenentatges.

• Exploració i familiarització amb diversitat de llibres de coneixements: els punts de lectura

Actualment el mercat disposa de força llibres de coneixements per a infants (mai suficients, és clar), científicament correctes, ben il·lustrats i clars, sobre molts temes que interessen els nens i nenes: l'espai, tot tipus d'animals, el cos humà, els trens, etc. Acostumem a recollir suficient material perquè diferents grups puguin disposar d'un llibre per mirar-lo al mateix temps. Mentre dura el treball sobre el tema guardem aquests llibres i material imprès en un prestatge de fàcil accés per tal de poder-los explorar, consultar, mirar, remirar i remenar sempre que es vulgui (fig. 37).

Un cop tenim el material disponible, una de les primeres activitats que proposem és explorar, "mirar", els llibres, en grups de dos o tres nens i nenes. Com que tenim una llista de quines coses volem saber sobre el tema, la recordem abans de mirar els llibres i orientem perquè posin un punt de lectura a la pàgina on creuen que hi ha alguna cosa que ens pot interessar. Es pot aconsellar, també, d'escriure algun nom o un títol en el punt per recordar per què l'hem posat en una pàgina determinada (fig. 38).

FIG. 37 LLIBRES DE CONSULTA RECOLLITS PER A UN PROJECTE DE TREBALL GLOBALITZAT SOBRE ELS ÓSSOS PANDA

FIG. 38 RECERCA D'INFORMACIÓ. ÚS DELS PUNTS DE LECTURA

Els nens i nenes mostren molta curiositat i tant als 5 anys com als 6 anys desenvolupen autònomament aquesta recerca d'aspectes interessants per al tema que s'està estudiant. Mentrestant la mestra pot anar passant pels diferents grups per orientar la tasca, oferir ajut explícit i llegir fragments en veu alta per als nens i nenes.

EXEMPLE 24

Classe de 5 anys, mes de febrer. Els nens i nenes estaven explorant llibres per buscar informació sobre una qüestió concreta "*quantes llunes hi ha?*", dins un projecte de treball que es titulava "*el món*". Tot d'una, en Rubèn, que es troba en l'etapa presil·làbica pel que fa al coneixement del codi, va descobrir una fotografia sobre les nebuloses que el va impactar. L'escriptura del punt el va portar a una reflexió sobre el codi.

RUBÈN: *Aquí!, aquí!, un punt!* (L'ensenya a la mestra.)

MESTRA: *Quina fotografia tan bonica!*

RUBÈN (Agafa una tira de cartolina i la hi posa de punt).

MESTRA: *Per què trobes interessant aquest full?*

RUBÈN (Arronsa les espatlles!)

MESTRA: *A tu t'ha agradat aquest full, oi? I hi poses un punt per tornar-lo a trobar un altre dia. Per què el vols?*

RUBÈN: *Perquè és de l'univers.*

MESTRA: *Doncs posa univers aquí al punt i sabrem tots de què és.*

La proposta l'entusiasma. Agafa els retoladors i es disposa com mai a escriure. Potser avui ha trobat sentit a l'escriure?

RUBÈN: *U...* (Escriu la lletra u, passa una estona sense fer res i es dirigeix a la mestra.) *Quina més?*

MESTRA: *Què volies posar?*

RUBÈN: *Univers.*

MESTRA: *Doncs, has posat u... et falta n... i... v... e... r... s.*

RUBÈN: *Quina és la n...?*

MESTRA: *L'última del teu nom, Rubèn.*

RUBÈN (escriu N al costat de la U): *Quina més?*

MESTRA: *Ara diu U... N... et falta IVERS!*

RUBÈN: *La E!*

MESTRA: *Sí, unive... rs té la e. Molt bé.*

RUBÈN (té escrit UNI. Va dient les síl·labes): *U-ni-vers.* (I al mateix temps amb el llapis assenyala una lletra per a cada síl·laba.) *Ja està!*

MESTRA: *Has vist que surten les lletres del teu nom? Però aquí no diu Rubèn, oi?*

La temptació immediata és acabar d'ajudar el Rubèn i dir-li "molt bé, només et falten unes lletres, mira, te les poso". Però segurament això hauria servit de ben poc, en aquesta ocasió, per aprendre. La mestra ha aprofitat l'avinentesa per fer reflexionar sobre una de les hipòtesis bàsiques: la de posició de les grafies. És una bona mostra de com situar-se al nivell dels coneixements dels nens per fer-los reflexionar.

RUBÈN: *Li falta la primera!*

MESTRA: *Només?*

RUBÈN: *I aquí...*

MESTRA: *Doncs, fixa-t'hi bé. Si no és ben bé, ben bé igual diu coses diferents!*

FIG. 39 CONSULTA INDIVIDUAL O EN GRUP PETIT A LLIBRES DE CONEIXEMENTS

• Descoberta de l'ús dels índexs textuals propis: capítols, títols, negretes, cursives, il·lustracions, peus de foto, índexs dels llibres, etc.

El lector expert per comprendre un text usa tot tipus d'índexs: contextuals, textuals i grafofònics. En els textos explicatius els índexs textuals (títol, subtítol, negreta, cursiva, etc.) tenen una rellevància específica per a l'organització de les idees. Quan l'aprenent desconeix aquests tipus d'índexs, l'únic que té el seu abast és el de les il·lustracions. Hem observat com la recerca d'una informació es guia en el seu començament bàsicament per la il·lustració.

Molt sovint les il·lustracions són dibuixos o esquemes amb indicacions dels noms de cada part. Aquest tipus d'esquemes són molt apropiats per a lectors principiants i molt aviat s'engresquen o podem engrescar-los a interpretar què diuen les paraules que acompanyen el dibuix. En ser paraules soles alleugereixen la fatiga que suposa la descodificació; en ser dins un context permeten fer prediccions i per tant facilitar la descodificació i possibilitar la comprensió; a més, en assenyalar a quina part de l'esquema es refereix, permeten tenir un control o avaluació de la comprensió.

EXEMPLE 25

Classe de 5 anys, mes de març. La classe estava duent a terme un projecte sobre '*el cos humà*'. Tres nens estaven mirant un llibre amb un dibuix del cos i amb indicacions sobre els noms de les seves parts. Anaven "llegint" a partir de les lletres o a partir de veure la part que assenyalava cada paraula, els noms de les diferents parts, fins que les coses no els van lligar i van demanar ajut.

JOAN (va dient cada nom i amb el dit segueix la ratlla que uneix les lletres amb el dibuix): *"Cabells... ulls..."* (Hi ha escrit "ull".)

PAU (dóna un cop al Joan i li estira el llibre): *Ara jo!*

JORDI: *No, una cada un!*

PAU: *"Boca". No, boca no, "ll...* (Hi ha escrit "llavis".)

JOAN: *"Llavis"!*

PAU: *Sí, sí, llavis.*

És evident que estan exercint un control rigorós de fidelitat al text i de la comprensió. Tenen prou coneixements previs per fer-ho i el text els ho facilita.

JORDI: *"Maluca". Maluca?* (Hi diu "maluc".)

(Riuen.)

PAU: *"Anda"! Hi diu cuixa!*

JORDI: *Que no!, comença per "ma".*

JOAN: *"Pues" no hi ha res que comenci per ma..., ma...*

(Criden la mestra.)

Davant la dificultat de no trobar cap paraula que els lligui, criden la mestra. Serà un bon moment per veure que llegint poden aprendre coses noves!

De mica en mica, la mestra va orientant la necessitat de buscar el títol d'aquella pàgina que, per la il·lustració, sembla interessant. Llegir-lo per comprovar que és allò el que interessa. També, de mica en mica, la mestra va guiant la descoberta sobre la importància de llegir els peus de foto per no fer males interpretacions de les il·lustracions; i, també, de mica en mica, es va ampliant el camp cap a l'ús dels subtítols, les negretes, etc.

En iniciar la lectura d'un text expositiu tenim unes idees sobre el que tractarà aquell text. Aquestes idees ens les faciliten les il·lustracions i els índexs textuals. Fent una ullada als subtítols i a les paraules en negreta organitzem els nostres coneixements previs i podem preveure el tema d'un fragment determinat. Per això, és interessant que la mestra progressivament ajudi a descobrir aquestes marques.

També ben aviat l'infant descobreix que en els llibres de coneixements la informació està organitzada per capítols. Per facilitar la localització d'aquests apartats hi ha els índexs. Així, en els llibres d'animals, per exemple, tot el que parla del naixement està junt, després tot el que parla del menjar, després on viuen, etc. Molt sovint això s'aprèn perquè el mestre tot buscant conjuntament amb l'alumnat una determinada informació en fa ús, i fa de model per als aprenents.

D'altra banda la lectura dels índexs és força gratificant per a principiants, perquè el text és breu (els títols dels capítols són de tres o quatre paraules com a màxim). De manera que suposa un esforç abastable i altament compensat perquè si troben la pàgina corresponent obtindran allò que buscaven.

En l'exemple següent el Gabriel explicita com li són d'útils els índexs dels llibres. (Podeu trobar un altre exemple de descoberta d'ús dels índexs al capítol que fa referència a les endevinalles. Exemple núm. 39.)

Exemple 26

En una sessió de treball sobre què havien après després de la realització d'un projecte sobre les "*aranyes*" en Gabriel va explicar així com usava els índexs.

Gabriel: *Jo he après a trobar el que busco en els llibres.*
Mestra: *Com ho fas?*
Gabriel: *Miro l'índex i busco la pàgina.*
Mestra: *I ja ho trobes?*
Gabriel: *No! Llavors llegeixo una mica i miro si és allò. Si no ho és ho deixo i busco un altre llibre.*

• Selecció i interpretació d'informació rellevant

Assenyala Solé (1992) referint-se als textos expositius que "la interpretació progressiva del text, és a dir, l'elaboració de la seva comprensió, implica determinar les idees principals que conté. És important establir que encara que un autor pot confeccionar un text per comunicar determinats continguts, la idea o idees principals que construeix el lector depèn en bona part dels objectius amb què afronta la lectura, dels seus coneixements previs i del que el procés de lectura en si ofereix en relació als primers".

Per això, trobem essencial que la lectura dels textos expositius sigui precedida per una activació dels coneixements previs i per l'establiment de l'objectiu de la lectura. Cal tenir en compte que un mateix text el podem llegir diferents vegades amb diferents objectius.

Per seleccionar la informació que interessa en cada moment són útils els recursos d'assenyalar, subratllar, copiar o retallar el text pertinent.

EXEMPLE 27

A la classe de 1r curs s'estava duent a terme un projecte de treball globalitzat sobre els coales. Era el mes de novembre. En el guió de treball hi havia un apartat sobre "*com són per fora*" i dins d'aquest apartat una pregunta sobre si els coales tenen cua o no. Aquesta qüestió ens va portar de cap molts dies, perquè no trobàvem enlloc aquesta informació. Als llibres de què disposàvem no hi era, a les fotografies que teníem no es veia i al zoo no hi havia coales per anar-los a veure. A més, alguns ninots de peluix que intentaven reproduir els coales tenien cua i altres no. Pràcticament havíem acabat el projecte i només ens quedava aquesta incògnita.

En una anada a la biblioteca de l'escola, la bibliotecària ens va explicar per què servien les enciclopèdies, ens va ensenyar on està guardada l'Enciclopèdia Catalana i ens va ajudar a buscar, segons l'ordre alfabètic, la paraula coala. La mestra va llegir fil per randa el text en veu alta per a tots. Quan va arribar a "*No tenen cua*" les exclamacions van ser unànimes: havien trobat la informació rellevant perquè l'objectiu de lectura era més que clar.

> **coala** *m* ZOOL [*Phascolarctos cinereus*, família dels falangèrids] Mamífer marsupial, d'uns 60 cm de llargada, amb el tronc curt i robust i el cap gros, presentant un musell reduït i unes orelles molt grans i peludes. Les potes són relativament curtes, i els dits, prènsils. El pelatge és dens i espès, de color cendra. No tenen cua. Són de costums arborícoles i viuen sobre els eucaliptus, de les fulles dels quals s'alimenten, i només beuen quan estan malalts. Antigament eren molt nombrosos, però avui són protegits per tal d'evitar-ne l'extinció.

FIG. 40 RECERCA D'INFORMACIÓ CONCRETA. "TENEN CUA ELS COALES?"

Després vam acordar de fotocopiar l'explicació sobre el coala de l'enciclopèdia per guardar cadascú al seu àlbum. En repartir els fulls la mestra va proposar de subratllar la frase rellevant per al cas "*No tenen cua*". La recerca va ser difícil per a alguns però tothom va acabar trobant, llegint, subratllant i escrivint la frase seleccionada.

• Contrastar diverses informacions

Atès que el text escrit permet fixar les interpretacions de la realitat fetes pels altres o per nosaltres mateixos en un objecte palpable, és possible analitzar, comparar i contrastar les diferents informacions.

Més d'un cop trobem informacions no ben exactes entre diferents llibres sobre per exemple què mengen alguns animals, o alguns costums de com viuen, o sobre l'esperança de vida. No són informacions oposades sinó que totes són aproximades, però això és molt difícil de fer entendre i moltes vegades els nens i nenes volen saber qui té raó. Contrastar la informació, analitzar el context d'on prové i tenir criteri per veure si és informació oposada o complementària és una tasca més per comprendre el text expositiu.

EXEMPLE 28

En un projecte sobre els lloros, durant el tercer trimestre a la classe de 1r curs, vam trobar en un llibre que els lloros mengen vegetals i en un altre que mengen vegetals i també carronya. Això va generar una discussió relacionada amb el tipus de llibre consultat: el primer era un llibre de divulgació, petit, prim, en el qual no hi cabia tot, cosa que feia suposar que els autors havien seleccionat el més important; el segon era una enciclopèdia especialitzada, gruixuda, on hi hauria d'haver la màxima informació. En tornar a llegir el que deia l'enciclopèdia vàrem adonar-nos que especificava que tots mengen vegetals i alguns, a més, mengen carronya.

El contrast d'aquesta informació va permetre aprofundir en la comprensió total del text en si i del text en relació amb el context, la font d'informació, cosa que possibilita la comprensió global.

b) Organització de la informació

Un cop s'ha obtingut suficient informació es fa necessari organitzar-la, tant per poder-la comunicar als altres (a través d'una conferència, d'un mural, d'una exposició, d'una publicació, etc.), com perquè quedi un recull per ser consultat per a un mateix (dossier individual i/o col·lectiu).

Les formes de plasmar aquesta informació poden ser molt diverses. Les més freqüents són: dibuixos, esquemes i fotografies acompanyats de textos (títols, frases síntesi, petits fragments, mapes conceptuals, etc.), però potser el més important és organitzar aquesta informació "a la manera del" text expositiu. Tal com diuen els infants: "*Posar junt tot el que parla del mateix*" i "*triar si hi ha coses més importants per posar primer*".

Convé no acumular aquesta tasca d'organització de la informació per al final de tot el procés, sinó que un guió previ a la recerca d'informació ajudarà tant a concretar els objectius de la lectura, tal com ja hem explicat, com a organitzar la informació que trobarem.

- Establir un guió de treball

Un cop s'ha establert un tema d'estudi elaborem una llista *del que volem saber*. A partir dels neguits personals, de les contradiccions que sorgeixen en l'intercanvi d'informació, dels dubtes cognitius i de les curiositats de cadascú compartides, es va confeccionant una llista entre tota la classe. És important que aquesta llista quedi escrita, perquè d'ella sorgirà el guió de treball (fig. 41).

Una vegada tenim la llista de tot el que volem saber cal fer el treball d'ordenació i categorització. Tal com diuen els nens i nenes, *ajuntem tot el que s'assembli per poder treballar*. Els criteris de classificació, concretats en grans títols, es pacten amb el grup, i la manera gràfica de plasmar-ho també: fer conjunts, usar gomets de colors, tires de cartolina. En general és una tasca força laboriosa, que necessita la intervenció de l'adult per gestionar tot el treball, però que és essencial per a ajudar a organitzar els coneixements (fig. 42).

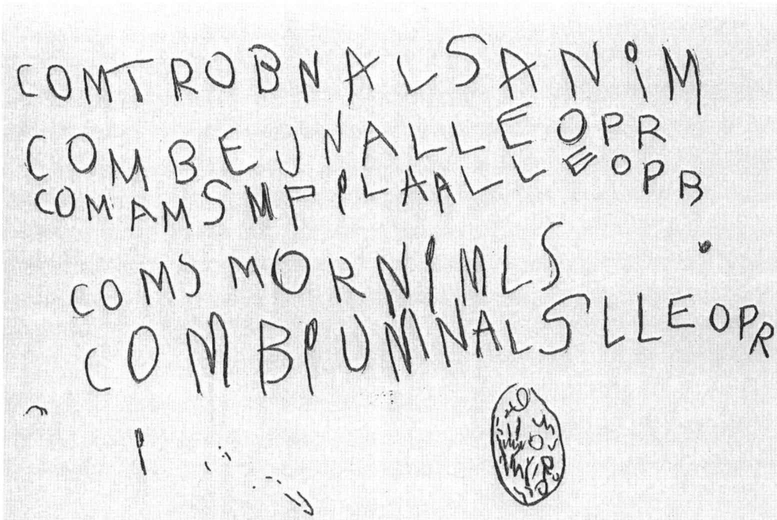

FIG. 41 APUNTS D'UNA PARELLA D'ALUMNES DE LA CLASSE DE 5 ANYS RESPECTE A "QUÈ VOLEM SABER" EN UN TREBALL PER PROJECTES SOBRE ELS LLEOPARDS

FIG. 42 GUIÓ DE TREBALL I REPARTIMENT DE TASQUES D'UN PROJECTE SOBRE ELS LLEOPARDS DE LA CLASSE DE 5 ANYS

• La composició del text

Normalment aquest treball de composició es fa en grup petit. Cada grup s'ocupa d'un apartat del guió, que s'ha establert prèviament, i després es comunica als altres.

Hi ha nens i nenes que van escrivint o copiant com poden tot allò que troben i observen, pensant que al final ja ho arreglaran i ho passaran en net tant si és per a ells mateixos com si s'ha acordat fotocopiar-ho per als altres. Altres nens i nenes, però, són més calculadors i s'imaginen què diran primer, què diran després, quin dibuix faran, etc. Tant els uns com els altres necessiten la intervenció de l'ensenyant per ajudar-los tant en la planificació com en la textualització i en la revisió.

Potser el més difícil és fer-los adonar si la informació que tenen és suficient i rellevant, és a dir, la comprensió global d'allò que estan produint. Creiem que les formes de text més adequades per a aquestes edats són:

- Les frases síntesi (fig. 43).
- Els mapes conceptuals (figs. 44 i 47).
- El text resum (fig. 45).
- Els noms en un esquema o dibuix (fig. 46).

En aquest tipus de treball trobem mostres evidents de com l'escriure ajuda a aprofundir i a organitzar els coneixements, de com escrivint es pot aprendre. En l'exemple següent veiem com un grup es va adonar del que no sabien a l'hora de formular un coneixement en una frase escrita.

EXEMPLE 29

Classe de 1r de Primària, mes de desembre. En un projecte sobre les aranyes, un grup estava decidint què escrivien sobre el que sabien.

MERCÈ: *Posem "lo" de les potes.*
JÚLIA: *Va, sí!*
MARC: *L'aranya té moltes potes.*
JÚLIA: *Apa, no et passis, el cent peus en té més!*
MARC: *Doncs quantes en té?*
JÚLIA: *100!*
MARIA: *Que no; 6!*
MERCÈ: *"Bueno", no ho sabem. A qui ho preguntem?* (...)

FIG. 43 ELABORACIÓ DE FRASES SINTESÍ
SOBRE PER QUÈ S'ENFILEN ALS ARBRES ELS LLEOPARDS. CLASSE DE 5 ANYS (DESEMBRE)

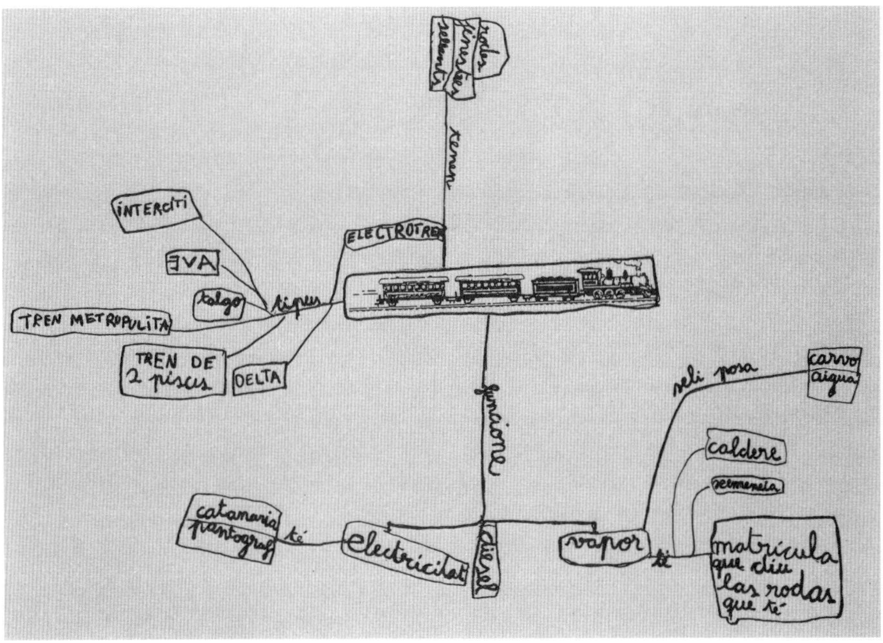

FIG. 44 MAPA CONCEPTUAL ELABORAT PER LA MARIA, DE 6 ANYS I 6 MESOS,
SOBRE QUÈ HA APRÈS EN UN PROJECTE SOBRE ELS TRENS

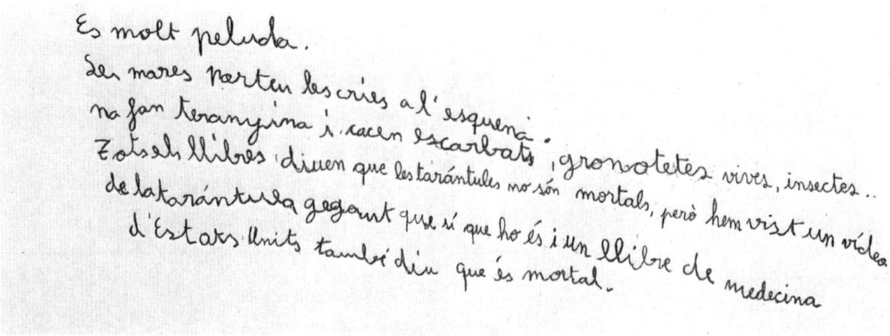

FIG. 45 VERSIÓ FINAL DEL TEXT RESUM DE LA INFORMACIÓ RECOLLIDA SOBRE LA TARÀNTULA. TREBALL EN GRUP PETIT, 1R CURS (DESEMBRE)

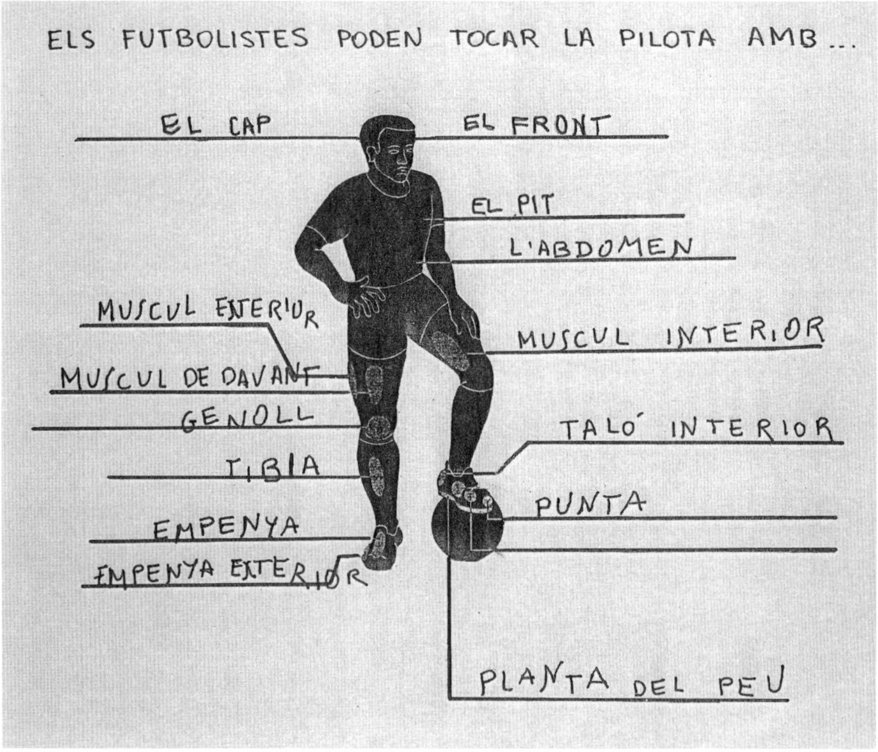

FIG. 46 ESCRIPTURA DE NOMS PER IDENTIFICAR LES PARTS MÉS IMPORTANTS D'UN ESQUEMA, EN UN PROJECTE DE TREBALL GLOBALITZAT SOBRE EL FUTBOL. 1R CURS (FEBRER)

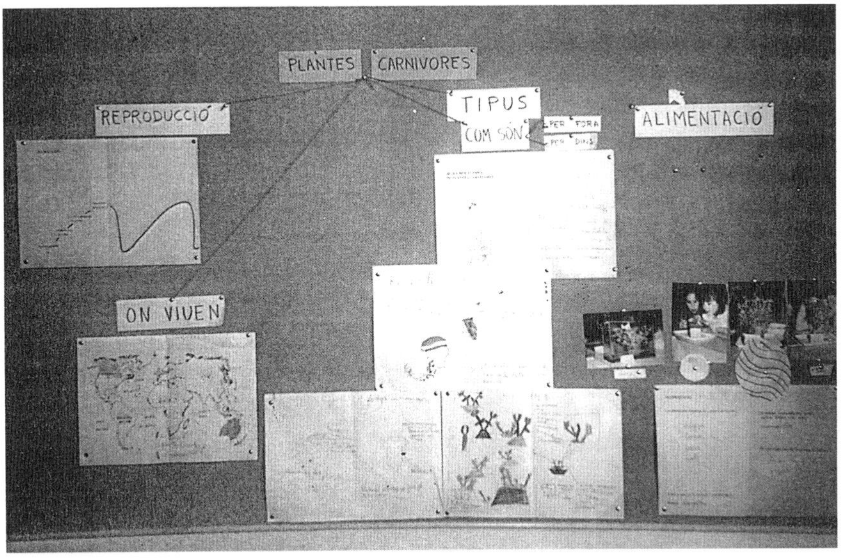

FIG. 47 EL TEXT ESCRIT PERMET ANALITZAR I COMPARAR DIFERENTS INFORMACIONS

PENSANT EN VEU ALTA:

Si valorem tant el procés com el producte, com podem deixar constància del procés?

Treballar d'aquesta manera comporta sovint recollir molt pocs fulls a l'hora de fer l'àlbum del trimestre. Recordo perfectament la decepció momentània a l'hora de fer l'àlbum dels treballs de cada nen i nena un dels primers trimestres en què havia aconseguit eliminar bastants fitxes inútils a favor de situacions reals d'escriptura. Pràcticament no tenia fulls. Els esborranys s'havien llençat i els missatges elaborats havien arribat al seu destinatari. Què quedava d'un trimestre de feina? Només el diari de classe de la mestra ple d'anotacions: observacions i propostes de nous reptes per plantejar a cada nen i a cada nena. També quedava, ben segur, una pila d'experiències reeixides d'escriptura i un bon feix de processos de fer i refer conceptes, però res de tot això era directament palpable, no eren fulls per posar a l'àlbum. Després d'aquesta experiència he aplicat diferents recursos per deixar constància del treball fet i poder, sempre que es vulgui, valorar el procés al llarg dels diferents treballs:

- Escriure tots els missatges adreçats a les famílies a la "llibreta" o "agenda dels encàrrecs" en lloc de fulls solts. Una llibreta que va i ve de l'escola a casa i de casa a l'escola amb els missatges pertinents. Tant hi pot dir "*haig de portar 5 castanyes*", com "*demà no haig de portar esmorzar*", com l'autorització d'una sortida "*Puc anar al Saló del Llibre el 19 de desembre?*", com l'anunci del que estudiarem "*estudiarem el món*", etc. Els missatges d'aquesta llibreta són el producte final d'un treball de preparació, textualització i revisió, per això també vàrem pensar de guardar els esborranys.

- Guardar els esborranys de totes les produccions. Abans, influïts encara per la idea que tots els treballs de l'àlbum havien de ser productes acabats, els esborranys es llençaven i només es guardava el producte final, el treball passat en net. Ara, com que el producte final té una funció real, el full passat en net va a parar a la secretaria, a les famílies, a una altra classe..., i trobem oportú que a l'àlbum hi posem els esborranys, les revisions, el treball pròpiament dit i, si cal, també hi posem una fotocòpia del producte final. Deixar constància del treball fet ajuda les famílies a entendre el procés seguit i a consultar-lo sempre que sigui necessari.

- Transcripció d'algunes converses produïdes en qualsevol de les fases de producció del text, en un full per posar a l'àlbum dels treballs del trimestre. A vegades enregistrades i transcrites, a vegades anotades en el mateix moment que es produeixen.

A més, deixar constància dels treballs que per la seva naturalesa es fan volàtils (converses, discussions sobre conceptes erronis, posades en comú de diferents experiències, proves, esborranys...) pot ajudar també les famílies, els nens i nenes i el mateix mestre a fer-se conscients que el treball realitzat no és temps perdut.

TEXTOS INSTRUCTIUS

Els textos instructius tenen la funció d'explicar ordenadament el que cal fer per aconseguir allò que es proposa: un joc, una manualitat, el funcionament d'un aparell, una recepta de cuina, etc.

Són textos, si estan ben redactats i el qui els llegeix els comprèn, que donen com a resultat poder posar en funcionament algun objectiu: el joc, l'aparell, el pastís, etc.

Aquest tipus de text s'usa per a aconseguir una cosa concreta. Per això, oferir-los en situació d'ús real a l'escola implica realitzar l'acció que es proposen. Si llegim un joc és per jugar-hi, si llegim una recepta de cuina és per dur-la a terme, etc. De fet el plantejament que nosaltres fem és a l'inrevés. Volem fer un pastís: busquem i llegim receptes; volem conèixer jocs nous: busquem i llegim jocs, etc. Entenem que d'aquesta manera l'infant entrarà en contacte real amb aquest tipus de text i en podrà copsar el sentit. Al mateix temps, les situacions d'ensenyament i aprenentatge que es propicien permetran a l'infant apropiar-se del coneixement del text escrit.

PROPOSTES D'ACTIVITATS A L'AULA

Recordem que la presència d'aquest tipus de text a l'aula és d'acord amb una necessitat: jugar, elaborar un menjar, fer una manualitat, etc.

Normalment els textos instructius presenten dues parts. En una es presenta la llista de material o condicions necessàries i en l'altra es donen les ordres de realització (fig. 48).

Ja hem tractat en l'apartat de les *Llistes* (dins el capítol 3.1) l'avantatge del seu ús per a principiants, tant per llegir-les com per escriure-les, sempre, és clar, que tinguin un significat real.

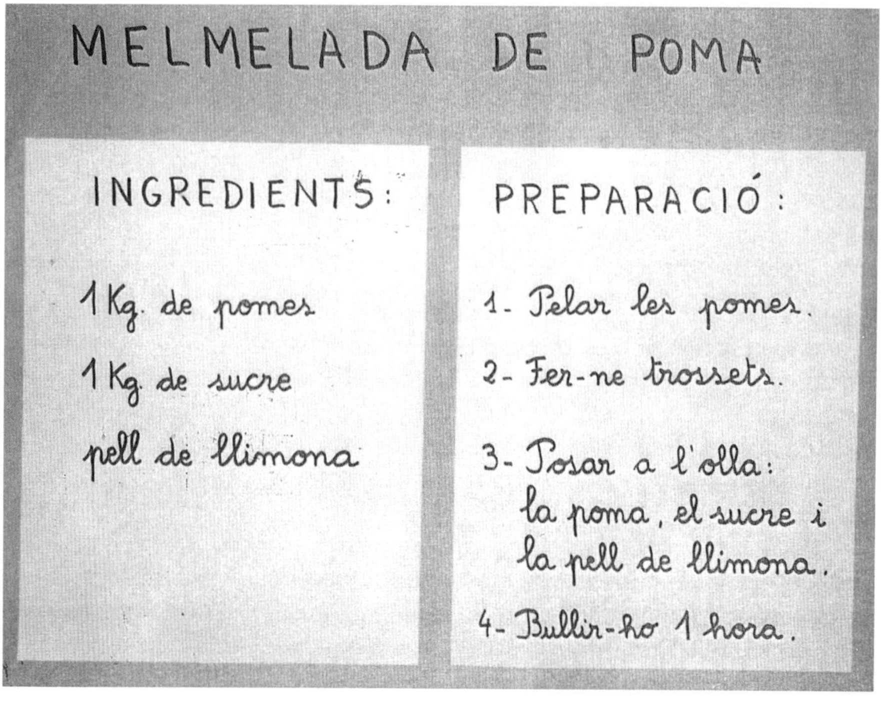

FIG. 48 UN TEXT INSTRUCTIU CLÀSSIC: LES RECEPTES DE CUINA. FACILITEN DIFERENTS TIPUS I NIVELLS DE LECTURA

FIG. 49 L'ETIQUETA DEL POT DE LA MELMELADA I EL CARTELL SÓN ESSENCIALS PER ENTENDRE L'EXPOSICIÓ DE TREBALLS REALITZATS

FIG. 50 ESCRIURE LA RECEPTA PER PODER-LA REPETIR A CASA CONSTITUEIX UNA MOTIVACIÓ REAL PER A L'ESCRIPTURA

Una vegada més podem demostrar que la situació d'haver d'usar la llengua escrita per a una funció real desenvolupa la recerca del coneixement del codi en funció del significat. Heus aquí com una nena de 5 anys i 1 mes descobreix la lletra "t", després de llegir llet en una llista d'ingredients.

EXEMPLE 30

SILVIA: *Als pastissos s'hi posa llet?*
MESTRA: *Algunes vegades.*
SILVIA: *Doncs, aquesta lletra és la [t], a que sí?*
MESTRA: *Com ho has descobert?*
SILVIA: *Perquè la Diana diu que comença com "lleopard". Una cosa de menjar, que comenci per [lle] i curt...*
DIANA: *La llet!, ja t'ho deia!*
SILVIA: *Mira, ara sé totes les lletres: [ll], [e], [t].*
MESTRA: *I abans no?*
SILVIA: *No, no sabia aquesta.* (Assenyala la t.)
MESTRA: *Molt bé, fixa't bé com és.*

Pel que fa a les ordres de realització pròpies dels textos instructius cal tenir en compte el tipus de frases curtes, precises i en imperatiu, així com l'ordre en què se succeeixen. Aquestes característiques permeten posar en joc la comprensió i la seva avaluació. Només a partir de la comprensió del text es pot obtenir l'objectiu proposat.

Per conèixer aquest tipus de text és interessant posar els nens i nenes tant en situació d'interpretar-los com de produir-ne inventant-se receptes.

Molt sovint si l'experiència d'ús d'aquest tipus de text ha estat positiva i gratificant per als nens i nenes, ells mateixos demanen de poder portar a casa el text per repetir-ne l'experiència. En el cas de l'elaboració de panellets, coques, mones, etc. és força habitual que sorgeixi la necessitat de copiar-ne la recepta (fig. 50).

3.3 PROPOSTES REFERIDES A L'ÚS LITERARI

L'ús literari de la llengua escrita és el més sublim al qual aspira la persona alfabetitzada. És, o hauria de ser, un component implícit del concepte actual d'alfabetització.

Malgrat les dificultats per establir la frontera entre el llenguatge comú i el literari i la barreja que molt sovint es dóna en el seu ús habitual, sota aquest apartat hem aplegat aquells textos que a diferència dels anteriors no pretenen ni ser útils, ni accedir a més poder, de manera directa. Es tracta de textos que persegueixen la bellesa, crear mons imaginaris, desenvolupar la creativitat que suggereix l'ambigüitat i commocionar amb l'expressió dels sentiments.

Des d'un punt de vista estrictament pragmàtic seria llegir i escriure per no res, encara que és impossible, com ja hem analitzat, llegir o escriure sense objectiu. En aquest cas l'objectiu és fruir d'una producció estètica i satisfer una necessitat, creada pel mateix concepte d'alfabetització, poc tangible però real per a qui la descobreix.

L'infant entra en contacte amb aquest ús literari de la llengua escrita abans d'arribar a l'escola, amb més o menys grau segons el nivell d'alfabetització que té al seu entorn. Qui més qui menys ha tingut contes a les mans abans d'anar a l'escola i algú que els hi ha llegit o explicat, qui més qui menys ha sentit algun rodolí, refrany, endevinalla i ni que sigui en forma de cançó li ha arribat algun poema, també abans d'anar a l'escola. El que sí han tingut tots és l'oportunitat d'estar en contacte amb la publicitat, la qual té moltes vegades elements literaris.

A més d'aquest bany que porta l'infant de la comunitat on viu, l'escola, com a institució a la qual la societat encomana la responsabilitat d'alfabetitzar, ha de potenciar de manera conscient l'ús literari de la llengua escrita, a fi que l'infant el pugui apreciar, valorar i gaudir-ne.

La primera part d'aquest capítol la dediquem als textos narratius ja que la narració, com a resposta a la tendència natural d'unir fets en una trama, és una forma de discurs molt propera a l'infant, que la vincula amb l'ús literari de la llengua. D'entre les narracions destaquem el conte, pel lloc privilegiat que ocupa en la literatura infantil, i les narracions de fets viscuts, pel grau d'implicació que comporten.

Després, sota el nom genèric de textos poètics, hem dedicat una bona part del capítol a exposar el treball que fem a l'aula amb uns prototips concrets d'aquest tipus de text: poesies, rodolins, dites i refranys, endevinalles, enganyifes i embarbussaments, a través dels quals també s'aprèn a llegir i a escriure.

Finalment hem aplegat uns jocs de llengua escrita adequats per a les fases inicials de l'aprenentatge de la lectura i l'escriptura que proposen petits reptes als infants de domini del codi, d'estratègies de comprensió, d'anàlisi del so, etc. de manera lúdica.

Semblantment als capítols anteriors, la idea fonamental de les propostes de treball a l'aula que plantegem és convertir aquests contactes amb l'ús literari de la llengua en experiències positives i gratificants que permetin aprendre. És a dir, apropar l'alumnat a l'ús literari de la llengua escrita i fer-lo participar d'aquest ús, perquè tot fent servir la llengua escrita per a finalitats literàries, amb l'ajut de l'adult, vagi apropiant-se del seu coneixement.

Les narracions acostumen a agradar als nens i nenes, tant les que es refereixen a experiències viscudes, com a fets històrics, llegendes, etc., però de manera molt especial els agraden els **contes**. El conte és la narració privilegiada a l'abast dels nens i nenes perquè en una exposició breu, que té un començament i un final; l'infant pot transportar-se a un món fantàstic, imaginari, amb una sèrie d'elements comuns que l'identifiquen com a conte.

Tots els contes parteixen de la presentació d'una situació estable, després sorgeixen una sèrie de conflictes o problemes i seguidament es posen en marxa una sèrie d'accions per resoldre'ls d'una manera o d'una altra i arribar a l'estat final o acabament. La frase d'invitació al començament, a vegades ritualitzada (*vet aquí que una vegada, fa molt i molt de temps...*), situa la mainada en l'expectativa d'una història fantàstica i la frase avaluativa del final, també a vegades ritualitzada (*i van ser molt feliços i van menjar anissos, i tot això és tan veritat com que el conte s'ha acabat, i vet aquí un gos i vet aquí un gat, aquest conte s'ha acabat...*) possibilita deconnectar de la imaginació per tornar a la realitat.

A més de totes les funcions didàctiques que s'atribueixen als contes (transmissió de valors, identificació amb les penes i alegries dels personatges, desenvolupament de la imaginació, etc.), des del punt de vista de l'alfabetització tenen un paper cabdal per a descobrir l'ús literari del text escrit.

Encara que els contes funcionen com un motor incansable d'activitats d'ensenyament i aprenentatge referides a totes les àrees del currículum, nosaltres creiem que qualsevol treball escolar que plantegem al seu entorn ha de servir per conèixer-lo millor, per descobrir-ne la bellesa literària, per apreciar cada vegada més la riquesa d'aquest gènere i així gaudir al màxim del contacte amb cada conte.

De contes n'hi ha de molts tipus, i es poden classificar des de molts punts de vista diferents: per edats, per varietat temàtica, per àrea geogràfica, etc.

No és el nostre objectiu aprofundir en aquest sentit, només l'esmentem per tenir present que cal oferir als infants contes amb varietat de temes, d'ambients i de personatges per tal que puguin entrar en contacte amb una sèrie de situacions que la seva experiència quotidiana mai no els hauria fet imaginar.

Actualment, a través de les pel·lícules de dibuixos animats i de la seva difusió en vídeos, molts nens i nenes coneixen gairebé de memòria tot el món de Disney; en canvi presenten un desconeixement considerable d'altres tipus de contes. Per a molts infants, la línia Disney és l'única font de coneixement dels contes, amb la qual cosa el seu gust esteticoliterari té un ventall tan restringit que esdevé impossible de copsar-lo.

És evident que cadascú es va formant el gust literari d'acord amb les experiències que va adquirint a partir del contacte amb les diferents modalitats que ofereix cada gènere. Per a una formació sòlida aquest contacte ha de ser ric de possibilitats. No es pot reduir a un sol tipus, ja que això uniforma i empobreix la varietat de gustos.

Per això, convé vetllar per oferir als infants un ventall ampli de possibilitats que potenciï la descoberta de la diversitat; com també convé crear una dinàmica d'intercanvi amb els adults i amb els coetanis, que permeti el reconeixement dels propis gustos, interessos o afeccions literàries.

Per entrar en el món dels contes i de les narracions en general l'infant n'ha de **conèixer** i també n'ha de **produir**, i per a ambdós casos el text escrit es fa indispensable. Per això la nostra proposta aposta per convertir les situacions d'ús de la llengua escrita per a finalitats literàries en situacions d'ensenyament i aprenentatge de la lectura i l'escriptura.

PROPOSTES D'ACTIVITATS A L'AULA

Hem agrupat en dos grans blocs les propostes d'activitat a l'aula:

- Coneixença de contes.
- Producció de contes i de narracions d'experiències.

a) Coneixença de contes

Acabem de justificar la necessitat que l'infant conegui diferents tipus de contes. Aquest coneixement li ho procura, o li ho hauria de procurar, l'entorn on viu i de manera explícita l'escola. Per satisfer aquesta necessitat cultural l'infant ha de tenir la possibilitat de:

- Escoltar i comprendre contes narrats de memòria.
- Escoltar i comprendre contes llegits.

Tant els contes narrats de memòria com els llegits haurien de ser unes vegades sense suport gràfic per afavorir la imaginació i d'altres amb suport gràfic per afavorir-ne la comprensió (dibuix i fotografia amb tot tipus de realització: paper, diapositiva, vídeo, figuretes mòbils, titelles, teatre, etc.).

A més, per aprofundir en el coneixement dels contes l'infant ha de tenir la possibilitat de:

- Mirar-ne i llegir-ne tot sol.
- Mirar-ne i llegir-ne compartint.
- Parlar dels contes com a tema de conversa (sense estar-ne narrant, mirant o llegint en aquell moment).
- Narrar contes que coneix per als altres.
- Il·lustrar i/o escriure el text de contes coneguts.
- Dramatitzar-ne.

A continuació expliquem les situacions que acabem d'enumerar, excepte les que fan referència a la llengua oral, que per raons d'espai i d'objectiu d'aquest llibre no desenvolupem tot i que en reconeixem la importància.

Recordem una vegada més que l'objectiu que orienta totes aquestes situacions d'ensenyament i aprenentatge, que poden permetre un millor coneixement d'aquest gènere literari, és, únicament, fruir els contes. Sabem que tot gaudint dels contes els infants poden progressar en el seu aprenentatge de la lectura i l'escriptura, acompanyats per l'adult expert, que n'és conscient.

• Escoltar contes llegits per altres en veu alta

En llegir contes per als nens i nenes s'estableix una relació afectiva positiva entre qui llegeix, el text i qui escolta. Quan l'adult llegeix per a l'infant no pot fer res més que estar per ell, ja que llegir per a un altre implica una dedicació íntegra i això l'infant ho reconeix i ho valora encara que sigui de manera inconscient. La complicitat que es crea entre qui llegeix i qui escolta gràcies al text que es comparteix permet a l'infant (i a l'adult) sentir-se bé, gaudir tranquil·lament de la narració i anar creant, així, un pòsit d'experiències positives relacionades amb el conte, necessari per captar i aprendre una de les funcions d'aprendre a llegir i a escriure.

Més enllà d'aquest aprenentatge podem considerar també la importància que té per a l'aprenent l'actuació del lector expert, que tot llegint-li un conte està exercint de model lector. (Vegeu en el capítol 2, l'apartat *El paper del mestre o de la mestra*, la part que hi fa referència).

La possibilitat d'aquests dos aprenentatges es dóna pel fet en si de llegir un conte en veu alta per als alumnes. A més, la mainada que escolta el conte llegit es familiaritza amb les característiques del text escrit. Seguir una narració escoltant el text llegit en veu alta per un altre implica comprendre la forma pròpia del llenguatge escrit. Permet, com hem assenyalat en capítols anteriors, desenvolupar la comprensió de la lectura abans de "saber llegir". Ara bé, per desenvolupar la capacitat de comprendre un text i, en aquest cas, una narració, no n'hi ha prou de comprovar o avaluar si s'ha entès o no què va passar, quins personatges hi havia, què va fer cada un, etc.

Dins el model interactiu d'explicació del procés de lectura en què ens hem situat, el desenvolupament de la comprensió de la lectura necessita l'ensenyament i aprenentatge de les seves estratègies, la qual cosa no succeeix pel simple fet de llegir en veu alta sinó que cal la intervenció conscient de la mestra o el mestre.

Posarem a continuació un exemple seguint els tres grups d'estratègies que proposa Solé (1992) referides a l'*abans* de la lectura, *durant* la lectura i *després* de la lectura. Tot i que a la pràctica, com la mateixa autora assenyala, aquesta classificació és artificiosa atès que els grups s'interrelacionen constantment i, encara, l'enumeració d'aquestes estratègies no implica un camí unidireccional que cal seguir com si fos un procediment estricte. Tal com el mateix concepte d'estratègia implica, el seu desenvolupament ha de ser útil per regular (seleccionar, avaluar, decidir abandonar o persistir) l'objectiu que es persegueix: la comprensió de la lectura. Així doncs, el fet de mencionar-les i exemplificar-les té per objectiu conèixer diferents pos-sibilitats i poder triar en cada cas el camí més adequat, tenint clar que no constitueixen mai un fi en elles mateixes.

- *Abans de la lectura.* Aquestes estratègies han de permetre crear objectius de lectura, actualitzar els coneixements previs rellevants, establir hipòtesis sobre el text que es va a llegir i formular preguntes d'acord amb els objectius.

EXEMPLE 31

Tornant del pati la mestra indica al seu alumnat de la classe de 5 anys que seguin al "suro" perquè els llegirà un conte. Una vegada asseguts en rotllana, la mestra mostra la portada del llibre del conte triat.

MESTRA: *Avui llegiré aquest conte.*

MARTA: *Ah! Jo ja el sé!*

JOAN: *Jo el tinc!*

MESTRA: *Algú més el coneix, aquest conte?* (Ningú més diu res.) *Joan, com es diu aquest conte? Quin títol té?*

JOAN: *El llop i les set cabretes.* (Exactament, el conte s'anomena *Les cabretes i el llop.*)

MESTRA: *Ah!, i sabeu on porten escrits els títols els contes?*

LAIA: *A la tapa!*

JOAN: *I a dins! Al primer full!*

MESTRA: *Molt bé, mirem si aquest conte el té. A veure.* (Passa el llibre a l'Albert.) *On diu el títol?*

ALBERT (Ho assenya-la amb el dit.)

MESTRA: *I a dins, mirem si també hi és?*

ALBERT (Ho busca i ho ensenya.)

MESTRA: *Hi diu el mateix?*

ALBERT (S'ho mira.)

MESTRA: *Què us sembla, hi diu el mateix al títol de la tapa i al primer full?*

ALBERT: *Sí! És igual.*

MESTRA: *Molt bé, a més del títol aquí a la primera pàgina diu qui l'ha escrit i qui l'ha dibuixat, aquest llibre. Mira, aquí diu adaptació de la rondalla popular per... Ho pots llegir tu?*

EULÀLIA: *Eulàlia.* (Riu.)

MESTRA: *Eulàlia Valeri, una senyora que es diu Eulàlia com tu! L'Eulàlia Valeri sabia aquest conte, no se'l va pas inventar! Ella va pensar com escriure allò que sabia, va fer el text. I els dibuixos? A veure qui els va fer?* (Passa el llibre a la Marta i li assenyala on ha de llegir.)

MARTA: *Marta!*

MESTRA: *La Marta Balaguer! Tenim altres llibres a la biblioteca que també els ha dibuixat ella! Quan aneu al racó de la biblioteca ho podeu mirar.*

És interessant donar a conèixer el nom dels autors o autores del text i del dibuix, així com les col·leccions o editorials, perquè de mica en mica els nens i nenes van adquirint una colla de noms que formen part del seu coneixement sobre els contes i els ajuden a situar-los. Moltes vegades trobarem que relacionen alguns d'aquests noms.

MESTRA: *Bé, i de què parla aquest conte que es diu* Les cabretes i el llop*?*

Noteu que si bé abans no ha corregit en Joan quan ha dit el títol del conte incorrectament segons les grafies escrites, ara la mestra l'ha dit d'acord amb el text escrit.

MARTA: *D'una cabra que va a comprar i les cabretes filles que se les menja el llop i primer el llop truca, que el llop les enganya amb la poteta i fan: A veure, ensenya'ns la poteta?*

MESTRA: *I ja està? S'acaba així?*

Amb aquesta pregunta recorda que els contes tenen una estructura pròpia de la qual el final és sempre una part molt clara. L'objectiu és activar els coneixements sobre l'estructura del conte.

MARTA: *No!, que se salven totes!*

ANTON: *Ah!, sí, ja el sé... La mare talla la panxa i salten les cabretes i totes fan una festa.*

MESTRA: *O sigui que és un conte que s'acaba bé.*

Les hipòtesis sobre el text en aquest cas han estat formulades pels que ja coneixien el conte, que en narrar-lo o bé han activat els coneixements previs dels seus companys i companyes o bé han obert expectatives sobre el conte.

MESTRA: *I no hi surt cap més personatge?* (Ningú diu res. S'han quedat sorpresos.) *Quins altres personatges podrien sortir en un conte de cabretes i llops?* (Estén la pregunta a tot el grup.)

JOAN: *Només en surt un, de llop!*

GENÍS: *El caçador!*

MESTRA: *Va, us el llegeixo i sabrem quins personatges hi surten. Mireu, jo quan me'l vaig llegir ahir, vaig pensar que us agradaria molt aquest conte, perquè a més de la història que s'assembla al que han explicat la Marta i l'Anton, hi surt la cancó que canta la mare cabreta. Ho voleu sentir a veure si també us agrada a vosaltres? I a veure quins personatges hi surten? Asseieu-vos bé que començo.* (Pausa.) *"Allà a la caseta del bosc* [...]." (Llegeix el text i quan surt la canterella la canta.)

L'objectiu ha quedat clar: *A veure si us agrada a vosaltres?* Llegir per plaer. I per als que ja coneixen el conte, un nou repte: *quins personatges hi surten?*

- *Durant la lectura.* Aquestes estratègies han de permetre establir inferències de tot tipus (interpretacions, hipòtesis, prediccions i conclusions) i controlar la pròpia comprensió (poder adonar-se de quan no es comprèn i prendre decisions adequades per refer la comprensió), per tal d'anar construint una interpretació del text.

EXEMPLE 32

(És la continuació de l'exemple anterior.)

MESTRA: [...] *"Però el llop, amagat darrere la caseta, ho ha sentit tot. Al cap d'una estona..." Què creieu que passarà?*

La mestra demana que els nens i nenes facin hipòtesis i s'impliquin en el conte.

GENÍS: *Que es menjarà les cabretes.*
MESTRA: *Però com entrarà?*
EULÀLIA: *Per la xemeneia.*
MARTA: *Per la finestra.*
JOAN: *No!, que truca a la porta i les cabretes li obren.*
MESTRA: *A veure com ho diu el conte. "Se'n va a la porta i es posa a cantar: –Obriu, obriu, cabretes* [...] *Amb la veu fina el llop torna a cantar davant la caseta." Sabeu per què vol entrar el llop?*
POL: *Perquè se les vol menjar.*
MESTRA: *I per què se les vol menjar?*
JORDI: *Perquè està tip?*
MESTRA: *Hi esteu d'acord? Si un està tip té ganes de menjar més?*

Noteu que en l'emissió de les hipòtesis només es valora que siguin possibles i coherents, no pas que s'encerti el text que vindrà. Per això la mestra potencia que es diguin diferents possibilitats, però controla que siguin coherents, que és el que permet la comprensió.

MESTRA: "[...] *Truca a la porta –pam, pam. Quantes vegades ha trucat ja a la porta?*

A través d'aquesta pregunta es fa una recapitulació del conte per poder retenir-lo i seguir fent prediccions coherents.

GENÍS: *Dues!*
JORDI: *Tres!*
JOAN: *Tres! Tres!*
MESTRA: *A veure: la primera vegada el coneixen per la seva veuota, la segona el coneixen...*
JOAN: *Per la pota negra.*
MESTRA: *I n'hi ha cap més?*
JOAN: *No, ara.*
MESTRA: *Així, és la tercera vegada que intenta d'entrar, eh? I què, ara li obriran o encara no?*
DIVERSOS: *Sí, sí!*
MESTRA: *A veure com ho diu aquí "Truca a la porta –pam, pam– i diu:* [...]. *La mare cabra arriba contenta a la caseta".* (Pausa.) *Com pot ser això? No estarà equivocat? Pot ser que la mare cabra arribi contenta a casa si el llop se li ha menjat les cabretes?*

La mestra està compartint amb l'alumnat el control de la comprensió i la recerca de solucions.

ALBERT: *A veure el dibuix?* (Es veu la mare cabra parlant amb la cabreta petita.)
MARTA: *És que aquí no ho sap!*
MESTRA (està llegint en silenci): *Ah!, sí, sí, és que continua! M'havia parat abans d'acabar i, és clar, no s'entenia. "La mare cabra arriba contenta a la caseta, troba la porta oberta i no veu cap cabreta enlloc. 'Filletes meves, on sou?', diu tota preocupada!" Ara sí que s'entén!* [...].

Noteu que la primera pista que busquen els nens i nenes és el dibuix. La il·lustració ajuda molt els lectors principiants a autocontrolar la comprensió. Després l'alumnat participa de la demostració del model d'estratègia que fa servir la mestra: ignorar la manca de comprensió i seguir llegint per tornar-la a avaluar més endavant.

– *Després de la lectura.* Aquestes estratègies han de permetre la recapitulació, el resum i l'extensió del coneixement obtingut.

EXEMPLE 33

(És la continuació dels dos exemples anteriors.)

MESTRA: [...] *"El llop és mort! El llop és mort!" I... conte contat conte acabat!* (Tanca el llibre.)

(Parlen diferents nens i nenes alhora.)

MESTRA: *Què, us ha agradat, eh?*
MARTA: *Jo ja el sabia!*
MESTRA: *Sí!, ben igual, ben igual el sabies? La cançó que canta la mare també?*
MARTA: *No, la cançó no!*
MESTRA: *I t'ha agradat?* (Pausa.) *Cantem-la! "Obriu, obriu cabretes* [...]*" A veure, per tenir una idea, he llegit el conte per veure si us agradava, primer aixecareu la mà els que us hagi agradat molt, després els que us ha agradat mig mig i després els que no us ha agradat gens. D'acord? Va, a qui li ha agradat molt?* (Aixequen la mà tots excepte dos.) *A qui li ha agradat mig mig?* (Aixequen la mà dos.) *A qui no li ha agradat gens?* (Ningú no aixeca la mà.) *Molt bé, doncs, el podreu explicar a casa, si voleu! Ah!, i quins personatges hi surten?*

La mestra condueix la conversa per comprovar si s'han complert els objectius de lectura. Ja s'ha comprovat que ha agradat a la majoria (encara que sigui d'una manera molt simple, quan es treballa en grup gran, el fet d'aixecar la mà és un recurs per facilitar que tots s'impliquin en la valoració del conte), i falta fer el recompte dels personatges. Aquest recompte ajudarà a recapitular el conte.

JORDI: *Les set cabretes i el llop!*
EULÀLIA: *I la mare cabra.*
ALBERT: *I el forner!*
JOAN: *No!, no hi surt, el forner!*
ALBERT: *Que sí, quan compra la farina!*
JOAN: *Que no! No!*
MESTRA: *Ho voleu buscar?*
JOAN: *Aquí. No hi ha cap personatge!* (Ensenya el dibuix.)
ALBERT: *I a l'altra pàgina?*
MESTRA: *Repassem totes les pàgines!*

La mestra va ensenyant els dibuixos de cada pàgina i va conduint el resum de cada full.

MESTRA: *Al començament només surt la mare que diu adéu a les cabretes, després què passa aquí, Genís?*
GENÍS: *Arriba el llop i no li obren.*
MESTRA: *No li obren perquè...*
GENÍS: *Perquè té la veu ronca.*
MESTRA: *Després...* (Gira full.) *De moment només han sortit les set cabretes, la mare i el llop, oi?* (Pausa.) *Què passa en aquest full, Albert?*
ALBERT: *El llop menja ous per fer la veu fina.*
(...)

• Mirar-llegir contes sol o sola i compartint

L'activitat de mirar i llegir contes tot sol o tota sola té el seu fonament en el fet que llegir és un acte individual i solitari. Quan llegim de veritat, estem concentrats en la lectura i prescindim del que passa al voltant, i decidim nosaltres mateixos quan volem parar per reflexionar, quan volem saltar paràgrafs, pàgines i capítols, o quan volem tornar enrere. Però tot això requereix, a més de motivació, entrenament per a aquesta situació d'aïllament.

Tenim constància de nens i nenes amb possibilitats de ser bons lectors i lectores, però que ells mateixos manifesten que no troben el moment de llegir. Al seu voltant hi ha deu mil estímuls, entre els quals ocupa el rànquing més alt la televisió, que impossibiliten aquest acte d'aïllament que representa la lectura. Per això considerem que mirar-llegir contes sol és un aprenentatge que forma part del procés d'aprendre a llegir.

Saber estar sol una estona amb el llibre per explorar-lo de la manera que a cadascú li vingui més de gust (mirant les il·lustracions, buscant paraules conegudes, llegint fil per randa, començant pel davant, per darrere o per mig, saltant pàgines o girant ordenadament cada full), és tot un aprenentatge que cal possibilitar a l'escola. És a dir, cal crear les condicions perquè l'infant vagi aprofundint en la descoberta de la satisfacció que produeix la desconnexió de l'entorn per entrar en la intimitat de la lectura. Aquesta situació d'aïllament i concentració la vehiculem bàsicament a través de l'activitat de biblioteca que exposem en el capítol 3.4.

Al costat d'aquest tipus de lectura individual, considerem igualment important i necessari mirar-llegir un conte compartint-lo entre dos. Remetem a l'apartat d'organització social (capítol 2) per justificar els beneficis que comporta el treball en grups reduïts, amb diferents combinacions pel que fa als nivells dels participants del grup.

Transcrivim ara un exemple de com la situació de compartir el mirar-llegir un conte incita a verbalitzar les estratègies i decisions per interpretar-lo i, doncs, millora el procés d'apropiació de la lectura.

EXEMPLE 34

La situació es dóna en el racó de la biblioteca, a la classe de 5 anys. Dos nens han escollit anar al racó de la biblioteca. Tots dos es troben en l'etapa sil·làbica respecte al coneixement del codi i tenen un bon bagatge de desenvolupament d'estratègies de comprensió i de coneixement de contes.

MESTRA: *Us agrada mirar contes o preferiu mirar llibres de coneixements sobre els animals o el cos humà...?* (Va assenyalant els llibres de què parla.)

DANIEL: *A mi els contes.*

MESTRA: *I a tu?*

MARTI: *M'és igual.*

MESTRA: *Doncs va, comenceu per un conte que us agradi a tots dos i passeu-vos-ho molt bé!*

La mestra ha orientat el treball i ha assenyalat un únic objectiu del mirar-llegir el conte conjuntament: passar-ho bé. Després els ha deixat sols.

MARTI: *El saps aquest?* (Assenyala el conte de La Rínxols d'Or.)

DANIEL: *Quin és?*

MARTI: *El dels tres óssos.*

DANIEL: *No!, no!, agafem aquest!* (Assenyala un conte de les Tres Bessones.)

MARTÍ (mentrestant ha agafat *La Rínxols d'Or*, obre el conte i crida l'atenció del Daniel): *Mira quines mans té aquest ós!*

DANIEL: *"Anda"!, no són així!*

(Riuen.)

MARTÍ: *Ja, i no mengen sopes, els óssos.*

DANIEL: *Sí, en aquest conte mengen sopes.*

MARTÍ: *Tu saps llegir?*

DANIEL (agafa el llibre, se l'acosta, comença per la primera pàgina i diu mirant les lletres i amb entonació): *Una vegada tres óssos van anar al bosc i eren tres óssos que eren el gran, el del mig i el petit.* (Para, es miren i riuen.)

MARTÍ: *No, jo vull dir de veritat, de veritat! Com el Marcel, que sí que en sap.*

DANIEL: *Ja, la meva mare me n'ensenya. Mira aquesta és la i... i aquesta també i...* (Allarga el so tot assenyalant la lletra.)

MARTÍ: *I què?, això també ho sé jo perquè la tinc al meu nom.*

DANIEL: *Llegim el títol?* (Tanca el llibre i assenyalant les lletres diu): *Els tres óssos.* (En realitat diu *La Rínxols d'Or.*)

MARTÍ: *Si diem les lletres aprenem a llegir.* (Assenyala "La" i diu): *Els* (Assenyala "Rínxols" i diu): *Tres.* (S'atura, assenyala la lletra "R" i diu): *Aquesta és la de Rubèn, que comença per r...*

DANIEL: *I després i... ri...*

MARTÍ: *La Rínxols d'Or! Sí, també hi surt al final.* (Passen els fulls i la busquen.)

DANIEL (mentre mira la pàgina on surt la Rínxols d'Or): *Jo no tindria por!*

(Riuen.)

MARTÍ: *Aquí també hi diu Rínxols d'Or, mira!* (Ensenya amb el dit on diu Rínxols d'Or i torna a ensenyar la tapa.)

DANIEL: *Diu el mateix!*

MARTÍ: *Sí! La Rínxols d'Or.*

DANIEL: *Busquem quan es trenca la cadira?*

(Ho troben i riuen.)

MARTÍ: *Quin ós t'agradaria ser?*

DANIEL: *El petit.*

MARTÍ: *Ah, no!, jo el gran!*

(...)

Si es pogués valorar el passar-ho bé amb el que han rigut en Martí i en Daniel podríem dir que han assolit l'objectiu. Per aconseguir-ho hem vist com s'han anat donant suport mútuament, unes vegades compartint allò que els atreia, que els divertia (les mans de l'ós, la cadira trencada), d'altres implicant-se afectivament ("jo no tindria por", "m'agradaria ser l'ós petit", "jo el gran"), d'altres compartint el seu coneixement sobre el que és llegir (reconeixen qui sap llegir de veritat; també un informa l'altre que saber la "i" no és saber llegir; fan servir índexs grafofònics per llegir el títol i el comproven buscant el dibuix de la Rínxols d'Or per estar segurs que surt en aquest conte; i es confirmen mútuament que les mateixes lletres diuen el mateix.

• Parlar dels contes com a tema de conversa

Parlar dels contes com a tema de conversa sense estar-ne narrant, mirant o llegint en aquell moment és una altra manera de compartir els gustos, d'ampliar interessos i de crear motivació per a la lectura de contes, bastant semblant a la manera dels grans. Pensem què fem els adults quan hem llegit una novel·la que ens agrada. La comentem, la recomanem, mostrem les nostres preferències, justifiquem els nostres gustos, creem expectatives i possiblement motivem algú altre perquè la llegeixi. Aquests comentaris formen part de la cultura pròpia d'una societat alfabetitzada.

El mestre o la mestra hauria de facilitar i provocar aquest tipus de converses a l'aula de manera freqüent i no relegar-les només per als volts de la festa de Sant Jordi. Qualsevol excusa:

- *ahir vaig anar a la botiga X i vaig veure un conte d'aquests que s'obren com el que va portar...;*
- *quin conte explicaven els titelles que vas veure?*
- *sí, el conte de la Caputxeta té diferents finals, quin t'agrada més?...*

pot servir per fer un breu intercanvi, de manera que parlar dels contes formi part del caliu de la vida de l'aula com a cosa apreciada per tots.

EXEMPLE 35

Breu conversa "informal" sobre llibres de contes. Classe de 5 anys, mes de novembre.

MESTRA: *Quan anàvem al pati la Míriam m'ha explicat que ahir va tornar el seu pare de viatge i li va portar un conte d'Alemanya. Ens vols explicar de què és el llibre?*
MIRIAM: *És d'uns ànecs, és gros.*
JOANA: *És el "Patito feo"?*
MIRIAM: *No, és un altre. El meu pare me'l va explicar.*
GUIU: *Jo el tinc, el "Patito feo".*
(Parlen uns quants a la vegada.)
MESTRA: *Míriam, vas estar contenta amb aquest regal?*
MIRIAM: *Sí!*
MESTRA: *A qui més li agrada que li regalin contes?*
GUIU: *A mi, quan estava malalt, me'n van regalar molts!*
MESTRA: *Te'n recordes d'algun?*
GUIU: *Sí, el de l'Astèrix...*

Quan es produeix un ambient ric de converses sobre els llibres com a objecte present i utilitzat en el nostre entorn sorgeixen activitats conegudes, com d'animació de la lectura, les quals no tenen una durada fixa, ni una programació predeterminada; són d'aquells aspectes que uns cursos funcionen i d'altres no. Alguns exemples:

- Exposició de contes (i classificació) a partir dels que aporten els nens i nenes de casa.
- Recomanació de contes entre els nens i nenes de la classe (*He llegit aquest conte... i el recomano a... perquè...*).
- Intercanvi de contes entre els companys.
- Servei de préstec dels llibres de la classe.
- Visita a una biblioteca infantil.
- Elaboració de punts de lectura.

• Il·lustrar contes coneguts

A molts nens i nenes els agrada dibuixar i d'aquí ve que sovint després d'explicar o de llegir personalment un conte es proposa l'activitat de dibuixar un personatge, una situació o qualsevol dibuix referit al conte, acompanyat de l'escriptura del títol. Creiem que aquest tipus d'activitat no s'hauria de fer de manera rutinària perquè a alguns nens i nenes no els agrada dibuixar, ni és convenient associar el treball d'un dibuix al de la lectura d'un conte. La lectura té prou pes per ella mateixa i el dibuix possible posterior no ha de ser la motivació per llegir, ni ha de suposar una sobrecàrrega de treball.

La proposta d'il·lustrar un conte conegut té una altra intenció. Un conte que ha agradat i del qual es vol tenir un record, un regal que es vol fer als pares, a una altra mestra, a un altre grup de nens, etc. pot ser el motiu per fer les il·lustracions i editar-ne un llibre. A més a més dels aspectes referits al llenguatge plàstic que es desenvolupen il·lustrant un conte, aquesta activitat permet aprofundir en els punts següents:

- El resum del conte.
- La relació entre el text i la il·lustració.

Es tracta d'oferir el text del resum del conte en cinc o sis seqüències i presentar-lo en forma de vinyetes, a l'estil d'una auca. Cada seqüència es presenta en un full de la mida convenient per grapar-lo i fer-ne un llibret. El resum es pot haver elaborat entre tots en sessions anteriors, o el pot elaborar la mestra i donar-lo fet.

Els nens i nenes reben els fulls amb el text escrit i la seva tasca serà llegir-lo per fer-hi la il·lustració adequada a cada fragment. Aquesta lectura ve facilitada en part perquè el nen o nena ja coneix el conte, és a dir, té tots els coneixements previs necessaris per a comprendre'l; el seu esforç es focalitza a interpretar a quin fragment del conte es refereix cada seqüència, sabent a més que com a bon resum està ordenat.

Es pot treballar per grups reduïts en què cadascú elabori la seva il·lustració; o es pot plantejar una elaboració per grups de les diferents il·lustracions i fer un sol llibre entre tota la classe. És un treball llarg que acostuma a requerir més d'una sessió i evidentment no és aconsellable de fer-ho per a cada conte.

• Escriure el text de contes coneguts

És una activitat similar a l'anterior quant a forma però no quant a contingut. Es tracta del projecte d'escriptura d'un conte conegut per regalar-lo, tenir-ne un record, etc. a partir d'una seqüència d'il·lustracions. Aquesta activitat és molt interessant per a principiants perquè se'ls facilita una sèrie de tasques que demana l'escriptura d'un conte i permet focalitzar l'esforç i l'aprenentatge en tasques molt concretes, sense perdre el sentit del conjunt. Així, si recordem el procés de composició (vegeu en el capítol 1 *Què entenem per escriure?*) veurem quins aspectes queden resolts per la mateixa naturalesa de la proposta i quins cal solucionar per aconseguir el producte final.

- *Definició del context:* Tenir un llibre d'un conte que ens agrada, escrit per nosaltres, per portar a casa i poder-lo llegir a qui vulguem (pares, mares, avis, àvies, germans, cosines... o nosaltres mateixos).
- *Planificació:* No cal generar idees, ni organitzar-les, ni fixar objectius, tot això ens ve donat per l'autor del conte que ara es vol reescriure.
- *Textualització:* És la feina que cal fer, tot i que una sèrie de referents la faciliten enormement. Així, les seqüències de les il·lustracions faciliten la superestructura tot guiant la dinàmica interna i el coneixement del conte facilita el tipus de discurs amb els seus elements lèxics i sintàctics. De manera que la tasca que queda per fer és la transcripció gràfica d'un llenguatge ja elaborat per ser escrit i conegut per qui l'ha de reescriure. Així doncs, l'infant podrà centrar l'atenció en el sistema d'escriptura, aprofundint en la relació so-grafia i en les convencions gràfiques, sense gaires esforços per no perdre de vista les exigències globals del text (fig. 51).

– *Revisió:* Segueix essent el subprocés més important de la composició del text, tant mentre es va produint com al final, per controlar la transcripció grafofònica, els elements lèxics i semàntics i la cohesió del text. En paraules dels nens i nenes: *que s'entengui i que lligui.* Després només queda passar-ho en net (fig. 52).

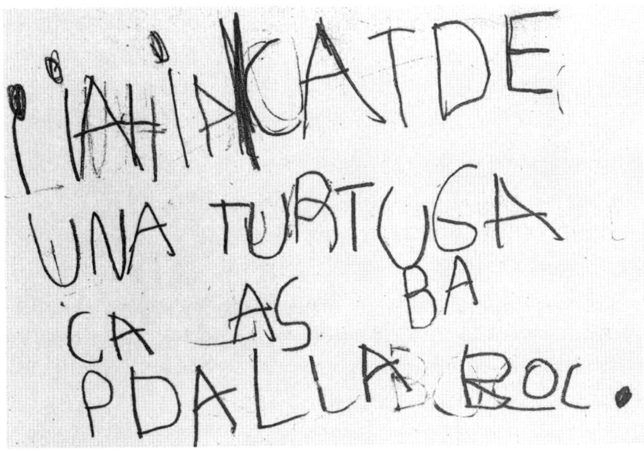

FIG. 51 ESBORRANY D'UN FRAGMENT DEL TEXT D'UN CONTE CONEGUT, *LA TORTUGA QUE VA PERDRE LA MEMÒRIA*, ELABORAT EN GRUP PETIT PER NENS I NENES DE LA CLASSE DE 5 ANYS (MAIG)

FIG. 52 TEXT DEFINITIU D'UN FRAGMENT DEL CONTE *LA TORTUGA QUE VA PERDRE LA MEMÒRIA.* CLASSE DE 5 ANYS (MAIG)

• Il·lustrar i escriure contes coneguts

Finalment, es pot dur a terme el projecte d'il·lustrar i escriure un conte conegut, facilitant el format o simplement orientant les iniciatives de l'alumne. És un treball propi del racó d'elaboració de llibres (vegeu en l'apartat de *L'espai* del capítol 2, la part que fa referència a *L'espai per a les activitats en grup petit*).

• Dramatitzar contes

No podem entrar aquí a desenvolupar totes les possibilitats d'aprenentatge que s'obren a partir de la dramatització dels contes, ni tan sols les referides a l'àrea de llengua, la majoria de les quals fan referència a la llengua oral.

Posem només l'accent en les activitats d'ensenyament i aprenentatge que poden sorgir relacionades amb la llengua escrita. No és pas que cada vegada que es dramatitza un conte es facin totes aquestes activitats, sinó que són un recull de diverses experiències.

- El repartiment de personatges.
- El disseny de la caracterització de cada personatge.
- El disseny de l'espai escènic.
- La memorització del paper de cadascú.
- El cartell per anunciar la representació.
- El programa de mà.

– El repartiment de personatges

Per poder assignar a cadascú un paper, convé elaborar la llista dels personatges que intervenen en el conte. La confecció d'aquesta llista pot ajudar a:

- Recapitular el conte i per tant millorar-ne la comprensió.
- Avançar en el coneixement del codi d'escriptura.

És un treball que podem proposar d'elaborar en grups petits i després fer-ne la posada en comú. Ja coneixem la facilitat que ofereixen les llistes tant per llegir com per escriure (vegeu en l'apartat 3.1 *Llistes de materials, jocs,...*). Mentre treballen per grups, es dóna la situació ideal per a la intervenció del mestre de manera individualitzada. Després, en la posada en comú el mestre o la mestra, amb l'ajuda de tots, va escrivint a la pissarra o en un mural gran els personatges que li dicten els grups, compartint els avenços en el coneixement del codi d'escriptura.

Una vegada feta l'assignació dels personatges, es podran anotar els noms dels nens i nenes corresponents en el mateix cartell. Si deixem aquest cartell a l'abast dels nens i nenes comprovarem que de manera espontània el van a mirar i remirar i fins i tot ressegueixen amb el dit el que hem escrit. També podrà servir per a fer-hi pràctiques de lectura ràpida.

– El disseny de la caracterització de cada personatge
Cadascú, i millor encara en grups de dos o tres, ajuntant els personatges similars, fa un esbós de la seva disfressa (unes orelles, una cua, un davantal, una capa, una corona, maquillatge, etc.) i una llista del material que necessitaran (figs. 53 i 54). Després, a partir del disseny que han elaborat i amb l'ajut de la mestra, s'elabora la disfressa que caracteritza cada personatge.

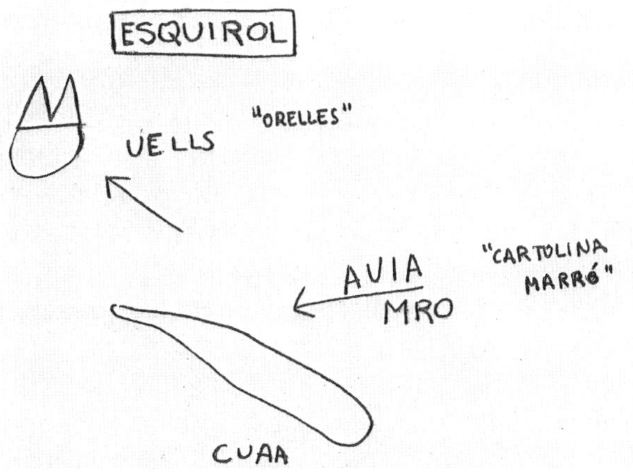

FIG. 53 PROJECTE DE DISFRESSA ELABORAT ENTRE DOS NENS DE LA CLASSE DE 5 ANYS

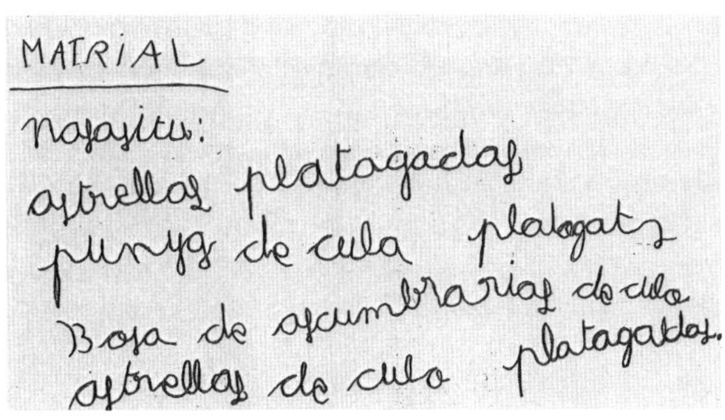

FIG. 54 PROJECTE DE DISFRESSA ELABORAT PER LA LAURA (6 ANYS I 11 MESOS)

– El disseny de l'espai escènic
Per poder caracteritzar l'escenari és necessari definir a quins llocs passa la història. Una vegada enumerats els diferents espais (se'n pot fer també una llista), es pot proposar el seu disseny per grups. Es tracta de buscar uns elements que ajudin a definir els espais (parts de l'escenari) on succeeix el conte i dibuixar-ho i anotar-ho en un full. Després, a partir del projecte elaborat, es caracteritzen els diferents espais de l'escenari per a la dramatització.

Definir els llocs on passa la història i buscar-ne les característiques pot ajudar a recapitular el conte i, per tant, millorar-ne la comprensió.

– La memorització del paper de cadascú
Tot i que és difícil trobar contes per a infants escrits en forma de diàleg directe per a la dramatització, el fet d'aconseguir-ne permet un treball de lectura ben interessant fins i tot per a principiants.

Damunt de la còpia del text cadascú pot subratllar amb un retolador fosforescent el tros de text que li pertany. La forma del text facilita aquesta tasca, ja que no cal pas llegir-ho tot sinó buscar pel marge esquerre el nom del personatge que interessa, i llavors subratllar tot el que diu, fins que es troba el nom del personatge següent.

És una activitat que entusiasma els nens i nenes perquè treballen damunt d'un text molt llarg amb una tasca que no depassa les seves possibilitats. Normalment tant per als de 5 anys com per als de 6 anys es converteix en un repte assequible. A més, veuen físicament com és de llarg o curt el seu paper, cosa que molt sovint els porta sorpreses. En un començament estan més preocupats per la qualitat del paper (*ser el rei*, *el gat* o *el gegant*, etc.) que no pas per la quantitat de text que tenen; en canvi, quan veuen damunt el text les vegades que parlen o la llargària de les intervencions més d'un desplaça el seu interès i fins i tot demana canviar de personatge.

Aquesta identificació de la llargada del text que han de dir oralment amb la llargada del text escrit de manera tan palpable i amb tanta implicació personal pot ajudar a ajustar millor el concepte sobre el caràcter lingüístic del text.

Més enllà d'aquesta identificació, el text també pot servir per fer-hi pràctiques de lectura de qualsevol altre tipus: d'estratègies de comprensió, de descodificació, de lectura ràpida i de lectura en veu alta.

EXEMPLE 36

Classe de 1r. Els nens i nenes estan intentant reconèixer els seus trossos de text. La mestra intervé en un grup petit.

L'Estrella afirma que la primera vegada que surt ha de dir "*Estic cansada de brillar*". El Sol no n'està segur i li ho vol discutir.

MESTRA: *Comprovem-ho. On està escrit el teu tros?*
ESTRELLA: *Aquí.* (Assenyala el seu subratllat.)
MESTRA: *Saps si ho diuen aquestes lletres? Han de dir: "Estic cansada de brillar".* (Ho diu a poc poc.)
ESTRELLA: *Aquí diu "de".* (Ho assenyala correctament.)
MESTRA: *Molt bé, diu "de". I tu* (referint-se al Sol, que prèviament no estava d'acord amb l'Estrella), *saps alguna altra paraula? Ha de dir: "Estic cansada de brillar", oi?*
SOL: *Sí, aquí hi diu brillar.*
MESTRA: *Com ho saps?*
SOL: *Perquè té la "i" de "bri..."*
MESTRA: *I fixeu-vos, després la "a" de "lla..., bri... lla..." Doncs si aquí* (assenyala "de") diu... (Mira l'Estrella.)
ESTRELLA: *De.*
MESTRA: *I aquí...* (Assenyala brillar i mira el Sol.)
SOL: *Brillar.*
MESTRA: *Sí que hi diu el que tu has dit: "Estic cansada de brillar".* (Mentre ho pronuncia assenyala cada paraula amb el dit.)
ESTRELLA: *Tinc raó!* (Mira el Sol i li repeteix assenyalant amb el dit): *Estic cansada de brillar.*

Després, cada "artista" s'emporta el text a casa i d'aquesta manera la família també pot participar de la representació i possiblement es produirà una altra lectura del conte fora del marc de la classe.

– Elaboració del cartell per anunciar la representació i del programa de mà
És evident que si es prepara una representació és perquè algú la miri. El públic poden ser els mateixos companys i companyes que no actuen en aquell torn, o també podem convidar els nens i nenes de les classes dels més petits. En aquest cas l'elaboració del cartell per anunciar la representació, el dia i l'hora és més que justificat. Vegeu en l'apartat *Missatges breus* del capítol 3.1 el que fa referència a *Missatges d'un grup d'escolars a altres grups o classes.*

Arribat el dia de la representació, podem organitzar entre tots l'aforament del teatre. Uns poden col·locar les cadires i numerar-les. Uns altres poden fer els tiquets d'entrada amb el número del seient que toca a cada espectador i fins i tot es poden fer programes de mà amb el títol de l'obra i el repartiment dels personatges.

b) Producció de contes i de narracions d'experiències

Per facilitar al màxim el coneixement del text narratiu convé crear situacions en què els infants puguin inventar narracions, també, de tot tipus.

La finalitat d'aquestes produccions és descobrir la possibilitat de *crear un món –de base real o imaginària– a partir de les paraules*, triant prèviament el destinatari (el grup de la classe, una altra classe, uns amics o amigues, la mestra, les famílies, o fins i tot un mateix). El grau de satisfacció que experimenta l'autor o autora després de l'esforç que representa produir una narració, pot fer modificar el destinatari prèviament previst. D'altra banda, el fet de posar-se en situació de produir una narració permet *un millor coneixement del seu funcionament*, ja que la recerca de solucions a molts dels problemes que sorgeixen a l'hora de la producció (en qualsevol de les seves fases: planificació, textualització i revisió) impliquen un aprenentatge significatiu.

Les activitats d'ensenyament-aprenentatge referides a la producció de narracions inventades que hem experimentat com a més adequades són:

- Escriure el títol d'una història inventada.
- Inventar el final d'un conte.
- Escriure un conte inventat.
- Escriure una narració d'una experiència viscuda col·lectivament.

• Escriure el títol d'una història inventada

Els títols tenen una funció bàsica en la comprensió dels textos, donen idees sobre el contingut temàtic i creen expectatives respecte al text. Saber posar un títol significa, doncs, poder fer una abstracció del contingut per resumir-lo amb poques paraules; és com donar nom a un text. Totes les històries tenen un títol. És per això que inventar una història i posar-li títol, o inventar un títol i posar-li història, per narrar als companys i companyes és una activitat apropiada per a començar a produir narracions. I diem apropiada perquè és pertinent al fet d'inventar una narració i, a més, presenta un repte, assequible per als nens i nenes de 5 i 6 anys, que permet una realització a diferents nivells (d'imaginació, de relació títol-temàtica i de notació gràfica).

Pel que fa a les característiques gràfiques i lingüístiques presenten elements també assequibles per als infants que comencen a escriure. Teberosky (1987) analitza aquestes característiques de la manera següent:

- Atenent al seu aspecte gràfic la compaginació dels materials de lectura es fa per tal que ressalti el títol. Perquè ressalti es fan servir diversos recursos: lloc rellevant, varietat tipogràfica i elements de notació.
- Atenent a la forma sintàctica podem observar una freqüència de formes centrades en el nom. Així, hi ha títols amb un sol nom, amb dos noms units per una conjunció i amb un o més noms adjectivats. Malgrat tot no hi ha una forma única i està permès qualsevol tipus de construcció sintàctica.

Tot plegat fa que l'escriptura de títols d'històries inventades esdevingui una situació d'ensenyament-aprenentatge de la lectura i l'escriptura, relacionada amb un dels usos literaris del text escrit (fig. 55). Una manera de plantejar aquesta activitat que ens ha resultat atractiva i funcional, bàsicament a la classe de 5 anys, ha estat desenvolupar-la de manera sistemàtica a l'hora del treball per racons, en el racó anomenat de la pissarra.

FIG. 55 ELS TÍTOLS PER DONAR NOM I IDENTIFICAR ELS TREBALLS

La consigna de l'activitat que es proposa és fer un dibuix a la pissarra (usant els guixos de colors) que representi una història inventada, posar-hi un títol que hi vagi bé (fig. 56) i un cop acabat explicar-ho als companys i companyes de la classe. El treball es realitza per parelles triades lliurement pels mateixos alumnes.

FIG. 56 EL DIBUIX I EL TÍTOL PER ENCETAR L'ESCRIPTURA DE CONTES INVENTATS

EXEMPLE NUM. 37

El Pau i el Ramon han triat el racó de la pissarra. Abans de començar es posen d'acord sobre el tema i el títol.

PAU: *Dibuixem la selva africana?*

RAMON: *Dos lleons que cacen.*

PAU: *No, el Tarzan!*

RAMON: *El Tarzan que els salva!*

PAU: *Jo dibuixo el Tarzan.*

RAMON: *Jo el riu i els cocodrils!*

PAU: *Ei! El títol!*

RAMON: *Ah!, sí, aquí, aquí.* (Assenyala al mig de la pissarra.)

PAU: *La selva africana.* (Ho diu amb entonació solemne.)

RAMON: *No!, no!, masa llarg!* (Pausa.) *La selva!*

PAU: *Sí, home!, jo vull que sigui d'Àfrica! La selva d'Àfrica! No, no, la selva africana! Va, sí...?*

RAMON: *"Va... le"! La selva africana!*

PAU (escriu "LA S"): *La se... l...* (Escriu "E", li queda "LA SE".) *La se... l... va.* (Escriu "A", li queda "LA SEA".) *La/ se/l/va.* (Per cada cop de veu que ha fet segons les separacions que hem marcat ha assenyalat les següents lletres escrites "LA/S/E/A".) *Va, jo començo a dibuixar!*

PAU: *Falta africana! Afri... la i!, posa la i!*

PAU (Ha afegit la "I "i ha quedat escrit "LA SEAI".)

Abans de mostrar el dibuix i de narrar als companys i companyes la història, la mestra ajuda a estructurar el relat en forma de conte, guiant la intervenció cap a aquests punts:

Com començareu?
Quins personatges hi ha i on passa?
Quins problemes es presenten?
Com els solucionen?
Com acaba?

Pel que fa al títol es deixa normalment per comentar entre tots els nens i nenes de la classe. Al llarg del curs i a mesura que s'ha anat prenent consciència de la funció i les característiques del títol, s'ha anat construint entre tots una pauta de valoració (fig. 3), que primer fan servir per a l'autoavaluació els mateixos autors i autores i després s'aplica de nou a l'hora de la valoració col·lectiva.

L'activitat no queda acabada fins que la resta de la classe no s'ha assegut còmodament al voltant de la pissarra i els autors i autores han llegit el títol i han explicat la seva història basant-se en el dibuix. Després de la presentació s'obre un torn de preguntes sobre la narració, sobre el títol o sobre el mateix dibuix, i els autors van responent. Finalment es fa una valoració conjunta: es revisen els ítems de la pauta d'avaluació del títol, es valora l'esforç del dibuix, les bones idees de la narració i molt sovint acabem aplaudint els autors o autores.

- Inventar el final d'un conte

És una activitat creativa que ajuda a comprendre el conte i la seva estructura. Distingir el final com una part important i fer que les accions empreses resolguin els conflictes d'alguna manera requereix entrar plenament en el món fantàstic creat pel mateix conte. De fet, els nens i nenes poden tenir experiències de diferents finals a través d'alguns contes populars que s'han difós en versions diferents, fent acabar bé o malament la història.
Aquesta activitat l'acostumem a presentar a partir de contes d'autors poc coneguts pels nens i nenes, perquè puguin inventar més fàcilment un final que pot coincidir o no amb l'original.

Després de narrar per a tots les primeres parts de la història (presentació dels personatges, el problema que els sorgeix i les accions que emprenen), deixem que els nens i nenes inventin el final (la resolució del problema). És útil que en parlin per grups i després escriure-ho o bé dictar-ho a la mestra perquè ho escrigui. Després es fa una posada en comú dels diferents finals, agrupant els que s'assemblen segons si acaben bé, si acaben de manera divertida, si acaben malament, etc.

Tant si el tros de conte inventat és dictat a la mestra com si s'escriu per parelles, es posa en funcionament el procés d'escriptura, amb l'ajut d'algunes falques. S'encamina la planificació (els personatges, els conflictes i les accions ja estan definits) i es facilita, en el cas del dictat, una part de la textualització, la de la notació gràfica. D'aquesta manera s'alleugereix la sobrecàrrega que representa gestionar un text escrit i es pot aprofundir en algun dels seus subprocessos sense perdre el sentit del conjunt.

• Escriure un conte inventat

Evidentment és una proposta ambiciosa, i no és pas per on començaríem el treball del conte ni el treball d'escriptura. Ja hem vist moltes altres propostes adequades per entrar en la creació de narracions escrites. Tot i així, els nens i nenes que aprenen a llegir i a escriure també han d'experimentar la possibilitat d'inventar totalment un conte. És un treball que posa en joc la creativitat i l'expressió escrita i produeix la satisfacció de l'escriptor-creador.

A la classe de 5 anys acostumem a proposar d'inventar un conte de manera col·lectiva. La tècnica d'anar afegint cadascú o per grups una part és prou interessant. Necessita, evidentment, l'ajut de la mestra o el mestre per anar recapitulant la història i anar fent reflexionar per poder seguir inventant amb una mínima estructura (presentació, conflictes, accions, resolució).

Un cop inventat el conte entre tots, i si agrada prou, el podem escriure i ferne un llibre per a la biblioteca, per a una altra classe, per dur a casa... L'escriptura per fragments es pot fer en treball de grups petits, o dictar-lo a la mestra.

És cap a final de la classe de 5 anys i a 1r curs que proposem escriure un conte inventat en grups petits i també individualment. La majoria de nens i nenes de 1r són capaços d'inventar contes, d'escriure'n, i de passar-s'ho bé fent-ho, però, a més, es tracta d'aconseguir un procés i un producte de qualitat.

Per això no podem exigir, per exemple, que inventin un conte cada setmana, encara que sigui curt. I és evident que haurem d'assenyalar l'objectiu, el camí a seguir i els criteris de valoració de l'activitat. I, a més, haurem d'intervenir només el just i necessari perquè cada vegada puguin ser més autònoms en la producció de contes.

En primer lloc haurem de plantejar per a qui s'escriu i com ens imaginem el producte acabat. Tot i que descrivim aquí de manera lineal els passos que se segueixen, la realitat és més complexa i és un constant anar endavant i endarrere, res no és del tot definitiu; mentre es va elaborant tot es pot anar modificant.

Normalment els receptors del conte són companys i companyes de la classe per passar una estona agradable; posteriorment també el podran llegir les famílies. El producte acabat pot ocupar un full o dos, els DIN-A4 habituals a l'escola, amb un títol i un dibuix, o bé més llarg, enquadernat i a punt per passar a formar part de la biblioteca de la classe.

Després, es passa a "inventar" el conte. Cada grup ha d'acordar el tema del conte, els personatges, els problemes que es plantejaran, les accions i la resolució d'aquests problemes. Aquest treball de planificació si es fa en grups petits pot semblar més difícil i més llarg, però el nivell de generació d'idees pot ser molt ric perquè els nens i nenes s'estimulen entre ells, i la seva organització és més discutida.

Un cop ja s'ha acordat el tema del conte, ja es pot posar un títol, amb tot el que implica d'esforç de resum. (Vegeu una mica més amunt l'apartat *Escriure un títol d'una història inventada.*)

A continuació comença la textualització. Com sempre, primer se n'elabora l'esborrany. Es pot fer de manera individual o bé per parelles, o en grups de tres. En aquest moment la cooperació és molt important, ja que així es reparteix la quantitat d'aspectes que s'han de controlar a l'hora d'escriure. Mentre s'escriu es va rellegint i revisant, afegint, traient o canviant tot el que es cregui convenient. Si s'aconsegueix una bona dinàmica de treball en grup es generen discussions interessants que ajuden a aprofundir en el text a diferents nivells (l'estructura, el lèxic, l'ortografia, la distribució en el full, etc.), fins que es considera acabat. Aleshores cal la revisió final.

La revisió del text, que en part ja s'ha anat fent mentre s'estava escrivint, és imprescindible també al final, tant per apreciar-ne el conjunt com per perfilar-ne els detalls. Així com la planificació i la textualització es fan a vegades individualment, la revisió final necessita sempre d'alguna altra persona. A vegades, per parelles, un llegeix a l'altre el text per veure què s'entén i què no s'entén; a vegades, en grup petit, cadascú es fixa en un aspecte concret, a vegades col·lectivament amb aportacions de tot el grup.

• Escriure una narració d'una experiència viscuda col·lectivament o individualment

Escriure entre tots la narració d'un fet viscut col·lectivament (una festa, una excursió, unes colònies) amb l'objectiu d'elaborar un **àlbum-record** per comunicar la nostra experiència als que no ho van viure i ho volen conèixer i també per reviure els millors moments nosaltres mateixos, és un projecte entusiasmador, ric en participació i curull de possibilitats d'aprenentatge.

La narració de vivències provoca un treball sobre la pròpia memòria per reviure les emocions i posa en funcionament la recerca de formes adequades per a expressar-les en forma de text narratiu. També permet a l'infant participar en una producció en primera persona, cosa que gairebé mai no succeeix en les narracions a l'abast dels nens i nenes.

Per a l'organització dels fets de la narració que ens proposem podem optar per dos camins:

- Expressió espontània dels fets. Individualment o per parelles s'expressa el fet més rellevant, més apassionant o més excepcional de l'experiència que a cadascú li agradaria exposar en l'àlbum-record.

  Després s'agrupen tots els que tracten el mateix tema i es mira si coincideixen en l'aspecte del fet que volen expressar per fer-ne un sol grup o per desglossar-lo en diferents grups segons diferents punts de vista. Cada grup redacta i dibuixa, si així s'acorda, el fet que ha expressat.

  Finalment s'ordenen cronològicament. En aquest cas l'acció física de posar un full darrere l'altre ajuda a organitzar la seqüència temporal.

- Organització prèvia dels fets. Enumerar entre tots els fets més rellevants, els més apassionants o més excepcionals de l'experiència, que hauria de contenir l'àlbum-record, de manera cronològica. Es pot escriure algun referent de cada un a la pissarra, per recordar-los després.

  Després, es distribueix per parelles, o bé individualment, cada una de les experiències perquè cadascú la redacti i en faci el dibuix, si és així com s'ha acordat.

  Per acabar es compilen els fets en l'ordre que se'ls ha assignat prèviament.

En ambdós casos caldrà posar-se d'acord amb el format i amb l'enquadernació, la qual cosa ajuda a formar-se una idea del producte acabat, que evidentment pot ser de qualsevol mida i de qualsevol tipus (des d'escriure sobre els llibres en blanc que ja es venen per a aquesta funció, fins als enquadernaments més simples, l'enquadernació mecànica en espiral o l'àlbum d'anelles) (figs. 57a, 57b i 57c).

FIG. 57A LLIBRE D'EXPERIÈNCIES VISCUDES ELABORAT PELS INFANTS

FIG. 57B LLIBRE D'EXPERIÈNCIES VISCUDES ELABORAT PELS INFANTS

FIG. 57C LLIBRE D'EXPERIÈNCIES VISCUDES ELABORAT PELS INFANTS

I en ambdós casos el procediment serà l'habitual en l'escriptura: elaborar primer un esborrany per revisar-lo i fer-hi els canvis que vulguem, fins que ens agradi i s'entengui bé. Abans d'escriure definitivament el text, cal preveure la revisió conjunta de tots els fragments, per veure si ens hem deixat alguna vivència que ens agradaria molt que hi fos, i per veure si el conjunt del text lliga (cohesió), té sentit (coherència) i ens agrada (gust literari). És el moment de posar atenció als substituts, als nexes d'unió, a la puntuació, als referents espaciotemporals que permeten situar el relat i a les expressions que poden fer el text més bell.

Un cop elaborat el llibre de la narració del fet viscut tenim la gran oportunitat de gaudir mirant i remirant el llibre que fa reviure les nostres experiències. També és interessant organitzar un servei de préstec perquè qui vulgui ensenyar el llibre a les famílies ho pugui fer, ja que aquest era també un dels objectius de la seva elaboració.

En una experiència concreta d'aquest tipus, a la classe de 5 anys, una família, després de mirar el llibre, va adjuntar-hi una nota dirigida a tota la classe felicitant-nos pel treball. Aquesta nota, que va agradar molt als nens i nenes

–i a la mestra–, la vam enganxar al final del llibre i això va motivar que altres famílies adjuntessin notes de felicitació i admiració que vam anar llegint escrupolosament i guardant com un tresor.

Finalment, el llibre passa a formar part de la biblioteca de classe i val a dir que després d'un parell o tres d'anys encara hi ha nens i nenes que se'l miren i el comenten embadalits.

Narrar experiències viscudes pot compensar la nostàlgia que a vegades es crea un cop s'ha acabat aquella vivència tan esperada, tan intensa i tan fugissera. Cadascú expressa el seu enyorament, segons els seus sentiments, a la seva manera: lamentacions, admiracions, relats de parts de l'experiència, etc. tot buscant algun interlocutor. La narració escrita d'aquestes vivències, per deixar llegir als amics o fins i tot per a un mateix, pot ser una manera més d'aquesta expressió, però perquè sigui així cal descobrir-ne la possibilitat.

Per això, tot i que les narracions d'experiències viscudes col·lectivament tenen un grau d'implicació insuperable per part de tota la classe, pel fet de constituir un referent comú, també pot ser oportú proposar d'escriure'n individualment després d'unes vacances, d'un pont, o quan algun nen o nena vol explicar alguna cosa extraordinària del cap de setmana. Aquestes narracions individuals s'acompanyen normalment d'un dibuix, es llegeixen per a grups o per a tota la classe (fig. 60) i es pengen a la cartellera per poder-les compartir. També se'n poden fer àlbums-recull.

FIG. 58 ESCRIURE I LLEGIR EN EL MOMENT QUE VINGUI MÉS DE GUST

FIG. 59 ESCRIURE USANT L'ORDINADOR PERMET COMPARTIR EL TEXT QUE ES VA PRODUINT

FIG. 60 ELS COMPANYS I COMPANYES ES CONVERTEIXEN EN L'AUDITORI.
SEMPRE ESCRIVIM PER A ALGÚ

Aquestes pràctiques acostumen a resultar tan reeixides, en part per la gran càrrega afectiva que comporten, que corren el perill que els mestres les convertim en una rutina. En canvi, creiem que aquestes activitats haurien de ser més aviat una invitació a escriure que no pas una obligació i encara que en el marc de l'escola això resulta a vegades difícil, alguns tipus d'organització, com són els racons o els tallers, poden ajudar a diversificar les possibilitats i evitar uniformitzacions absurdes.

Amb la mateixa precaució de no convertir en rutines algunes pràctiques reeixides, a vegades es pot fer un recull dels relats d'experiències individuals per fer-ne un material de lectura molt atractiu per als infants perquè cadascú s'hi reconeix.

PENSANT EN VEU ALTA:
Els contes poden servir per aprendre a llegir i escriure?
I si ja saben el conte?

Els contes són una font inexhauribIe de recursos per aprofundir en qualsevol àrea del currículum. Qui no ha fet servir el conte d'en *Pere i el Llop* per a Música, *La Rínxols d'Or* per a Matemàtiques, *La Caputxeta vermella* per a Coneixement del propi cos, o *El Patufet* per a Coneixement de l'entorn?

En general els nens i nenes sempre estan ben disposats a seguir un conte i aquesta motivació serveix per introduir qualsevol contingut. És evident que l'abús d'aquest tipus de recurs pot arribar a desvirtuar els contes i el mateix aprenentatge basat en un món imaginari.

Ara bé, a mesura que hem aprofundit en el que significa la comprensió d'una narració, la relació que ofereixen els contes amb les diverses àrees del currículum l'entenem a l'inrevés. I, doncs, no fem servir el conte per a aprofundir en matemàtiques (o l'àrea que decidim), sinó que fem servir les matemàtiques i totes les àrees que facin falta per a aprofundir i fer comprendre millor el conte. Encara que algunes activitats poden semblar, a la pràctica, idèntiques, sabem prou bé que l'objectiu que orienta les activitats modifica profundament les intencions i orienta la significació de l'aprenentatge.

Seguint amb aquesta reflexió sobre l'aprofitament didàctic dels contes, és curiós el fet que sovint s'hagin utilitzat com a motivació per a diferents continguts i en canvi s'hagin usat molt poc per a un aprenentatge que els és propi: llegir i escriure.

Com a font de lectura, s'havia considerat que fins que l'infant no dominava mínimament el codi no calia que agafés contes. En tot cas ja hi havia les col·leccions de contes amb il·lustracions sense text per a aquests nens i nenes que encara no sabien llegir. Per aprendre a llegir l'infant ja tenia els llibres que li permetien fer pràctiques de descodificació amb paraules formades per lletres que ja coneixia, de manera graduada, encara que no tinguessin cap significació global. A la pràctica, llegir es convertia en la superació d'una sèrie d'obstacles grafofònics i en l'emissió d'una paraula darrere l'altra en veu alta, desestimant una recerca de significat global, cosa que encara dificultava més la descodificació i no permetia posar en marxa cap estratègia de comprensió.

Ara sabem que els nens i nenes poden aprendre a llegir a partir dels contes que els interessen. De mica en mica, en interacció amb la mestra o el mestre i els companys i companyes de classe reconeixen el títol, identifiquen els noms dels personatges, emeten hipòtesis i les comproven seguint els índexs grafofònics, però també els índexs textuals i contextuals, i, així, van apropiant-se de la lectura com a procés mitjançant el qual es comprèn el text, en comptes de com a activitat de descodificació.

Com a font d'escriptura, s'acostumava i s'acostuma a proposar primer la còpia del títol del conte i més endavant la còpia d'un fragment del conte. En canvi, hem vist que el fet d'inventar un conte i un títol també pot comportar escriure'l, tot i que el nostre alumnat no conegui encara totes les lletres. Voler escriure implica la necessitat d'esbrinar com es fa, de consultar els llibres de contes que coneixen per saber com s'escriu el títol, què es posa al primer full, com s'escriu llop o quina és la lletra que sona [r] com la de Rateta. Cal, és clar, l'ajut de la mestra o mestre i la interacció amb els companys i companyes, però escriure un text inventat té molt poc a veure amb un treball de còpia i molt a veure amb un procés de planificació, textualització i revisió.

Assumint el model interactiu per explicar el procés de lectura hi ha un altre aspecte, que fa referència als coneixements previs dels nens i nenes, que em replantejo a l'hora de narrar o de llegir contes als infants.

És força habitual que en proposar la lectura d'un conte alguns nens i nenes que l'han d'escoltar manifestin que ja el saben, en un cert to desmotivador per a qui fa l'esforç de llegir-lo i per als altres que es proposen d'escoltar-lo. Malgrat tot, la mestra o el mestre pot pensar que igualment el vol llegir perquè dels 25 nens i nenes només n'hi ha 2 que el saben i encara és possible que l'hagin sentit però que no se'n recordin gaire. Per evitar aquesta situació tan desagradable, en part perquè no la podia controlar i en part perquè desfeia tot l'encant que jo volia donar a la lectura del conte, recordo haver dit abans d'enunciar el conte: "*si algú ja el sap que no digui res fins al final*".

Però aquesta desagradable sensació ha canviat totalment quan m'he plantejat el fet d'aprofitar que els nens i nenes manifestin conèixer el conte com a font per activar els coneixements previs. Ara desitjo que hi hagi nens i nenes que coneguin el conte que els vaig a llegir, em són imprescindibles per començarne a parlar i comprendre millor el conte. Així doncs, els que ja saben el conte fan d'informadors i ens ajuden a crear expectatives i a establir hipòtesis; també pot passar que entre tots obtinguem informacions oposades i això ens permeti formular la pregunta sobre quina versió deu haver escollit l'autor del text en concret que anem a llegir. D'aquesta manera abans de començar a llegir establim objectius de lectura, per intentar crear oïdors actius a diferents nivells i està més que provat que aquest esforç no és debades.

TEXTOS POÈTICS

Els textos poètics tenen un component màgic que els nens i nenes aprecien amb molta facilitat. La bellesa del contingut i de la forma desperta sensacions i emocions pròpies de qui percep l'estètica de l'art i en gaudeix. La finalitat última de llegir o aprendre una poesia, una endevinalla, etc. és perquè ens agrada, perquè és bonica.

És evident que potenciar la sensibilitat necessària per ser partícip de la bellesa literària és l'objectiu principal del tractament dels textos poètics a l'escola i és una tasca per desenvolupar al llarg de tot el currículum i no només en un curs concret. Per potenciar aquesta sensibilitat cal posar l'alumnat en contacte amb tot tipus de textos poètics i acompanyar-lo en la descoberta de la seva bellesa i de com gaudir-ne.

Encara que aquí ens centrem només en uns prototipus de textos literaris, som conscients de la varietat que ofereix aquest gènere i de les moltes possibilitats per fer-hi participar els infants. Aquí ens limitarem a exemplificar les formes que ens han funcionat a l'aula:

- Poemes i cançons.
- Rodolins.
- Dites i refranys.
- Endevinalles i enganyifes.
- Embarbussaments.

Per apropar els nens i nenes al llenguatge poètic és interessant **conèixer-lo**, valorar els sentiments que produeix i memoritzar-lo, però també és interessant posar-se en situació de **produir-ne**.

En la línia de considerar totes les situacions d'ús literari en què s'empra el text escrit en situacions d'ensenyament i d'aprenentatge de la lectura i l'escriptura, proposem que l'alumnat intervingui en la lectura i l'escriptura dels textos poètics que es proposin.

Tractarem les propostes en dos apartats:

- Poesies, rodolins, dites i refranys.
- Endevinalles, enganyifes i embarbussaments.

a) Poesies, rodolins, dites i refranys

• Coneixença

En diverses ocasions a l'escola es proposa d'aprendre poesies, de manera que cada curs se n'aprenen com a mínim 4 o 5. S'ha de procurar que en la història de cada grup classe les poesies siguin variades quant a autors i quant a temes, per a la qual cosa és útil traspassar de tutor a tutor la llista de poesies que coneix el grup, per ampliar el repertori i per gaudir de la satisfacció que produeix recitar poesies apreses anteriorment.

De la mateixa manera s'aprenen rodolins, dites i refranys, molt sovint relacionats amb el pas del temps, els costums i les festes populars.

Per al coneixement de cada poesia, rodolí, dita o refrany, proposem la següent seqüència d'activitats, mitjançant les quals podem aprofundir en el coneixement del text escrit.

– Elecció
És molt interessant fer participar els nens i nenes en l'elecció de la poesia, rodolí, dita o refrany que es vol aprendre (a partir d'aquí ens referirem només a la poesia, però proposem activitats similars per als rodolins, les dites i els refranys).

La font d'on prové la poesia pot ser oral, basada en la memòria; o escrita, basada en la notació gràfica dels nostre sistema d'escriptura. En ambdós casos el fet d'escollir ajuda a crear sensibilitat, a configurar gustos i a argumentar per què es prefereix una poesia o una altra.

Tant si la poesia és proposada pel mestre (d'acord amb els seus propòsits de tema, de text apropiat, de varietat d'autors, etc.) com si es recullen diverses propostes dels nens i nenes, és interessant centrar-se en un parell de poesies, explicar qui és l'autor, llegir-les o recitar-les de manera seguida sense interrupcions per captar-ne la idea global, escriure els títols a la pissarra i obrir un debat sobre quina agrada més i per què.

En aquest debat nens, nenes i mestra aporten arguments de tot tipus que abracen el contingut, les expressions boniques, la rima, els sentiments que provoca, etc. Quan s'ha escollit la poesia que es vol aprendre, i també enmig del debat si es creu oportú, la mestra la torna a recitar o a llegir tota sencera per a tothom, amb tota la concentració que això requereix.

– Primeres impressions

Si el debat sobre l'elecció de la poesia ha estat prou ric, ara només caldrà recordar els aspectes més destacats de per què ens agrada i de les sensacions que ens produeix la poesia escollida. Si no hi ha hagut elecció de poesia sinó proposta única ara serà el moment de parlar entre tots (primer en grup petit, després en grup gran) dels sentiments que ens provoca, del contingut, de les expressions boniques, etc. La mestra pot prendre nota de les intervencions dels nens i nenes per recordar-ho un altre dia i per ajuntar-ho al text de la poesia.

– Audició-lectura

Després de la conversa sobre les primeres impressions i arran d'algunes intervencions oposades o d'algun dubte es pot copiar la poesia a la pissarra o en un pòster (fig. 61), de manera que sigui visible per a tot el grup, i tornar a llegir el text les vegades que calgui per aclarir el problema plantejat.

La visió del text escrit també ha de servir per observar la distribució espacial particular:

- L'escriptura per versos, sense arribar al final de la línia, cosa que crea un espai en blanc al voltant del text i espais en blanc, també, entre els blocs de versos.
- Generalment un títol, un text que no acostuma a ocupar més d'un full i el nom de l'autor a sota i a la dreta.

La segona, o tercera, audició permet interrupcions per comentar el que calgui, però sempre és útil acabar amb la lectura sencera. El mestre o la mestra engresca i sedueix l'alumnat invitant-lo a escoltar de nou la poesia amb frases com: *Ara que ja ho heu entès bé, escolteu que bonic que fa en el conjunt de la poesia...*

FIG. 61 ELS PÒSTERS DELS POEMES I RODOLINS APRESOS PERMETEN RELLEGIR-LOS I APROFUNDIR-HI DIVERSOS ASPECTES

– Aprofundiment

En la recerca d'un problema plantejat, i intercalat en diverses audicions, s'afronta una segona exploració de la poesia, aprofundint en algun aspecte concret que pot fer referència a les intencions de l'autor, al text en general, a la sintaxi o a la semàntica. Aquest aprofundiment assegura un millor coneixement de la poesia i possibilita passar a la memorització de manera comprensiva.

– Memorització

Per aprendre la poesia de memòria fem repetir un o dos versos, segons el sentit i la llargària, diverses vegades; després, els dos següents i després, ajuntem els dos fragments. Successivament es va procedint així de manera acumulativa fins a memoritzar tota la poesia, amb el nom de l'autor inclòs.

Mentre es fa el treball de memorització de la poesia, va bé que estigui escrita a la pissarra i es pot anar assenyalant el tros que s'està repetint, amb la finalitat de relacionar la tira fònica i la tira gràfica. A vegades una lletra o una paraula ens pot donar la pista de quin és el tros següent i sempre quan s'han acabat les lletres també s'ha acabat la poesia.

Cadascú pot tenir també una còpia del text de la poesia i per grups de 2 o 3 nens i nenes establir que se l'aprenguin de memòria. Han d'intentar que tot el grup l'aprengui. Aquesta situació provoca el desenvolupament de diferents estratègies de lectura i de confrontació de resultats entre els membres del grup.

Quan la poesia ja es comença a saber de memòria podem convidar a recitar-la per a tota la classe demanant voluntaris (individuals o en grup petit) que vulguin provar-ho. La recitació en públic pot ajudar a la memorització per part del oients i també pot servir per a aprofundir en aspectes de declamació (entonació, pronúncia, ritme i volum).

– Recitació-lectura
Atès que la recitació oral de la poesia coincideix exactament amb el text escrit, els infants, encara que no dominin el codi, poden realitzar actes de lectura recitant la poesia tot "fent veure" que llegeixen. De fet és una lectura en què la mainada pot anticipar tot el text, cosa que permet centrar l'atenció en la comprovació de la hipòtesi, és a dir, en la recerca de pistes per estar segurs que en el text hi diu allò que estem recitant.

Per afavorir la comprovació d'hipòtesis, és útil escriure el text a la pissarra o disposar del text escrit en un mural i proposar gairebé com un joc exercicis del tipus:

Subratlla on diu...
Quantes vegades surt aquest nom...?
No, mireu, esborro o tapo un nom i heu d'endevinar on anava i què hi deia.
Canviaré un nom del text i l'haureu de trobar.

La lectura d'un text memoritzat, que acostuma a agradar als principiants perquè els dóna seguretat, gairebé només té sentit en ocasió del llenguatge poètic, ja que el seu objectiu és recrear-se en aquest tipus de llenguatge i, per tant, mentre produeixi plaer podem repetir la lectura tantes vegades com vulguem.

Per afavorir la recitació-lectura dels poemes apresos és interessant fer un recull en forma de fitxer o d'àlbum i guardar-lo a la classe en un lloc que els nens i nenes hi puguin tenir accés fàcilment. De manera semblant es fa també el recull de cançons (fig. 62). Molt sovint, grupets de nens i nenes remiren el recull i no és estrany trobar-ne de tant en tant alguns que espontàniament reciten-llegeixen les poesies apreses. També en moments especials (celebració d'un aniversari, presència d'un animal a la classe, esdeveniments extraordinaris...) en què es vol recitar una poesia que hi fa referència, podem consultar-la en aquest recull.

També amb la mateixa funció de recitació-lectura i, a més, amb l'objectiu que la poesia apresa transcendeixi les portes de l'escola, resulta atractiu portar la poesia escrita a casa. Segurament té més possibilitats de ser viscuda per la família (lectura per part dels adults, demostració de recitació per part del nen o nena i potser finalment exposició a la nevera) si es porta a la mà el dia que s'acordi (quan comença la tardor, en ocasió d'una festa, d'un canvi de mes...), que no pas intercalada a l'àlbum dels treballs del trimestre.

FIG. 62 LA LLISTA DE CANÇONS APRESES ÉS L'ÍNDEX DEL CANÇONER.
LA LECTURA DELS TÍTOLS SERÀ IMPRESCINDIBLE PER ELEGIR UNA CANÇÓ

– Escriptura del poema memoritzat

És una tasca que es pot proposar algunes vegades, però no creiem oportú que s'associï al fet d'aprendre un poema. Escriure un text conegut (tal com hem explicat en l'apartat *Escriure un conte conegut*) sempre ofereix l'avantatge que el text ja està formulat, de manera que alleugereix la tasca de planificació i textualització i permet posar el focus d'atenció en el treball de notació gràfica. A més, en el cas de la poesia allò que es memoritza oralment és estrictament igual que el que està escrit.

En la fig. 63 podem apreciar el treball d'en Gabi (6 anys i 5 mesos) d'escriptura de la cançó del *Gegant del pi* sense model i en la fig. 64 el treball de l'Anna (7 anys i 1 mes) i l'Adriana (6 anys i 7 mesos) d'escriptura d'una poesia de memòria a partir del títol copiat de la pissarra.

• Producció

Per ajudar a produir qualsevol text poètic és molt útil partir de models i fer substitucions de paraules, imitar estructures, etc. i també crear-ne de lliures. La producció de text poètic va molt lligada a la possibilitat d'escriure'l i tornar sobre la base escrita per fer-hi les modificacions pertinents per aconseguir cada vegada més bellesa.

Una de les primeres produccions poètiques que proposem als nens i nenes és l'elaboració de **rodolins** en què apareguin els **seus noms**, perquè els agrada molt ser els protagonistes i perquè acostumen a captar força bé la rima que persegueix. És un treball que poden fer molt bé tant a 5 anys com a 1r, però evidentment és aconsellable que el facin només una vegada i després en tot cas fer-ne ampliacions.

Per dur a terme aquest treball primer cal haver-ne conegut uns quants. És útil partir de cançons com ara:

> – *Demà és festa* (...passa Santa Anna / tocant la campana; passa Sant Pere / portant una cullera; passa Sant Magí / tocant el violí...).
> – *Per Nadal el porc en sal* (...toca toca Valentí / que els soldats ja són aquí; ara vénen bous i vaques / i gallines amb sabates...).
> – *Cançó de les hores* (A la una / surt la lluna; a les dues / menjo prunes...).

Després, analitzem entre tots per què sonen bé i per què són divertits.

Finalment, proposem de fer rodolins amb els noms dels nens i nenes de la classe. Només cal posar algun exemple perquè s'hi engresquin. En grups de 4 o 5 inventen un rodolí per a cada nen i nena del grup, amb la condició que a cadascú li ha d'agradar el seu rodolí.

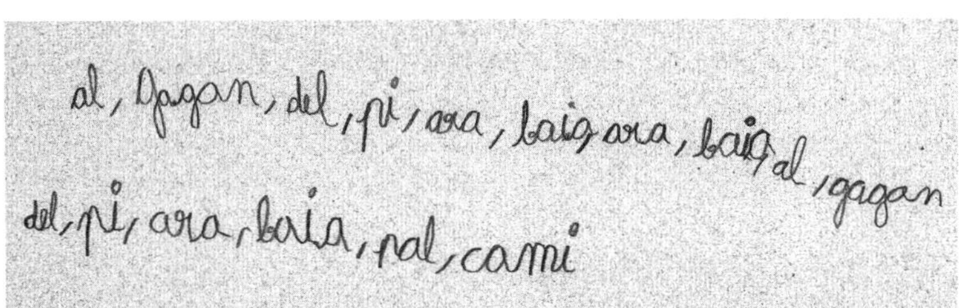

FIG. 63 ESCRIPTURA DEL TEXT D'UNA CANÇÓ CONEGUDA PER EN GABRIEL (6 ANYS I 7 MESOS)

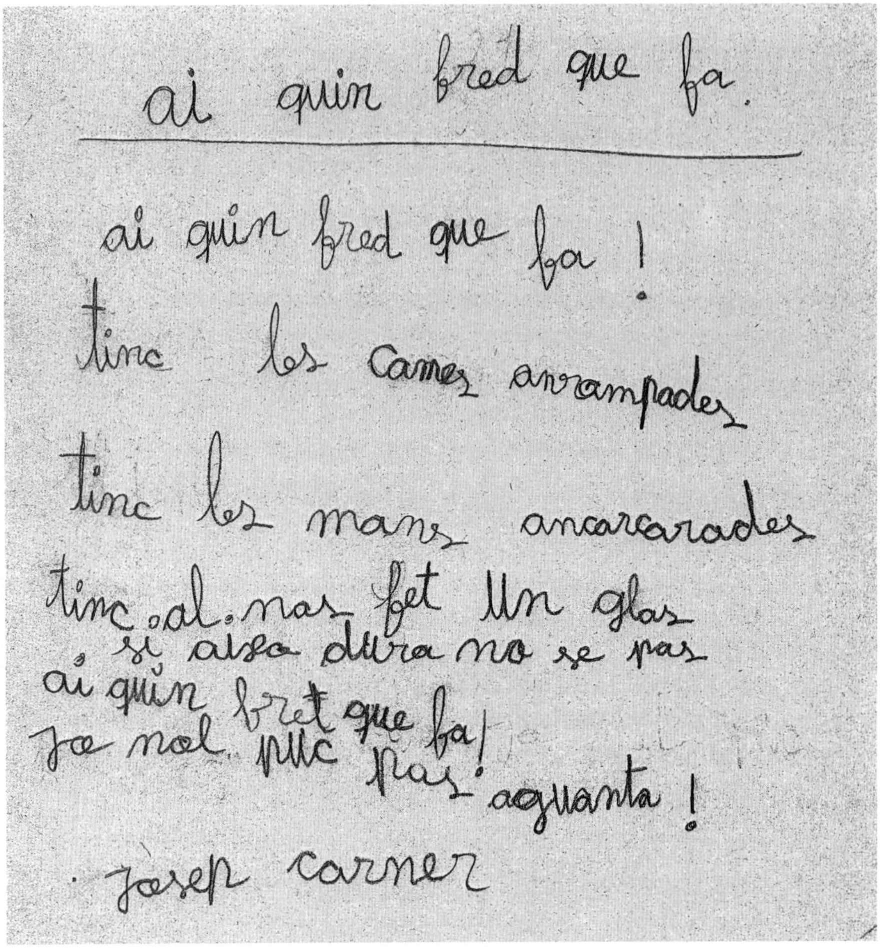

ai quin fred que fa.

ai quin fred que fa!
tinc les cames arrampades
tinc les mans ancarcarades
tinc al nas fet un glas
si aixa dura no se pas
ai quin fret que fa!
ja nol puc pas aguanta!
Josep carner

FIG. 64 ESCRIPTURA D'UN POEMA CONEGUT ENTRE DUES NENES DE 1R CURS (FEBRER)

Mentre van assajant diferents formes, la mestra va passant pels diferents grups per implicar-se també en aquesta feina, no sempre fàcil d'aconseguir. La mestra pot ajudar a buscar paraules que rimin, oferint-ne si és possible un ventall perquè els mateixos nens i nenes triïn i sentin com a seu el rodolí que aconsegueixen. En aquest treball la mestra va anotant les diferents propostes i les va canviant al davant dels nens i nenes intentant fer-los adonar que es tracta d'anar fent modificacions fins aconseguir un rodolí que ens agradi molt.

Després cada nen i nena escriu el seu rodolí i l'il·lustra per fer-ne un mural perquè el vegin els pares o altres alumnes de l'escola, o un llibre per a la biblioteca (figs. 65 i 66).

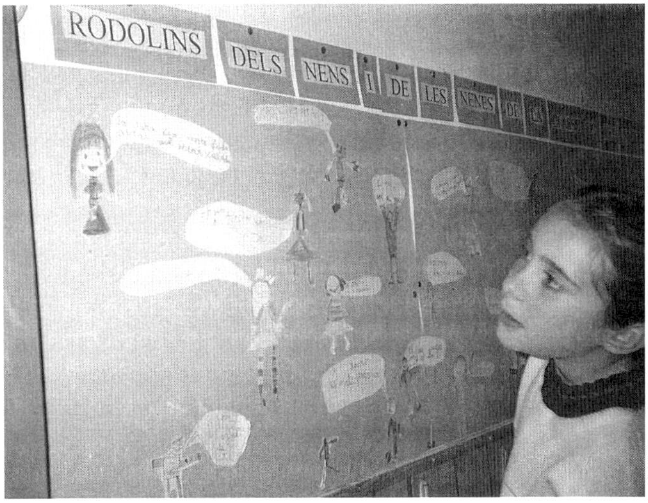

FIG. 65 ELS RODOLINS AMB ELS NOMS DELS NENS I LES NENES DE LA CLASSE ÉS UN DELS PRIMERS TREBALLS DE CREACIÓ LITERÀRIA

FIG. 66 L'ESCRIPTURA DE RODOLINS PORTA A DIFERENTS REFLEXIONS SOBRE EL CONEIXEMENT DEL CODI

L'escriptura del rodolí porta a diferents reflexions sobre el coneixement del codi, que entre tots podem explicitar:

- En primer lloc, els rodolins s'acostumen a escriure en dues línies i cal analitzar la cadena fònica per saber destriar què hi va a cada línia.
- Hem vist que les paraules que rimen acaben igual i en principi amb les mateixes lletres, o potser descobrirem que hi ha lletres que no són iguals de forma però pel fet de ser mudes, o per tenir més d'un so, sonen igual.

Una vegada hem acabat el treball, ens ho podem passar molt bé llegint els rodolins de cadascú, cridant els nens i nenes pel seu rodolí, fent cadenes de rodolins o fent un bon embolic barrejant fragments de diferents rodolins. La millor prova de l'interès i la diversió que crea recitar aquests rodolins són les riallades, el bon humor i la imposició del silenci per part del mateix alumnat per poder escoltar el rodolí següent. També, acostuma a romandre una certa sensibilitat per captar les rimes; més d'un cop algú interromp espontàniament advertint que acabes de fer un rodolí (Per exemple: Qui vulgui sortir / que vingui cap aquí) i també se'ls pot encoratjar a fer-ne més amb els noms dels pares i mares, amb noms de joguines, etc.

Vegeu a la fig. 67 els rodolins que ha escrit la Núria (6 anys i 3 mesos) de manera espontània. Sempre que en produeixen d'espontanis els llegim a la classe i els guardem dins el recull que n'hem fet per a la biblioteca.

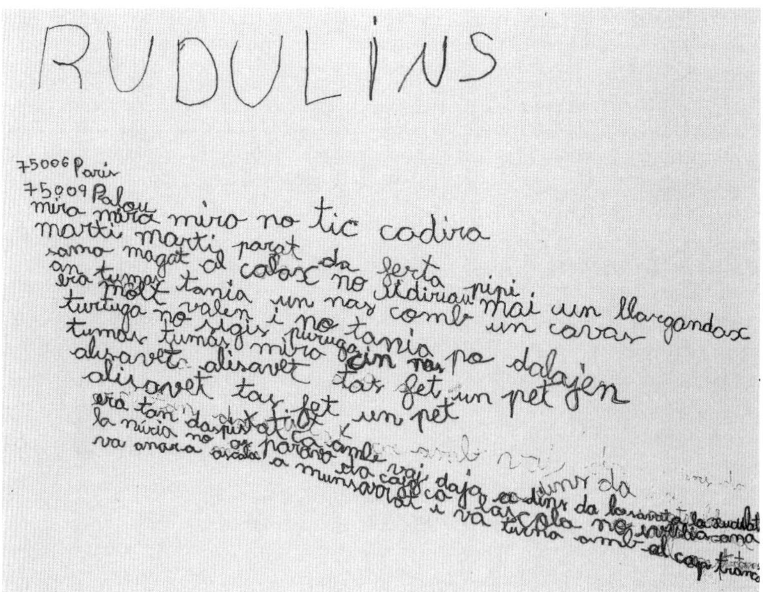

FIG. 67 ESCRIPTURA ESPONTÀNIA DE RODOLINS INVENTATS PER LA NÚRIA (6 ANYS I 3 MESOS)

Hem inventat aquestes endevinalles

1. Un barret de pallasset
i a sobre un barret.
(un gelat)

2. Una rodona gruixuda,
que és molt traçuda,
gira les coses quan juga.
(el "màster-tazo")

3. Una corda que és verda
i no és herba. Què és?
(la serp)

4. Sense mi no hi ha futbol
i ningú pot marcar gol.
(la pilota)

5. S'assembla al quatre
i n'hi ha moltes al teatre.
(la cadira)

6. Què hi ha al mig
del fum i de la llum?
(la lletra u)

7. Un palet i un barret
que s'enganxa dret.
(una xinxeta)

8. No és rodó, ni és tortell
i suma com un cervell.
(la calculadora)

9. Semblo un avió,
m'agrada nedar i saltar
i sempre vaig a bucejar.
(el dofí)

10. Blanca com la sal,
sempre va pel cel
i brilla com el sol.
(la lluna)

11. Una corda que s'enfila,
no té cames i camina.
(la serp)

FIG. 68 RECULL D'ENDEVINALLES INVENTADES PER ALUMNES DE 1R CURS (MAIG)

b) Endevinalles, enganyifes i embarbussaments

Encara que cada una d'aquestes formes literàries és prou diferent de l'altra i no es poden pas confondre, les hem agrupades perquè totes es basen en el domini del joc verbal.

D'altra banda, les diferenciem dels jocs que hem anomenat de llengua escrita perquè si bé entren en la dinàmica de presentar un repte a la intel·ligència i de desafiar el contrincant, les endevinalles, enganyifes i embarbussaments tenen una bellesa literària que no tenen ni pretenen els altres jocs.

Tant les endevinalles, com les enganyifes, com els embarbussaments tenen una gran musicalitat i això sol ja provoca plaer en escoltar-los i ganes de repetir-los. A més, la seva riquesa lingüística és una invitació constant per a la reflexió metalingüística a diferents nivells. Cada un juga amb un aspecte diferent de la llengua.

Les *endevinalles* juguen amb les comparances i les metàfores per referir-se d'una manera ambigua al concepte que cal endevinar (*Una capseta blanca / que s'obre i no es tanca*). A vegades la solució es troba en algunes síl·labes o parts de paraula del mateix enunciat (*Digues tu bona persona / què hi ha al mig de Barcelona? Solució: la lletra o*). Acostumen a presentar-se rimades, en forma de vers.

Les *enganyifes* juguen amb el fet de canviar l'expectativa culturalment admesa en la recerca de la resposta a la pregunta que formulen (*Quin animal és aquell que menja amb el nas? Solució: Tots, perquè cap no se'l treu per menjar*).

Els *embarbussaments* juguen amb paraules que contenen un mateix so, creant una certa dificultat per a la dicció ràpida. Creen un efecte sonor especial que dóna un cert poder màgic a qui ho sap dir ben de pressa sense equivocar-se (*Duc pa sec al sac, m'assec on sóc i el suco amb suc*).

Tant les endevinalles, com les enganyifes, com els embarbusaments formen part bàsicament de la literatura oral i evidentment és oralment com se n'ha de gaudir a l'escola. Se n'han de proposar, analitzar, entendre, memoritzar i trobar plaer tot jugant a dir-ne i a endevinar-ne.

Si esmentem aquí aquesta mena de textos és perquè no ens passi per alt que el text escrit ofereix la possibilitat de fer-ne reculls i d'inventar-ne. Així doncs, les activitats d'ensenyament-aprenentatge que proposem amb aquesta finalitat són:

- Consultar reculls editats.
- Elaborar un recull.
- Inventar-ne.

• Consultar reculls editats

Hi ha poca oferta al mercat d'aquest tipus de reculls a l'abast dels nens i nenes, per això de vegades fem servir dels reculls elaborats per nens i nenes d'altres cursos i, sobretot, el recull que elaboren ells mateixos. Són reculls que poden passar de classe juntament amb el grup, per anar-los ampliant cada any. També, amb un cert acompanyament, l'alumnat pot usar els llibres d'endevinalles i embarbussaments que fa servir el mestre.

Els nens i nenes poden consultar reculls d'endevinalles, enganyifes i embarbussaments per a diferents finalitats:

- Per buscar-ne un de determinat, que parli d'alguna cosa concreta, que tingui una forma específica, o, simplement, que ens agradi.
- Per curiositat, per veure si n'hi ha algun de conegut, si són llargs, curts, difícils, fàcils, divertits, etc.
- Per entreteniment, per passar una estona fent una cosa que produeix plaer, que agrada.

Aquestes consultes es poden fer espontàniament, perquè en aquell moment ve de gust, en una estona lliure, o en aquells temps morts que a vegades queden a l'entrada o a la sortida de classe; o, d'una manera més organitzada, en el racó de la biblioteca i, encara més organitzada, quan és fruit d'un projecte comú de recerca específica, d'elaboració d'un recull o de creació literària. En tots els casos es requereix que els reculls a consultar estiguin a l'abast dels nens i nenes de manera que els puguin agafar i manipular amb facilitat sense haver de "demanar permís".

És evident que l'agrupació d'alumnes ideal per a aquest tipus de consultes és el grup petit i també individualment. En aquest cas el treball en grup gran només es durà a terme per posar en comú les consultes fetes, per triar entre diferents possibilitats, per intercanviar arguments, etc. En algunes ocasions la intervenció de la mestra mentre es consulta el recull és decisiva, sobretot per orientar el procés de recerca, ja que tant l'objectiu del que busquen com els criteris de valoració els tenen clars perquè són els que han motivat la consulta del recull. El següent exemple en pot ser una bona mostra.

Exemple 38

> Dues nenes i un nen de 1r curs, al mes de novembre, buscaven una endevinalla que parlés de l'aranya. La proposta va sorgir arran de dos fets. D'una banda a la classe s'estava duent a terme un projecte globalitzat sobre les aranyes i de l'altra un dia, cinc minuts abans de recollir, la mestra va proposar als alumnes una endevinalla que parlava d'animals (del cargol) que va agradar molt i fins i tot la van aprendre de memòria per dir-la a casa. L'endemà la Clara va preguntar a la mestra si sabia cap endevinalla de l'aranya, la mestra va dir que no però que ho miraria en un llibre d'endevinalles que tenia a casa. El dia següent la mestra va portar el seu llibre i només arribar a la classe el va ensenyar a la Clara (el llibre[2] era un recull per a mestres, però atesa la claredat de la seva presentació es va considerar oportú oferir-lo als infants per fer-hi una recerca).

2. Es tracta del llibre de Correig, M. i alt., *Una capseta blanca que s'obre i no es tanca*. Barcelona: Graó, 84

MESTRA: *Mira, Clara, en aquest llibre potser hi trobaràs alguna endevinalla de l'aranya. Si vols, després te'l pots mirar.*

CLARA: *El puc mirar ara?*

MESTRA: *Va, mentre esperem que tothom arribi.*

(De seguida s'hi han ajuntat en Marcel i la Gemma. Entre tots tres han mirat el llibre força atabaladament fent alguns comentaris que no hem pogut enregistrar. Al cap d'una estona...)

MESTRA: *Què, us sembla que servirà, aquest llibre?*

MARCEL: *És molt difícil de trobar!*

MESTRA: *Per què ho dius?*

És important que la mestra no precipiti la interpretació de la dificultat. Podria ser que ho trobessin difícil perquè no hi ha dibuixos, perquè la lletra és molt petita, etc. Si la mestra indaga bé els perquès la seva intervenció podrà ser molt més ajustada a la realitat i amb més possiblitat de facilitar aprenentatges.

CLARA: *Perquè n'hi ha moltes!*

MESTRA: *És veritat, però com que estan ordenades ho podrem trobar més fàcilment. Després, a l'hora de treball individual us ajudaré una mica, ara hem de començar el treball previst per a avui.*

(...)

(A l'estona de treball individual tots tres s'han recordat de demanar el llibre a la mestra.)

MESTRA: *Ah sí!, què volíeu buscar?*

CLARA: *Una endevinalla de l'aranya.*

MESTRA: *I per què voleu una endevinalla de l'aranya?*

CLARA: *Perquè sí, perquè és divertit!*

GEMMA: *Si ens agrada la podem posar a l'àlbum d'endevinalles de la classe, com que estudiem l'aranya!*

MESTRA: *I com ho sabreu si us agrada?*

GEMMA: *Que soni bé... que sigui difícil, però no tant.*

L'objectiu de la recerca està ben clar, no calen més explicacions: És divertit i, a més, dues justificacions; estem estudiant l'aranya i si ens agrada la posarem a l'àlbum de la classe. Passarà a formar part de la història del grup. Els criteris de valoració de la recerca també són clars: que la solució de l'endevinalla sigui l'aranya i que ens agradi.

MESTRA: *Va, doncs, a veure si ho trobeu.*

(Al cap d'un moment la Clara crida la mestra.)

CLARA: *Per on ho busquem?*

MESTRA: *Ah sí! Hem de trobar com estan ordenades.*

(La mestra es mira amb deteniment el llibre, busca per les primeres pàgines i per les últimes. La Clara, la Gemma i l'Oriol l'observen atentament.)

MESTRA: *Al davant o al darrere dels llibres, si estan ben fets, hi ha un índex que ajuda a trobar les coses. Ja ho tinc! Aquí darrere hi ha la llista de totes les solucions i al costat la pàgina on es troba la seva endevinalla. Veieu?*

(S'ho miren encuriosits, però amb cara d'estar desconcertats. La mestra, després d'uns moments de pausa, segueix.)

MESTRA: *Per exemple, què diu aquí?*
ORIOL: *Pi... n... ell.*
MESTRA: *Què vol dir? Què t'imagines?*
ORIOL (s'ho torna a mirar).
MESTRA: *Et faltava una lletra que et donaria una bona pista. Clara, saps com sona la lletra que li falta?*
CLARA: *La [z].*
MESTRA: *Doncs què hi diu?* (Es dirigeix a l'Oriol): *Pin...*
ORIOL: *Pinzell!*
MESTRA: *Molt bé! I al costat quin número hi diu?*
(Tots tres segueixen amb gran curiositat.)
ORIOL: *Un quatre i un set.*
MESTRA: *Doncs busquem la pàgina quaranta-set i trobarem una endevinalla sobre el pinzell. Mira!: "Cap pelut i cap pelat / es posa eixut i es treu mullat!"*
CLARA: *Va, busquem aranya?*

La Clara ja ha captat el camí que cal seguir per aconseguir el seu objectiu i no vol més explicacions. En aquest cas l'exemple ha estat decisiu per entendre el funcionament de l'índex.

(La mestra els passa el llibre, obert per l'apartat on comença el recull alfabètic i els deixa fer. Pren la iniciativa la Clara.)
CLARA: *Comença per...*
GEMMA: *Una a, com allà.* (Assenyala un cartell del projecte que diu ARANYES.)
CLARA: *Mira totes les que comencen per a, com els telèfons! Després la erra, oi Gemma?*
(La Gemma mira el cartell on diu ARANYES, però no diu res.)
ORIOL: *Vols dir que ho trobaràs?*
CLARA: *Sí! Sí! Hi és! Hi és!* (Ho ensenya amb satisfacció a l'Oriol, a la Gemma i a la mestra.)
MESTRA: *Molt bé! Ara sabeu què heu de fer?*
CLARA: *Sí... la pàgina... cinc nou!*
(La busquen, amb força discussions: *te l'has passat..., que sí..., que no...*, però el llibre el té la Clara i escolta poc els seus companys.)
CLARA: *Aquí!*
A la mateixa pàgina hi ha diferents endevinalles totes amb la solució a sota i a la dreta amb negretes. Tota sola la Clara, fent ús d'aquests índexs textuals, es posa a llegir les solucions de les endevinalles de la pàgina cinquanta-nou.

CLARA: *La... pa... pallona!, L'... Aquí, aquí! Mira, l'aranya!* (Es dirigeix a la mestra.) *Ens la llegeixes?*
MESTRA: *Va, a veure si la llegim entre tots i així aprenem també una mica més a llegir. Comença, Oriol, pensa què diu la primera línia.*
ORIOL: *No... ca... mina mai per te... rr... a.*

MESTRA: *Va, ara tot junt a veure si s'entén!*
ORIOL: *No camina.*
GEMMA: *Mai per terra.*
MESTRA: *Dona!, deixa'l acabar! Digues tota la ratlla, Oriol.*
ORIOL: *No camina mai per terra.*
MESTRA: *És veritat que no camina mai per terra, l'aranya?*

La mestra ha introduït una pregunta de control de la comprensió mentre es llegeix, si "no camina mai per terra" no tingués sentit, caldria comprovar millor si s'ha interpretat bé el text.

ORIOL: *Sí... perquè va per les parets i els sostres.*
MESTRA: *Doncs, tirem endavant. Vols seguir tu, Gemma?*
GEMMA (primer s'ho pensa una estona llarga, després diu seguit): *I tampoc vola.*
MESTRA: *Molt bé, molt bé!, quasi quasi que hi diu això, falta només un trosset.*
GEMMA: *Per l'aire.*
MESTRA: *Tot junt...*
GEMMA: *I tampoc vola per l'aire.*

El text diu "ni tampoc vola per l'aire", però la mestra no li ho corregeix en aquest moment, prefereix intentar provocar una autocorrecció possible si es llegeixen les dues frases juntes.

MESTRA: *Ajuntem ara les dues línies. Oriol, tu què havies llegit?*
ORIOL: *No camina per terra.*
MESTRA: *Mira, et falta mai...*
ORIOL: *No camina mai per terra.*
MESTRA: *Segueix, Gemma!* (Ho diu fluixet.)
GEMMA: *I no vola per l'aire!*
MESTRA: *Ara jo! Ho torno a llegir tot i afegeixo la tercera ratlla, després tu, Clara, llegiràs l'última línia. "No camina mai per terra / ni tampoc vola per l'aire / tampoc no sap nedar..."*
CLARA: *"Però corre, puja i baixa." No sona bé!* (Ho diu bastant decebuda.)

Immediatament la Clara ha aplicat un criteri d'avaluació: no sona bé; és la seva manera de dir que no rima!

• Elaborar un recull

Semblantment al que hem explicat sobre els reculls de poemes, es poden fer reculls d'endevinalles, d'enganyifes i d'embarbussaments. A mesura que se'n van aprenent de nous, s'hi van afegint. A vegades voluntaris, a vegades per torns rotatius, en grups de dos o tres, copien i fan el dibuix de l'endevinalla, enganyifa o embarbussament pertinent.

Aquests reculls formen part de la vida del grup i s'acostumen a guardar a la biblioteca de la classe, per ser consultats en qualsevol moment.

El treball de còpia que es realitza té la finalitat de guardar allò que hem après i ens agrada en el recull de la classe, per això cal copiar-ho bé, posar atenció en la lletra, en la distribució del full, etc. perquè sigui fàcil de consultar. És força útil fer-ho entre dos perquè un vagi repassant el que l'altre escriu fins a deixar el treball ben acabat.

• Inventar-ne

Dins d'aquest grup el treball de creació només l'hem experimentat amb les endevinalles. Tant les enganyifes com els embarbussaments ens sembla que demanen un enginy massa elevat per a les edats a què ens estem referint. La invenció d'endevinalles s'acostuma a fer a partir de 1r curs, perquè és quan el grup ja en comença a saber unes quantes de memòria, comencen a ser capaços d'elaborar comparacions i metàfores i dominen molt de vocabulari per buscar finals que rimin.

Molt sovint per fer una endevinalla es parteix de la descripció d'un objecte i després s'imita la forma d'una endevinalla. El treball comporta un anar i venir entre les reflexions sobre com és l'objecte i sobre la forma que pren el llenguatge. Vegeu-ne els exemples de la figura 68.

JOCS DE LLENGUA ESCRITA

Hem agrupat sota aquesta denominació una sèrie de jocs, alguns d'ells ben coneguts, que pretenen distreure i divertir tot posant a prova un cert domini de la llengua escrita.

Aquest tipus de joc que proposa un repte al domini d'uns certs coneixements, en aquest cas de la llengua escrita, produeixen satisfacció a qui els domina i enforteixen el sentiment de seguretat de qui venç el desafiament. A vegades es proposen com a jocs individuals (mots encreuats, sopes de lletres...), amb la qual cosa no es dóna comptes a ningú d'aquesta mena d'avaluació sobre el grau de coneixements, sinó que s'afronta el joc com a prova personal. Altres vegades es proposen com a jocs de desafiament entre dos (el penjat) o entre els membres d'un grup (*scrabble*). En aquests casos la motivació facilita centrar l'atenció al màxim i, al mateix temps, l'aspecte lúdic que comporta el mateix joc permet la relativització dels fracassos i de les victòries.

Hem inclòs aquests jocs en el bloc de les propostes referides a l'ús literari, encara que molt poques vegades tenen elements de llenguatge pròpiament literari, sobretot per l'aspecte lúdic i gratuït que presenten. És innegable que qui resol mots encreuats o participa en qualsevol d'aquest tipus de jocs ho fa únicament i exclusivament perquè li produeix plaer, perquè el distreu una estona, perquè li agrada el repte i perquè troba un cert gust a indagar i reflexionar sobre la llengua. És discutible fins a quin punt aquest gust per la reflexió sobre algun aspecte de la llengua simplement per "jugar" es pot qualificar d'estètic; potser algunes vegades sí, però ens decantem més aviat per entendre aquest gust com el plaer que comporta mostrar un coneixement. Atès que la nostra principal preocupació no és la classificació de les propostes sota un ús o un altre de la llengua escrita, no aprofundirem més en la discussió sobre la categorització dels jocs de llengua escrita i passarem a descriure les propostes d'ús a l'aula.

Hem escollit els quatre jocs que ens han semblat més representatius. De jocs amb la llengua escrita, se'n poden fer molts, i tots, si s'hi juga amb humor, poden ser ben interessants. A més dels que proposem aquí es poden fer "quintos" de paraules, o *memory* amb dibuixos i paraules, o dòminos també amb dibuixos i noms, jocs d'aparellaments de paraules, de frases desordenades, de paraules amagades, etc., però moltes vegades quan es fan massa adaptacions allò que en principi era un joc corre perill de convertir-se en un exercici. Per això, els que recollim aquí són jocs tal qual, sense manipular, podríem dir populars dins una cultura alfabetitzada, de manera que s'adiuen a la nostra idea d'apropar a l'escola aquells usos de la llengua escrita, en aquest cas jocs, que funcionen a fora de l'escola.

a) Joc del penjat

Es juga entre dues persones o entre dos grups de persones. Una escriu la primera lletra d'una paraula i marca al costat tantes ratlles com lletres té la paraula. L'altra ha d'anar dient lletres fins que aconsegueix endevinar de quina paraula es tracta. Per cada lletra que aquesta falla, la qui ha proposat la paraula dibuixa un element d'un esquema convingut (una forca amb un ninot) i guanya si aconsegueix completar l'esquema abans que l'altra hagi endevinat la paraula.

Acostumem a jugar al penjat, tant a la classe de 5 anys com a 1r curs, en grup gran, usant la pissarra (fig. 69). Al començament és la mestra qui proposa la paraula i l'alumnat qui va endevinant les lletres (perquè tothom participi acostumem a fer una roda d'intervencions); més endavant proposen la paraula i dirigeixen el joc individualment o en grups de dos, però ajudats si cal per la mestra per assegurar l'ortografia i per agilitar el procés que, com a joc, ha de ser dinàmic.

Aquest joc agrada molt als nens i nenes d'aquestes edats (sovint demanen de jugar-hi), perquè els proposa un repte sobre el domini del codi que, o bé estan en procés de descoberta, o bé tot just acaben de descobrir.

El joc del penjat pot possibilitar alguns aprenentatges sobre el funcionament del codi. Així, per exemple:

FIG. 69 EL JOC DEL PENJAT PROPOSA DIVERSOS REPTES SOBRE EL DOMINI DEL CODI

– Permet descobrir algunes regularitats de l'escriptura.
Així, hi ha qui observa que després de la lletra "q" sempre hi va una "u", que entre una "b" i una vocal hi va la "l" o la "r", etc. També hi ha qui veu refutades les seves hipòtesis falses. Per exemple, un nen que creia que les paraules acabaven sempre amb "s" va comprovar que no era així quan només faltava la darrera lletra i va resultar que no era la "s".

– Permet aventurar hipòtesis i comprovar-les.
Quan s'han endevinat tres o quatre lletres s'intenta compondre alguna paraula per guanyar. Després, en dir cada lletra se segueix amb la hipòtesi o s'abandona i se n'elabora una de nova.

– Permet contrastar els coneixements sobre les relacions grafofòniques.
En aquest sentit és interessnt que la mestra aculli cada proposta que el nen o nena fa, tant si és en forma de so com si és en forma de lletra, repetint el nom de la lletra i el seu so i escrivint la seva grafia a un costat de la pissarra per assegurar que interpretem bé l'infant.

EXEMPLE 39

Classe de 5 anys, mes de febrer. La mestra ha proposat C_ _ _ _ _ _ _ (carnaval). Juguen tots els nens i nenes de la classe asseguts vora la pissarra. Li toca proposar una lletra al Jordi.

JORDI: *La [b].*

MESTRA: *La lletra que sona [b]..., quina, la be alta?* (fa el traç en un costat de la pissarra) *o la be baixa?* (dibuixa el seu traç al costat de la d'abans) *Totes dues sonen [b].*

JORDI: No, la que es fa així. (Ho dibuixa amb el dit a l'aire.)

MESTRA: *A veure, fes-la a la pissarra!*

JORDI (Ha escrit una "p").

MESTRA: *Ah!, la lletra "pe" que sona [p], com si fes un pet [p]. No ho havia entès bé, jo havia entès el so [b], que és més suau.* (La mestra ha posat el dit davant dels llavis per marcar més les diferències. En Jordi també ho fa i alguns altres nens i nenes també la imiten.) *Noteu la diferència?* (Deixa uns moments perquè els nens i nenes ho provin.) *Bé, doncs aquesta més forta, la que sona [p].* (Assenyala amb el dit el seu traç a la pissarra.) *No hi és!*

b) El joc del vaixell carregat de...

Es juga en grup d'un nombre indeterminat de persones, assegudes en rotllana. Abans de començar el joc es determina una lletra (s'acostuma a jugar amb la lletra "p"). Qui comença el joc té una pilota tova que dirigeix a qualsevol altra persona del grup i diu al mateix temps: "*Un vaixell carregat de...*". Qui rep la pilota contesta immediatament que entoma la pilota una paraula que comenci amb la lletra convinguda, per exemple "patates". Seguidament llança la pilota a un altre i diu "*un vaixell carregat de...*". Qui entoma la pilota ha de dir una altra paraula que comenci també per la lletra "p", i així es va seguint de manera encadenada. Si algú que rep la pilota no sap cap paraula o en diu una que ja s'ha dit, paga una penyora.

També a vegades nomenem un secretari que va anotant les paraules que es diuen per tal de controlar bé que ningú en digui de repetides.

Mentre juguem a aquest joc podem observar com els nens i nenes van afinant en l'anàlisi del so amb què comença una paraula i també, és clar, en el domini del lèxic.

c) Els mots encreuats

Consisteix a omplir una graella amb noms que s'han de deduir a partir d'unes definicions, usant sinònims, completant frases, contestant preguntes... i que han de coincidir amb el nombre de lletres previst per unes caselles assignades.

Normalment els proposem a partir de 1r curs, perquè hi puguin jugar amb una certa autonomia. Triem mots encreuats amb les definicions i l'esquelet de les caselles ben simples. Semblantment a les sopes de lletres fem que cada alumne tingui un exemplar del joc, però proposem sempre que ho comentin i s'ajudin entre els nens i nenes de la taula.

d) Les sopes de lletres

Consisteixen a trobar dins una graella plena de lletres un nombre determinat de noms referits a un camp semàntic concret.

Les sopes de lletres, igual que els mots encreuats, en ser un jocs que també practiquen alguns adults, té un atractiu especial –sobretot si el pare o la mare d'algú de la classe hi és afeccionat–, perquè els fa sentir grans.

Tot i que són jocs concebuts per jugar-hi individualment, trobem més enriquidor que les troballes es puguin comentar en grup. Així, tot i que cadascú té la seva còpia, deixem sempre, dins l'ambient distès propi dels jocs, que els nens i nenes puguin parlar entre ells i ajudar-se.
Les sopes de lletres ajuden a reflexionar sobre el funcionament de l'escriptura i poden també possibilitar aprenentatges sobre les regles del codi, sobre el lèxic i sobre estratègies de comprensió de la lectura.

P	R	I	N	C	E	S	A	M	R
R	R	R	R	R	R	R	R	R	R
S	S	D	R	A	C	T	G	D	S
F	F	F	F	F	F	F	F	F	F
R	E	I	C	U	L	O	T	S	I
G	G	G	G	G	G	G	G	G	G
S	A	N	T	///	J	O	R	D	I
M	M	M	M	M	M	M	M	M	M
T	S	T	S	T	S	T	S	T	S

FIG. 70 LES SOPES DE LLETRES PROPOSEN REPTES SOBRE EL CONEIXEMENT DEL LÈXIC I EL FUNCIONAMENT DEL CODI

EXEMPLE 40

Classe de 5 anys, mes d'abril. Hem recollit els comentaris d'un grup de 6 nens i nenes davant una sopa de lletres sobre els personatges de la llegenda de Sant Jordi (fig. 70).

MARTA: *Sortirà Sant Jordi i el drac.*
JOANA: *I la princesa.*

Estan avançant, fent prediccions del que han de trobar escrit. La recerca d'aquests noms serà la comprovació de les seves hipòtesis.

MARCEL: *Jo!, jo!, ja ho he trobat! Princesa!*
(La Berta mira el Marcel per veure on ho diu, ho busca al seu paper i s'ho copia. El Jordi, que està una mica més lluny, ha mirat el full de la Berta, però ha ratllat les lletres de sota. En Pere, que és al seu costat, li diu):
PERE: *Aquí no diu res, totes les lletres són iguals.*

Confirma la hipòtesi de varietat perquè un nom es pugui llegir.

(En Jordi sembla haver-ho entès ràpidament, ho esborra i diu a la Berta sense adonar-se que ho té bé):
JORDI: *Ho tens malament!*
BERTA: *Que no! Aquí diu "princesa".*
JORDI: *Jo ho faig amb lletra lligada!*
BERTA: *Mira, mira! Aquí diu "drac".*

La Berta està entusiasmada amb els seus descobriments i fa poc cas dels consells del Jordi, que es mostra molt més insegur.

3.4 LA BIBLIOTECA PER ENSENYAR I APRENDRE A GAUDIR DEL TEXT ESCRIT

L'activitat de biblioteca té una importància cabdal per potenciar el gust per la lectura a cadascun dels cursos de tota l'escolaritat en general, però d'una manera molt especial és rellevant a les classes de l'inici formal de l'aprenentatge de la lectura i l'escriptura –bàsicament l'últim curs d'Educació Infantil i el 1r curs de Primària–, perquè si bé totes les nenes i els nens acaben "aprenent" a llegir i a escriure, no tots acaben sabent fent ús d'aquest aprenentatge de manera gratificant.

L'activitat de biblioteca en l'aprenentatge inicial de la lectura i l'escriptura possibilita ensenyar i aprendre a gaudir del text escrit de manera independent. També cal dir que, com en totes les altres activitats que hem exposat, el treball que es fa en un o dos cursos no és mai suficient. És necessari establir una continuïtat per anar acompanyant i guiant el nou lector en aquest procés de descoberta i experimentació de lectura plaent.

En general es canalitzen totes les activitats d'ensenyament i aprenentatge referides al descobriment del gust per a la lectura a través dels textos literaris. La biblioteca de les classes de parvulari i cicle inicial s'acostuma a dotar de tot tipus de contes infantils, variats de temàtica, d'autors, de dibuixants i de format, però sense sortir mai del ventall que ofereix la literatura infantil. Així, l'activitat de biblioteca es basa gairebé sempre en el material imprès dels contes. I és cert que els contes agraden als nens i nenes i són una bona via per descobrir el gust per la lectura, però no l'única.

El plaer que es pot aconseguir llegint no és mai una qüestió de tot o res. El gust per la lectura admet diferents graus, sovint relacionat amb el que es llegeix. Allò que agrada de llegir a cadascú és ben personal, depèn absolutament de les pròpies experiències, i aquestes són insubstituïbles. L'escola, doncs, ha de possibilitar que cada infant tingui moltes experiències reeixides de lectura independent i pugui experimentar la lectura de material divers per poder formar el seu propi gust.

Tots coneixem bons lectors i bones lectores, persones d'aquelles que s'ho passen bé llegint i que mostren el desig de llegir esgarrapant el temps d'on sigui. Ara bé, totes aquestes persones llegeixen només novel·les o poesia? No és veritat que també existeix l'apassionat per la lectura del diari? I el que segueix tot el que es publica sobre un tema o una matèria determinats? I el que llegeix una mica de tot? I és menys cert que el fet de trobar una informació sobre algun dubte o qüestió plantejada produeix plaer? I la satisfacció que dóna aprendre una cosa nova?

D'aquí ve la necessitat d'ampliar les biblioteques de totes les aules, des del primer dia que es fan servir, amb llibres de tota mena. Al costat dels contes variats i rics en tots els aspectes haurem de tenir llibres de coneixements també rics i variats de format, d'il·lustracions i de matèries. El diari, la revista infantil, els reculls de poesies, endevinalles o rodolins i els llibres fets pels mateixos nens i nenes poden acabar d'ampliar l'oferta que estimuli les ganes de llegir.

Amb l'objectiu de crear gust per la lectura desenvolupem bàsicament dues modalitats d'activitats, relacionades amb la biblioteca.

- La biblioteca d'aula.
- El racó de la biblioteca.

a) Biblioteca d'aula

Per biblioteca d'aula entenem aquella estona en què tota la classe dedica un temps a mirar i llegir llibres. És una sessió que acostuma a durar entre tres quarts d'hora i una hora i que estructurem de la manera següent:

• Elecció del llibre

El primer que cal potenciar per poder obtenir plaer llegint és la tria del llibre i per poder triar l'oferta ha de ser variada. Si tots els llibres són de la mateixa col·lecció o semblants, o estan graduats de fàcils a difícils i s'han d'anar agafant segons aquest ordre, l'efecte de la tria queda del tot anul·lat. Triar vol dir prendre una decisió i implicar-se en allò que s'està fent i és així com valorem la tria del llibre.

Com trien els nens i nenes? Quan tenen poca experiència en l'elecció de llibres acostumen a triar per l'impacte que els causa la il·lustració de la portada. Per això és important que els llibres estiguin col·locats de manera que es pugui veure la tapa (fig. 71). A mesura que van coneixent el repertori de llibres, molts nens i nenes busquen un llibre concret que la mestra va explicar, o que va agafar el company de taula i que li va agradar. També, ben aviat, comencen a donar una ullada als fulls de dins i a no fiar-se només de la tapa per prendre una decisió. Més endavant llegeixen el títol o reconeixen un autor o una col·lecció que els ha agradat, etc.

Si l'oferta és rica els nens i nenes trien un llibre per passar-s'ho bé mirant-lo i llegint-lo, ja sigui de contes, ja sigui de coneixements, amb força facilitat. S'aixequen per taules a triar un llibre a les prestatgeries que anomenem racó de la biblioteca.

Sempre hi ha, però, l'indecís, el qui no sap triar, aquell nen o nena a qui no agrada fer aquesta activitat. La mestra pot ajudar a aquests nens i nenes amb molta delicadesa. Es tracta de convidar-los, no d'obligar-los, amb tota l'ambigüitat que això comporta. Molt sovint necessiten que se'ls acoti la tria perquè se senten perduts. Una proposta tancada del tipus, "*Mira, a tu que t'agraden els gossos, podries agafar un d'aquests dos que parlen de gossos. Aquest, veus, és d'un nen que té dos gossos i aquest explica més aviat què fan, com neixen,... els gossos. Quin t'agrada més?*", acostuma a funcionar. També pot ser útil buscar l'ajut d'un amic i convidar-lo a mirar el conte junts. Altres vegades una conversa més aprofundida pot donar més pistes. En tots els casos és molt convenient que la mestra que orienta i segueix la lectura de cada nen i nena conegui bé els llibres de la biblioteca per oferir-los i recomanar-los adequadament. Només així podrà compartir amb encert els gustos de cadascú.

FIG. 71 PER GAUDIR DE LA LECTURA
ÉS ESSENCIAL ESCOLLIR LLIUREMENT EL LLIBRE

• Lectura individual en silenci

Un cop tot l'alumnat ha triat un llibre, la mestra o mestre proposa que cadascú miri i llegeixi el seu llibre en silenci. Són uns moments (de manera orientativa al començament de la classe de 5 anys pocs minuts i cap al final de 1r uns quinze minuts) de silenci absolut i concentració en el llibre.

FIG. 72 UNS MOMENTS DE LECTURA SILENCIOSA EN EL RACÓ DE LA BIBLIOTECA

Aquest espai de silenci és essencial perquè cadascú pugui trobar diferents camins de lectura independent. Els nens manipulen els llibres com volen, i miren, llegeixen, observen, van endavant i endarrere al seu gust, sense cap altre objectiu que trobar la manera agradable d'entrar en contacte amb el llibre.

Aconseguir una estona de silenci és a vegades difícil en aquestes edats, però trobem que els nens i nenes col·laboren positivament quan els expliquem per què hem d'estar callats. Per llegir es necessita concentració i aïllar-se del que passa al voltant, cosa que a vegades costa, però de mica en mica se'n pot anar aprenent. Per això durant aquesta estona no es poden fer preguntes a la mestra ni als companys; si sorgeixen dubtes i comentaris s'han de guardar per a després. El resultat d'aquesta exigència de disciplina és que quan s'avisa que ja s'ha acabat l'estona de silenci i es pot parlar, si es vol, amb els companys i companyes de la taula, alguns nens i nenes segueixen en silenci abstrets en el llibre. Possibilitar aquest espai de concentració amb el llibre i de desconnexió de l'entorn és essencial per a experimentar la lectura autònoma com a font de plaer (fig. 73).

FIG. 73 BIBLIOTECA D'AULA, UNA POSSIBILITAT D'APRENDRE A GAUDIR DEL TEXT ESCRIT DE MANERA INDEPENDENT

Durant l'estona de lectura en silenci la mestra o mestre també llegeix en silenci davant dels nens i nenes fent en certa manera de model. No creiem que hagi de vigilar ni controlar si la mainada està callada. La mestra confia en el seu alumnat, que ha entès el perquè del silenci i no el vigila sinó que el convida a fer, com ella, allò que li agrada tant: llegir en silenci un llibre de la biblioteca.

• Intercanvi entre companys i companyes i la mestra

Quan s'ha avisat que es pot començar a parlar dels llibres (fluixet per no destorbar els qui encara llegeixen) amb els companys i companyes de la taula, la mestra també pot intervenir en aquests intercanvis. La seva participació té bàsicament el paper de dinamització de l'intercanvi i sovint intervé amb preguntes, però també pot aportar la seva experiència.

Aquests intercanvis versen fonamentalment entorn de tres eixos:

- Coneixement del llibre: el títol, de què parla, etc.
- Experiències emocionals: t'ha agradat o no, per què, etc.
- Observació detallada d'alguna part que ha agradat especialment: il·lustració i/o text.

Es tracta ben bé de compartir, no pas de passar comptes, ni d'inventar nous treballs per aprofundir en el llibre llegit. El dibuix, l'escriptura del títol, la còpia del fragment, etc. són activitats que deixem per a altres ocasions. Si l'objectiu ha estat llegir per plaer no podem afegir treballs per completar l'activitat. Llegir és important per si mateix i pot produir satisfacció sense necessitat d'activitats complementàries.

En canvi, sí que és interessant comunicar les sensacions produïdes pel llibre i fer-ne una valoració personal per tal d'anar implicant tot l'alumnat en el procés de descoberta de divertir-se llegint. Si es vol, es pot assenyalar en algun mural, targeta incorporada al llibre o fitxa personal en quin grau ha agradat el llibre. El sistema de gomets (vermell si no ha agradat gaire, taronja si ha agradat una mica i verd si ha agradat molt) acostuma a funcionar perquè és molt gràfic i en un moment donat es pot valorar quins llibres agraden més a cada classe.

• Lectura en veu alta d'un conte o d'una part d'un llibre de coneixements per a tots els nens i nenes de la classe

Després dels comentaris per taules l'alumnat va endreçant els llibres a la biblioteca i seu a prop de la mestra per poder veure bé les il·lustracions del llibre que aquesta llegirà en veu alta per a tota la classe.

Tant si es llegeix un llibre de contes, com si és de coneixements remetem el lector a l'apartat *Escoltar contes llegits per altres en veu alta* del capítol 3.3, on s'explica la finalitat i la manera d'enfocar el treball de comprensió del text.

b) Racó de la biblioteca

L'altra activitat relacionada amb la biblioteca, que anomenem racó de biblioteca, té bàsicament el mateix funcionament (tria del llibre, silenci, comentaris, escoltar un conte llegit), amb la diferència substancial que l'elecció del racó de la biblioteca és lliure. És a dir, així com la biblioteca d'aula es desenvolupa en un horari determinat i tots a la vegada, el racó de la biblioteca en desenvolupar-se al mateix temps que el racó de pintura, el de fang, el d'escriptura, el de missatges, el d'experiments, etc. permet poder triar-lo. Si bé hi ha un control dels que van passant pel racó i es dóna prioritat als que hi han anat menys vegades, sempre s'ofereix com una opció: "*Qui vol anar avui al racó de la biblioteca?*"

Cal afegir també que la lectura del llibre en veu alta per als dos o tres infants que han escollit el racó de la biblioteca l'acostuma a fer un nen o una nena d'un curs del cicle mitjà. Aquesta col·laboració comporta beneficis per a ambdues parts: per als nens i nenes que escolten ja ho hem justificat a bastament i per als nens i nenes que llegeixen perquè practiquen amb sentit la lectura en veu alta i al mateix temps se senten útils i estimats pels més petits, que els admiren. Quan per qüestions organitzatives no és possible la col·laboració dels més grans es pot recórrer als contes enregistrats en casset.

PENSANT EN VEU ALTA:

Com pot fer de model el mestre o la mestra en la lectura silenciosa?

M'agradaria considerar des de l'experiència la importància que té en el treball de biblioteca el modelatge del mestre.

Moltes vegades en el treball de biblioteca d'aula havia aprofitat l'estona que l'alumnat mira els llibres en silenci per fer llegir individualment els nens i nenes o per treballar amb aquell grupet al qual costa més d'arrencar en la lectura. La considerava una estona ideal perquè tothom treballava i la mestra podia atendre amb calma un grup petit. Però notava que els nens i nenes estaven molt pendents de veure al costat de qui em posava a treballar, i vaig començar a percebre que el fet de llegir durant aquella estona era una activitat de farciment per als qui ja anaven fent i que l'activitat central es desplaçava entorn del grupet amb què jo estava treballant.

Vaig provar de modificar aquesta manera d'aprofitar el temps des del meu punt de vista, i vaig passar a considerar important el saber estar amb el llibre, el mirar i llegir en silenci, tots, també aquells als quals els costa més desxifrar el codi. Jo també vaig agafar un llibre, vaig seure i em vaig posar a llegir. Sentia com totes les mirades es dirigien cap a mi, i encara ara sempre que fem aquesta activitat hi ha algú que observa el meu posat, el desplaçament d'ulls, les expressions facials, el llibre que trio, etc.

L'ambient que es respira quan tothom és en silenci amb un llibre al davant no és el mateix ni de bon tros que quan la mestra està fent una altra tasca o quan controla que es mantingui el silenci. Llegir tots junts en silenci crea un ambient de complicitat, de sentir que fas una cosa important.

L'altre aspecte que volia considerar és la necessitat d'alleugerir els treballs orals i escrits que amb afany d'aprofundiment s'acostumen a proposar després de la lectura independent de llibres.

Tenim recollides experiències en positiu i en negatiu del que representa per als nens i nenes aquestes tasques complementàries. Un dia intentava engrescar una nena a anar al racó de la bilioteca i en un moment de la conversa em va demanar amb cara de preocupació: "*Hauré de fer el dibuix?*" Vaig entendre de seguida que la pràctica habitual de fer un dibuix i escriure-hi el títol, associada al fet de mirar i llegir un llibre no tenia sentit per a l'objectiu que perseguia. Per contra també he observat infants que trien el racó de la biblioteca perquè després poden fer un dibuix tenint un model. Aquests casos em van fer replantejar els treballs de plàstica i les poques oportunitats que donava per fer dibuixos amb model, però evidentment també vaig comprendre que fer el dibuix no ha de ser la motivació per anar a la biblioteca.

Situant les coses al seu lloc, també és cert que si la lectura d'un llibre suggereix fer un dibuix, aprendre a escriure el títol, fer un barret de paper o qualsevol experiment haurem de mirar la manera de conduir-ho, perquè també forma part d'aprendre a llegir, n'és una conseqüència. El que no pot ser de cap manera és convertir-ho en una rutina, perquè cada procés és personal i únic. El treball en el racó de la biblioteca que es fa en petit grup permet aquest tipus d'atenció individualitzada, mentre que es fa més dificil de canalitzar en la biblioteca d'aula. Per això creiem que les dues formes de desenvolupar les activitats de biblioteca (biblioteca d'aula i racó de biblioteca) es complementen i són necessàries.

4. CONCLUSIONS

Hem sistematitzat les situacions que des d'una determinada manera d'entendre la lectura i l'escriptura i des d'una determinada manera d'entendre les interaccions entre l'objecte de coneixement, l'alumne i el mestre ens han semblat més rellevants per a l'inici de l'ensenyament i l'aprenentatge de la lectura i l'escriptura. Ara n'apuntem les conclusions següents.

Algunes poden semblar molt conegudes, però hem cregut oportú de repetir-les per corroborar-les. També pensem que si bé algunes ja estan molt dites, estan molt poc practicades atès que és difícil dur-les a terme. Difícil perquè moltes d'elles impliquen canvis en la manera de pensar del mestre i algunes necessiten consensuar acords que transcendeixen la porta de l'aula. Prendre acords col·lectivament, en el marc d'un claustre, és complex, necessita temps de discussió i aprofundiment i la gestió diària de les activitats de l'escola ofega molt sovint les possibilitats de debats més amplis.

Per això enunciem aquestes cinc conclusions:

1. L'ensenyament i l'aprenentatge de la lectura i l'escriptura s'ha de plantejar de manera integrada amb la dinàmica de la classe i en els aprenentatges que es duen a terme a l'escola, bàsicament per dues raons:

- Perquè no s'usa la llengua escrita en un horari prefixat sinó que llegim i escrivim per a diferents finalitats al llarg de tota la jornada escolar.
- Perquè la teoria d'aprenentatge que adoptem a l'escola guia l'enfocament didàctic de tots els aprenentatges que ens proposem, tant de la lectura i l'escriptura com de tots els altres.

2. L'ensenyament i l'aprenentatge de la lectura i l'escriptura implica tots i totes les mestres de l'escola. No és solament una tasca de parvulari i cicle inicial de Primària. Si és cert que durant tota la vida podem aprendre a comprendre i a expressar-nos més profundament, mitjançant el text escrit és imprescindible que acompanyem aquest procés al llarg de tota l'escolaritat i des de totes les àrees.

3. En facilitar experiències concretes de lectura i escriptura amb sentit, sorgeixen moltes situacions en les quals es requereix reflexionar sobre la llengua escrita. Aquestes situacions possibiliten que l'infant aprengui de manera contextualitzada els coneixements referits tant al codi, com al text, com al discurs, que els són necessaris per esdevenir lectors i escriptors

4. L'infant aprèn els diferents aspectes que intervenen en el llegir i l'escriure de manera interrelacionada. Ja no podem considerar que l'aprenentatge de la lectura i l'escriptura es desenvolupi de forma additiva ni en un ordre jeràrquic, sinó per reorgantizacions dels diferents esquemes de coneixement. La participació en contextos on és necessari fer servir la llengua escrita n'afavoreix el desenvolupament del seu aprenentatge en espiral.

5. Cal tenir en compte els diferents usos de la llengua escrita: pràctic, científic i literari, des del primer dia que es planteja l'ensenyament i l'aprenentatge de la lectura i l'escriptura, per aconseguir ser una persona alfabetitzada. Per viure autònomament i responsable en la nostra societat no es necessita només saber llegir i escriure, sinó ser lectors i escriptors.

Més enllà d'aquests aspectes acabaré fent avinent la gratificació personal que comporta deixar-se sorprendre pel procés de cada alumne en el domini de la lectura i l'escriptura. Veure com cadascú esdevé autònom en una societat que es defineix com a alfabetitzada és un plaer tan gran per a l'infant com per al mestre. En el fons, darrere de cada grup d'infants que avança en l'alfabetització, reneix la confiança que sabran llegir aquest món i en podran escriure un altre.

Llegir i escriure com a instrument i com a objecte de coneixement és un aprenentatge tan rellevant en l'educació d'una persona que justifica qualsevol esforç per adequar cada vegada millor els coneixements teòrics que es van desenvolupant amb les aplicacions pràctiques a l'aula. La nostra intenció ha estat estimular el desenvolupament i, si cal, el replantejament d'una pràctica professional d'acord amb les aportacions teòriques que sobre la matèria tenim actualment.

5. BIBLIOGRAFIA

ANTÚNEZ, S. i altres (1991): *Del projecte educatiu a la programació d'aula.* Barcelona: Graó.

BIGAS i altres (1994): "La lengua escrita en la escuela: El texto narrativo a los 8 años". A *Infancia y Aprendizaje*, núm. 65.

CAIRNEY, T.H. (1992): *Enseñanza de la comprensión lectora.* Madrid: Morata/MEC.

CAMPS, A (1986): *La gramàtica a l'escola bàsica entre els 5 i 10 anys.* Barcelona: Barcanova, Didàctiques.

(1990): "Modelos del proceso de redacción: algunas implicaciones para la enseñanza". A *Infancia y Aprendizaje*, núm. 49, pp. 3-19.

(1994): *L'ensenyament de la composició escrita.* Barcelona: Barcanova.

CAMPS, A., MILIAN, M., BIGAS, M., CAMPS, M. (1989): *L'ensenyament de l'ortografia.* Barcelona: Graó, El llapis.

CAMPS, A. i altres (1990): *Text i ensenyament. Una aproximació interdisciplinària.* Barcelona: Barcanova, Educació.

CAMPS, A. (coord.) (1994): *L'ensenyament de la comprensió.* Barcelona: Barcanova.

CARLINO, P. i D. Santana (coord.) (1996): *Leer y escribir con sentido. Una experiencia constructivista en Educación Infantil y Primaria.* Madrid: Aprendizaje Visor.

CASSANY, D. (1987): *Descriure escriure. Com s'aprèn a escriure.* Barcelona: Empúries.

(1990): "Enfoques didácticos para la enseñanza de la expresión escrita". A *Comunicación, Lenguaje y Educación*, núm. 6, pp. 63-80.

CATALÀ, G., CATALÀ, M., MOLINA, E., MONCLÚS, R. (1996): *Avaluació de la comprensió lectora.* Barcelona: Graó.

COLL, C. i altres (1993): *El constructivismo en el aula.* Barcelona: Graó, Biblioteca de Aula.

COLOMER, T. i CAMPS, A. (1991): *Ensenyar a llegir, ensenyar a comprendre.* Barcelona: Rosa Sensat/Edicions 62. Didàctiques.

COLOMER, T. (coord.) (1992): *Ajudar a llegir. La formació lectora a primària i secundària.* Barcelona: Barcanova, Educació.

COOPER, D. (1990): *Cómo mejorar la comprensión lectora*. Madrid: Visor-Aprendizaje (Ed. original, 1987).

DOLZ, J. (1994): "Seqüències didàctiques i ensenyament de la llengua: més enllà dels projectes de lectura i escriptura". A *Articles*, núm. 2, pp. 21-34.

FERREIRO, E. i TEBEROSKY, A. (1979): *Los sistemas de escritura en el desarrollo del niño*. Madrid: Siglo XXI.

FERREIRO, E. i GÓMEZ PALACIO, M. (comps.) (1982): *Nuevas perspectivas sobre los procesos de lectura y escritura*. Mèxic: Siglo XXI.

FONS, M. (1991): *L'ordinador i el desenvolupament de l'aprenentatge de la lectura i l'escriptura*. Tesi doctoral. Universitat de Barcelona.

(1991): "L'ordinador, un nou recurs per a un vell aprenentatge". A *Papers*, núm. 4, pp. 11-12.

(1996): "Aprendre a llegir i a escriure i els projectes de treball globalitzats. Una experiència a primer curs de primària". A *Articles*, núm. 8, pp. 97-107.

(1996): "La ortografía: un lugar para cada cosa y cada cosa en su lugar. Una experiencia en primer curso de primaria". A *Aula*, núm. 56, pp. 16-19.

FORMAN, E. A. i CAZDEN (1984): "Perspectivas vigotskianas en la educación: el valor cognitivo de la educación entre iguales". A *Infancia y aprendizaje*, núm. 27-28, pp. 139-157.

GIL, R. i ROVIRA, M. (1993): "Rincones para aprender a leer". A *Aula*, núm. 14, pp. 40-47.

GRAVES, D. H. (1991): *Didáctica de la escritura*. Madrid: MEC/Morata.

HARSTE, J. I BURKE, C. (1982): "Predictibilidad de un universal en lectoescritura". A FERREIRO, E. i GÓMEZ PALACIO, M. (comps.): *Nuevas perspectivas sobre los procesos de la lectura y escritura*. Mèxic: siglo XXI, 1982.

HERNÁNDEZ, F. i VENTURA, M. (1992): *La organización del currículum por proyectos de trabajo*. Barcelona: Graó-ICE, MIE.

JOLIBERT, J. (coord.) (1992): *Formar infants productors de textos*. Barcelona: Graó, Punt i seguit (Ed. original, 1988).

JORBA, J. i CASELLAS, E. (1996): *La regulació i l'autoregulació dels aprenentatges*. ICE de la UAB.

JULIÀ, T. (1995): *Encetar l'escriure. Per un aprenentatge lúdic i funcional de la llengua escrita*. Barcelona: Associació de mestres Rosa Sensat. *Dossiers*, núm. 50.

MARCELO GARCÍA, C. (1987): *El pensamiento del profesor*. Barcelona: CEAC

MONEREO, C. (1990): "Las estrategias de aprendizaje en la educación formal: enseñar a pensar y sobre el pensar". A *Infancia y Aprendizaje*, núm. 50, pp. 3-25.

PESO, M.T. i P. VILARRUBIAS (1989): "La enseñanza y aprendizaje de la lengua escrita". A *Cuadernos de Pedagogía*, núm. 171, pp. 54-59.

SMITH, F. (1983): *Comprensión de la lectura.* Mèxic: Trillas (Ed. original, 1971).
SMITH, F. (1990): *Para darle sentido a la lectura.* Madrid: Aprendizaje Visor.
SOLÉ, I. (1987a): *L'ensenyament de la comprensió lectora.* Barcelona: CEAC.
(1987b): "Las posibilidades de un modelo teórico para la enseñanza de la comprensión lectora". A *Infancia y Aprendizaje*, núm. 39-40, pp. 1-13.
(1992): *Estrategias de lectura.* Barcelona: Graó/ICE, MIE.
TEBEROSKY, A. (1984): "Uso de discriminadores para el cambio de lengua". A *Noves perspectives sobre la representació escrita en el nen.* Barcelona: IME. Monogràfics, núm. 1, pp. 85-98.
(1987): *Psicopedagogia del llenguatge escrit.* Barcelona: IME, Monogràfics, núm. 4.
(1992): *Aprendiendo a escribir.* Barcelona: ICE/Horsori,
(1996a): "Glossa sobre el coneixement de l'escriptura". A *Fundació Pineda: Àgora. VIII Jornades de la llengua a l'ensenyament obligatori.* L'Hospitalet del Llobregat: Pineda.
(1996b): "L'entrada a l'escrit". A *Guix*, núm. 219.
TEBEROSKY, A. i CARDOSO, B. (coord.) (1993): *Psicopedagogia del llenguatge escrit. Documents de classe.* Barcelona: IME, Monogràfics, núm. 8.
TOLCHINSKY, L. (1990): "Lo práctico, lo científico y lo literario: tres componentes en la noción de alfabetismo". A *Comunicación, Lenguaje y Educación*, núm. 6, pp. 53-62.
(1993): *Aprendizaje del lenguaje escrito.* Barcelona: Anthropos.
VIGOTSKI, L.S. (1977): *Pensamiento y Lenguaje.* Buenos Aires: La Pléyade.
VILARRUBIAS, P. (1981): "Sobre l'aprenentatge de la lectura i l'escriptura" (I), (II), (III). A *Butlletí de mestres*, núms. 204, 206, 209.
WELLS, G. (1988): *Aprender a leer y escribir.* Barcelona: Laia (Ed. original, 1986).
ZABALA, A. (1995): *La pràctica educativa. Com ensenyar.* Barcelona: Graó.

6. ANNEXOS

ANNEX 1: RELACIÓ DE FIGURES

ANNEX 2: RELACIÓ DE PROTOCOLS

ÚS PRÀCTIC

EXEMPLE 1 (pàg. 99)
Classe de 5 anys (octubre). Ús del nom per identificar els esmorzars. Valoració de propostes per identificar els objectes.

EXEMPLE 2 (pàg. 105)
Classe de 5 anys (octubre). Passar llista. Contrast d'estratègies per descobrir el funcionament del codi.

EXEMPLE 3 (pàg. 112)
Classe de 5 anys (setembre). Escriptura de propostes per al nom de la classe. Informació sobre el coneixement del codi. El plural, el so [s] i la lletra *s*.

EXEMPLE 4 (pàg. 114)
Classe de 5 anys (setembre). Fer públic el nom de la classe. Propostes de formes de comunicació.

EXEMPLE 5 (pàg. 124)
Classe de 1r (octubre). Ús del mural de les responsabilitats. Avaluació mútua de la comprensió.

EXEMPLE 6 (pàg. 125)
Classe de 5 anys (gener). Lectura del mural de les responsabilitats. Desvetllament d'estratègies de predicció a partir d'índexs contextuals i grafofònics i de la seva comprovació.

EXEMPLE 7 (pàgs. 129-130)
Classe de 5 anys (octubre). Ús del calendari. Explicitació de la funció mnemònica de l'escrit.

EXEMPLE 8 (pàgs. 131-132)
Classe de 5 anys (octubre). Escriptura de la data a la pissarra. La mestra fa de model tot escrivint davant de l'alumnat.

EXEMPLE 9 (pàgs. 133-134)
Classe de 5 anys (novembre). Escriptura de la data a la pissarra. Una nena escriu a la pissarra i la resta de la classe l'ajuda.

EXEMPLE 10 (pàgs. 142-143)
Classe de 1r (novembre). Consulta a la guia telefònica. Exploració de la guia; descoberta de la funció de l'ordre alfabètic.

EXEMPLE 11 (pàg. 144)
Classe de 1r (desembre). Interpretació dels indicadors de les parades de metro. Desenvolupament d'estratègies de lectura ràpida.

EXEMPLE 12 (pàg. 146)
Classe de 1r (setembre). Lectura del text anglès d'una samarreta. Evidència de la diferència entre desxifrat i comprensió.

EXEMPLE 13 (pàg. 147)
Classe de 5 anys (novembre). Lectura per part de la mestra d'un text en castellà sobre lleopards. Configuració del context i recerca d'indicis per identificar la llengua d'un text.

EXEMPLE 14 (pàg. 148)
Classe de 1r (gener). Llegir en una llengua que el lector domina poc. A partir de la recerca de significació, descoberta de la grafia *ch.*

EXEMPLE 15 (pàgs. 150-153)
Classe de 1r (desembre). Escriptura en petits grups i posada en comú en gran grup d'una autorització de sortida. Procés de planificació, textualització i revisió.

EXEMPLE 16 (pàg. 154)
Classe de 5 anys. Reescriptura d'un text. Canvi de la lletra lligada per la lletra de pal. Ús de referents.

EXEMPLE 17 (pàgs. 156-159)
Classe de 5 anys (novembre). Omplir un imprès. Desenvolupament d'estratègies per completar frases.

EXEMPLE 18 (pàgs. 160-161)
Classe de 1r (febrer). Elaboració d'un cartell. Valoració sobre l'adequació del tipus de text –carta o cartell– a la funció que té –anunciar una exposició.

EXEMPLE 19 (pàgs. 162-163)
Classe de 5 anys (octubre). Construcció col·lectiva d'un missatge i dictat a la mestra.

ÚS CIENTÍFIC

EXEMPLE 20 (pàg. 181)
Classe de 5 anys (novembre). Lectura del títol d'una notícia del diari.

EXEMPLE 21 (pàgs. 182-183)
Classe de 5 anys (abril). Escriptura de notícies. Estructura formal de les notícies. Títol, nom del periodista i ciutat des d'on escriu.

EXEMPLE 22 (pàgs. 183-184)
Classe de 1r (gener). Fent de periodistes. Conversió d'un fet viscut en una notícia.

EXEMPLE 23 (pàgs. 185-186)
Classe de 5 anys (febrer). Valoració d'una notícia. Aplicació d'una pauta elaborada entre tots.

EXEMPLE 24 (pàgs. 192-193)
Classe de 5 anys (febrer). Punt de lectura en els llibres de coneixements. Intervenció de la mestra a partir dels coneixements previs del nens. (Reforçament de la hipòtesi de variació en l'etapa presil·làbica.)

EXEMPLE 25 (pàg. 194)
Classe de 5 anys (març). Lectura de noms d'un esquema. Control de la comprensió. Petició d'ajut en adonar-se de la falta de comprensió.

EXEMPLE 26 (pàg. 195)
Classe de 1r (desembre). Explicitació de l'ús dels índexs dels llibres de coneixements.

EXEMPLE 27 (pàgs. 196-197)
Classe de 1r (novembre). Projecte sobre els coales. Subratllat d'informació rellevant en un text expositiu.

EXEMPLE 28 (pàg. 198)
Classe de 1r (maig). Projecte sobre els lloros. Contrastar informacions. Anàlisi del context.

EXEMPLE 29 (pàg. 200)
Classe de 1r (novembre). Projecte sobre les aranyes. Reorganització dels coneixements a l'hora de posar-se d'acord un grup reduït per escriure sobre què saben de les aranyes.

EXEMPLE 30 (pàg. 207)
Classe de 5 anys (febrer). Identificació d'una grafia a partir de la lectura dels ingredients d'una recepta de cuina.

ÚS LITERARI

EXEMPLE 31 I 32 (pàgs. 215-218)
Classe de 5 anys. Escoltar el conte de les cabretes i el llop llegit per la mestra. Ensenyament-aprenentatge d'estratègies de comprensió, abans de la lectura del conte.

EXEMPLE 33 (pàgs. 218-219)
Classe de 5 anys. El conte de les cabretes i el llop. Ensenyament-aprenentatge d'estratègies de comprensió després de la lectura del conte.

EXEMPLE 34 (pàgs. 220-221)
Classe de 5 anys (maig). Racó de la biblioteca. Aprenentatge entre iguals: compartir estratègies de lectura.

EXEMPLE 35 (pàg. 222)
Classe de 5 anys (novembre). Conversa informal sobre contes. Presència dels llibres en la nostra societat.

EXEMPLE 36 (pàg. 229)
Classe de 1r (desembre). Recerca de fragments de text. Ús dels índexs grafofònics per comprovar què diu un fragment.

EXEMPLE 37 (pàg. 232)
Classe de 5 anys (novembre). Racó de la pissarra. Negociació de l'escriptura d'un títol entre dos companys.

EXEMPLE 38 (pàgs. 255-258)
Classe de 1r. Lectura d'endevinalles. Ús d'índexs textuals: índex alfabètic i solució d'endevinalles amb negreta, a un costat. Control de la comprensió.

EXEMPLE 39 (pàgs. 262-263)
Classe de 5 anys (febrer). Joc del penjat. Correspondència so-grafia.

EXEMPLE 40 (pàg. 265)
Classe de 5 anys (abril). Sopa de lletres. Predicció, comprovació. Hipòtesi de varietat.

ÍNDEX